I069433

OBRAS MAESTRAS DE TERROR TOMO I

W. Irving, Mary Shelley, S. Le Fanu, Henry James, Gustavo Bécquer, Ambrose Bierce, Bram Stoker, Guy de Maupassant, Emilia Pardo-Bazán, Froylán Turcios y William Hope Hodgson

OBRAS MAESTRAS DE TERROR TOMO I
W. Irving, Mary Shelley, S. Le Fanu, Henry James, Gustavo Bécquer, Ambrose Bierce, Bram Stoker, Guy de Maupassant, Emilia Pardo Bazán, Froylán Turcios y William Hope Hodgson

©Astria Ediciones
Diseño de portada: Andrea Rodríguez

Supervisión Editorial: Óscar Flores López
Administración: Tesla Rodas y Jessica Cordero
Director Ejecutivo: José Azcona Bocock

Primera edición
Tegucigalpa, Honduras—Diciembre de 2024

CONTENIDO

EL JINETE SIN CABEZA por Washington Irving

(Encontrada entre los papeles del difunto Diedrich Knickerbocker).

En lo más profundo de una de las inmensas ensenadas de playas que el Hudson acaricia en sus orillas orientales, se produce un enorme ensanchamiento al que los viejos marinos holandeses llamaron en tiempos Tappan Zee; para navegarlo, recogían las velas prudentemente mientras invocaban a San Nicolás. Justo allí se alza una pequeña aldea con su puerto recoleto, a la que algunos dan el nombre de Greensburg, pero a la que la mayoría de la gente llama Tarry Town. Recibió este nombre, por lo que sabemos, en tiempos antiguos; se lo dieron las buenas mujeres de un villorrio vecino, pues era en las tabernas de Tarry Town donde sus maridos se demoraban muy largamente en los días de mercado. Eso es lo que dicen; yo no puedo dar fe de ello, pero aquí lo hago constar en aras de la autenticidad de los hechos que se narran.

No muy lejos de esta villa, acaso a un par de millas, se abre un valle pequeño, al que acaso haya que llamar simplemente una lengua de tierra entre las altas colinas, que desde luego no tiene igual en todo el mundo por la tranquilidad que allí se respira. Un arroyuelo cruza el valle con su rumor delicioso que le obliga a uno a descansar. Allí, ningún ruido turba tu paz, salvo, acaso, el canto súbito de una codorniz o el repiqueteo de un pájaro carpintero en cualquier árbol, nada más; el resto, tranquilidad plena.

Recuerdo que, siendo yo niño, hice mi primera cacería de ardillas en un bosque preñado de nogales no muy altos que derramaban su sombra a uno de los lados de aquel pequeño valle. Vagabundeaba por allí al mediodía, en esas horas en las que la naturaleza se muestra particularmente inmóvil, y me sobresaltó el estruendo que hizo mi propia escopeta al disparar, pues en la profanación de aquel silencio sabático el disparo se eternizó en el aire hasta que al fin el eco me lo devolvió con furia. Si alguna vez deseara retirarme del mundo y todas sus tentaciones buscando el solaz de los lugares más encantadoramente apacibles y gratos, no dudaría en dirigirme a este pequeño valle, pues ningún otro lugar conozco que tanta paz ofrezca.

Este lugar, desde tiempos remotos, desde que se asentaron aquí los primeros colonos holandeses, se conoce como Sleepy Hollow, sin duda por las características tan peculiares de los descendientes de los colonos holandeses, gente apacible, serena, acaso indolente… También desde antiguo se llama a los mozos del lugar, en los pueblos vecinos, los muchachos del valle soñoliento. Realmente, es como si esta tierra estuviera envuelta en una atmósfera de ensoñación y calma densa. Algunos cuentan que fue hechizada por cierto doctor alemán en los primeros tiempos de los asentamientos de colonos; para otros, fue un antiguo jefe indio, mago o profeta de la tribu, el que encantó la región antes de que la descubriese Hendrick Hudson. Y ciertamente parece este lugar, aún hoy, envuelto en un poderoso hechizo que llena de extrañas fantasmagorías las cabezas de esas buenas gentes que lo habitan, haciéndoles caminar de continuo en una especie de duermevela. Creen, por supuesto, en los más raros poderes; suelen caer a menudo en trance y tienen visiones; escuchan en el aire voces y músicas indescifrables…

No hay vecino que no tenga noticia de algún hecho extraordinario o que no se sepa alguna historia maravillosa, o que no pueda señalar qué paraje alberga entre sus profusas sombras algún espectro acechante; las estrellas fugaces y los meteoritos de fuego a menudo cruzan el valle, acaso por todo ello, con más frecuencia que en cualquier otra parte de la región; podría decirse, pues, que aquí el demonio de la pesadilla y sus figuras diabólicas tienen el mejor escenario posible para ejecutar sus danzas y morisquetas.

El espíritu dominante, sin embargo, el que más influjo tiene sobre la imaginación de las gentes, el que parece someter a todos los espíritus que habitan los aires, es un fantasma, auténtico rey de esta región encantada; un fantasma decapitado que se aparece a lomos de un caballo… Para algunos, no es otro que el espectro de un soldado que sirvió en la caballería de Hesse; un soldado al que una bala de cañón arrancó de cuajo la cabeza en una batalla de la Guerra Revolucionaria y que aún galopa, como llevado por el viento, en las noches más oscuras. Sus dominios, empero, no son únicamente los del valle, y muchos aseguran haberlo visto por caminos más alejados y especialmente en las cercanías de una iglesia apartada del pueblo. Los historiadores de la región más dignos de aprecio aseguran que, tras haber estudiado en detalle todas las versiones que se dan sobre el jinete decapitado, y tras haberlas contrastado, han llegado a la conclusión de que el cuerpo de aquel soldado recibió sepultura en el camposanto de aquella iglesia junto a la que se aparece, sí, pero que su fantasma vaga por las noches y pena en busca de su cabeza en lo que fue campo de batalla; después, antes de que amanezca, ha de regresar a su tumba… Por eso atraviesa a galope tendido el valle poco antes de que comience a clarear el día.

Así es como se interpreta, de común, esta superstición legendaria, que tanto alienta las historias que se dicen unos a otros los habitantes de esta región en sombras; así es como se dio al espectro el nombre de El Jinete sin cabeza de Sleepy Hollow.

Reseñemos, sin embargo, un hecho claro, cual lo es que la propensión a tener visiones espectrales no es solo cosa de estas buenas gentes que habitan el valle; aseguro que quien resida aquí por un tiempo también las tendrá. No importa cuán despierto hayas sido, una vez te adentras en las sombras de esta región ya no puedes permanecer ajeno a su influjo; la ensoñación mágica de su atmósfera se apodera de ti al instante; no tardarás mucho en tener visiones, en soñar con los ojos abiertos.

Tengo mucho cariño a este pacífico lugar, sin embargo, pues fue aquí, al igual que en otros valles próximos, donde los holandeses que buscaron refugio en el gran Estado de Nueva York dejaron costumbres, usos y tradiciones que aún se conservan, en contra de lo ocurrido en otros lugares, donde han sido arrastradas por la marea inmigratoria y por el progreso que transforma día a día nuestra emprendedora nación, de manera imparable. Por eso digo que un lugar como Sleepy Hollow es un remanso de paz en el que las corrientes migratorias no se llevan ni la hierba ni el cauce de los arroyos con sus aguas saltarinas y burbujeantes; tienen aquí una suerte de puerto en el que remansarse mientras más allá se producen los torrentes que arrasan. Ya han pasado muchos años desde que logré despojarme, además, del velo de sombras de Sleepy Hollow, pero aún me pregunto si no seguirán en el valle los mismos árboles y en el pueblo las mismas familias vegetando en este confín que les da protección.

En este apartado rincón de la naturaleza vivía en una época ya remota de la historia americana, esto es, hace unos treinta años, una bellísima persona llamada Ichabod Crane, que se "aletargaba", cual gustaba decir, en Sleepy Hollow, para instruir convenientemente a los niños del pueblo. Era natural de Connecticut, un Estado que abastece a la Unión de aventureros de obra y de pensamiento y del que cada año parten miles de hombres para trabajar como leñadores en las fronteras con los otros estados o como maestros de escuela en los mismos.

El apellido Crane le iba de maravilla. Era alto, extremadamente flaco, de largos brazos, de piernas no menos desmesuradas, con los hombros muy estrechos, con las manos que parecían írsele casi una milla de las mangas, con los pies que podían haberse utilizado como si fueran palas, con toda su estampa, en fin, como desmadejada, como si su cuerpo se mantuviese unido, extrañamente, en todas sus partes. De su cabeza pequeña y aplanada salían dos orejas gigantescas y parecían habérsele incrustado bajo la frente chata aquellos dos ojos verdes, como de vidrio; su nariz, de tan larga, parecía buscar de continuo algo en el suelo; digamos que su cabeza, de perfil, parecía una veleta con silueta de gallo, que hubiera sido puesta en la fina varilla de hierro de su cuello para indicar la dirección de los vientos. Quien lo viera en un día de viento, a zancadas por la ladera de una colina, con sus ropas que parecían bailarle en el cuerpo, bien podría pensar en una llegada a la tierra del espíritu del hambre… O que un espantapájaros se largaba de su campo de trigo…

Su escuela estaba en una casa de una planta y de una sola estancia, una casa hecha de troncos, tosca y rural; en los cristales de la única ventana, varios de ellos parcialmente rotos, parches de hojas arrancadas de cuadernos escolares. No sin bastante ingenio protegía la casa, sin embargo, con un picaporte hecho de mimbre durante sus ratos de ocio, en la puerta, y unas estacas que apuntalaban la contraventana, de forma tal que el curioso arquitecto tenía por seguro que, de entrar algún ladrón, y aunque tuviera fácil el acceso, salir de allí le resultaría de veras difícil. Era como si se hubiese inspirado en una trampa para pescar anguilas creada por un Yost Von Houten cualquiera. La escuela, en fin, se alzaba en un paraje solitario, a las afueras del pueblo, en un pequeño bosque que crecía a los pies de una colina; un enorme abedul le daba sombra y un sinuoso riachuelo pasaba muy cerca.

El murmullo de las voces de sus discípulos, como el rumor de una colmena, lo arrullaba en los pesados días del verano, aunque en ocasiones, al hacerse escandaloso, le obligaba a levantar la voz en tono de amenaza y reprobación, e incluso a aguijonear con un palmetazo la mano de uno de aquellos holgazanes jaraneros que tan escandalosamente se desviaban de la senda del conocimiento… A decir verdad, era un maestro concienzudo; siempre tenía en mente esa máxima de oro que dice así: "La letra con sangre entra". Desde luego, no mimaba mucho a sus alumnos el viejo Ichabod Crane…

No quisiera que se le tuviese, sin embargo, por uno de esos maestros crueles y prepotentes que disfrutan haciendo sufrir y denigrando a sus discípulos; por el contrario, administraba justicia con claro discernimiento entre el bien y el mal, más que con severidad; exoneraba de peso las espaldas del más débil para hacerlo recaer en el más fuerte; castigaba con indulgencia al que se estremecía con los golpes de su vara, pero brillaba clamorosamente la llama de la justicia cuando sacudía sin contemplaciones a un muchacho holandés cabezota y terco, a un pilluelo que, aun soportando el castigo, se le volviera contumaz y altivo, gruñón y despectivo ante cada golpe de su vara.

Era lo que él decía "cumplimiento de mi deber" encargado por los padres de sus alumnos; cabe señalar, además, que nunca infligió castigo alguno a cualquiera de los muchachos sin antes asegurarle, para dar el necesario consuelo al insolente, que lo hacía por su bien, añadiendo: "Me estarás por ello agradecido de por vida".

Cuando acababan las clases, empero, era siempre el mejor compañero de juegos de los niños; las tardes de los días festivos acompañaba a los más pequeños hasta sus casas, muy especialmente a los que tenían alguna hermana mayor hermosa, o por madre a una buena ama de casa famosa en el vecindario por su excelente despensa. Por eso, sobre todo, hacía cuanto estaba en su mano para ser querido y apreciado por sus pupilos. Lo que cobraba en la escuela era poco, apenas le llegaba para comprarse el pan de cada día, y ha de hacerse notar que era hombre muy comilón y con unas tragaderas capaces de dilatarse como una anaconda, por lo que, a fin de vivir cual es debido, y siguiendo la costumbre de entonces para con los maestros, se alojaba y comía en las granjas de los padres de sus alumnos. Vivía una semana en cada granja; iba de granja en granja, pues, con sus escasas pertenencias mundanas metidas en un pañuelo de algodón.

Aquello, empero, no debía de resultarles en exceso gravoso a sus rústicos patrones, quienes de común consideran una carga excesiva alimentar a cualquier maestro y todo un derroche mantener una escuela, por lo que procuraba hacerse grato y útil a quienes le daban comida y techo. Así, y como no era cosa de exagerar, ayudaba a los labriegos en sus tareas más sencillas, apilaba el heno, reparaba una valla, iba a la pradera a buscar el ganado que pastaba, cortaba leña cuando comenzaba a dejarse sentir el frío del invierno… No se mostraba entonces, en fin, con la dignidad arrogante de que hacía gala en la escuela, su pequeño imperio, y se comportaba no ya educado y cortés, sino decididamente obsequioso; era la admiración de las madres por el cariño con que trataba entonces a sus hijos, sobre todo a los más chicos, y como el león que acaricia con sus garras al cordero que se va a comer, ponía en sus rodillas a cualquiera de los pequeños mientras con el pie de la otra pierna mecía la cuna de otro aún más chico durante horas.

Además de vocación semejante, hacía demostración de otras no menos reseñables; era el maestro de canto del pueblo y buenas y muy relucientes monedas le caían por enseñar a entonar debidamente los salmos a los jóvenes vecinos. No hay ni que decir cuánto se pavoneaba y gozaba los domingos en la iglesia, con su coro compuesto por cantores bien seleccionados, allí, en lugar preeminente, robando protagonismo, lo sabía bien el maestro, al viejo pastor oficiante. Es verdad que su voz, al cantar, se dejaba sentir por encima del susurro de las oraciones; todavía hoy se oyen en la iglesia los domingos por la mañana, durante la celebración de los oficios, unos trinos que, dicen los lugareños, son los legítimos descendientes de la nariz de Ichabod Crane, trinos que pueden escucharse hasta más allá de una milla, a través del aire, por donde está la alberca… Así, pillando por aquí, trampeando por allá, como se dice vulgarmente de un modo u otro hacía más llevadera su vida el modesto pedagogo, incluso medianamente regalada, aunque eran no pocos, esos que en nada aprecian el trabajo intelectual, los que creían que llevaba una vida muy fácil, maravillosamente apacible, a cambio de nada, de ningún esfuerzo.

Un maestro de escuela es por lo general un hombre, sin embargo, tenido por importante en el círculo femenino de las comunidades rurales. Se le tiene por una especie de ídolo, por un caballero tan ocioso como culto, superior, por ello, a los hombres gárrulos que componen el elemento masculino de los pueblos; acaso únicamente se le considere inferior en saberes con respecto al pastor de la iglesia… Su presencia, así las cosas, causa siempre cierta expectativa cuando está a la mesa en cualquier casa, dispuesto a dar buena cuenta de lo que va a servirse; es su presencia, nada más, lo que hace que las buenas amas de casa se afanen especialmente en preparar platillos exquisitos y dulces suculentos en abundancia; algunas hasta aprovechan la ocasión para sacar a relucir sus juegos de té de plata…

Nuestro hombre de letras, en suma, estaba particularmente feliz entre las damas sonrientes del pueblo y aledaños. Era digno de verse cuánto gozaba de su compañía, cómo se lucía ante ellas en el jardín de la iglesia y en el camposanto próximo los domingos, una vez concluido el oficio, descifrándoles las crípticas inscripciones de las tumbas, ofreciéndoles racimos de uvas silvestres de los árboles del jardín, paseando con toda aquella grey femenina por las márgenes de la presa del molino… Ni que decir tiene que los gárrulos hombres del lugar, tan menoscabados como envidiosos, ni se atrevían a intervenir; se limitaban a mirarle desde lejos, envidiosos de su sabiduría y superior elegancia.

De aquella su vida en cierto modo errabunda, le venía además otra condición, la de ser una especie de gacetilla rodante, pues llevaba de casa en casa noticias, rumores y chismorreos en general de toda la comarca; eso, por supuesto, hacía que su presencia fuera acogida con especial interés, sobre todo por parte de las mujeres de las casas, quienes además gozaban especialmente de su erudición por cuanto tenía hechas una cuantas y al parecer buenas lecturas, tales como la de la obra de Cotton Mather Historia de la brujería en Nueva Inglaterra, un asunto, el de la brujería, en el que, dicho sea de paso, creía firme y fervorosamente el maestro.

Era, en efecto, un hombre a la vez sagaz y crédulo, incluso simplón en estos aspectos… Su apetencia de saberes acerca de lo maravilloso, su afán de conocer cosas acerca de lo sobrenatural, eran tan extraordinarios como su capacidad de digerir cuanto de todo ello tenía noticia, algo que se hizo más fuerte en él tras un cierto tiempo de estancia en Sleepy Hollow. Ni la narración terrorífica más infame o monstruosa le revolvía las tripas o le parecía increíble. Cuando cerraba su escuela a la caída de la tarde, solía ir a tumbarse plácidamente sobre los tréboles arracimados que le ofrecían un dulce lecho a la orilla del arroyo y allí se daba a la lectura de las truculentas historietas narradas por el viejo Mather, hasta que la oscuridad hacía que las líneas de las páginas aparecieran borrosas ante sus ojos. Era entonces cuando, de camino a la granja en la que se hospedara por aquellos días, evitando tierras de légamo y atravesando bosques tan frondosos como oscuros, su imaginación, con cada crujido de una rama, con cada rumor de hojas o de plantas silvestres, se impresionaba sin duda por lo que había leído antes, llenándose el maestro de un pavoroso escalofrío tan fuerte como constante.

El graznido de un ave nocturna, el croar de una rana, el canto hiriente de una lechuza, un aleteo de pájaros asustados ante sus pisadas, lo estremecían; se asustaba incluso de las luciérnagas, que tanto brillan en la oscuridad y que tan a menudo le salían al paso; y si una cucaracha voladora se estrellaba contra su cabeza, creía estar poseído al momento por un maleficio fatal. Así, no era capaz de hallar paz más que entonando alguno de los salmos, lo que además le ayudaba a evitar tan turbadores pensamientos, pero con ello no hacía sino llevar el pánico a las pobres gentes de Sleepy Hollow, que en mitad de aquella hora crepuscular, sentadas a las puertas de sus casas, al escuchar aquella su voz gritona y nasal "en lazos de dulzura perdurable", se horrorizaban ante eso que les llegaba desde más allá del camino polvoriento que tenían ante sí.

Otra de las fuentes de su gozo, gozo acaso un tanto doloroso, era el que le procuraba la compañía de aquellas mujeres holandesas en las noches de invierno, ante el hogar de cualquier casa, las cuales relataban historias de demonios y aparecidos mientras cosían y se asaban las manzanas al fuego, o historias de bosques y de ríos encantados, o de caminos y hasta de casas hechizados… Mas, por sobre todas, la historia que lo dejaba sobrecogido era la del jinete decapitado, la de aquel soldado sin cabeza que galopaba de noche por el valle… En justa correspondencia, él les refería casos de brujería, augurios terribles, apariciones portentosas, extraños sonidos que llevaba el aire, con sus respectivas significaciones; cosas que, según la tradición, habían acontecido en tiempos en Connecticut; y disfrutaba entonces asustando a las crédulas mujeres con sus especulaciones acerca de cometas y estrellas fugaces que trazaban círculos en el cielo, lo que según su decir suponía la llegada de cambios terribles para el mundo, por no hablar de las cabriolas que según él hacía nuestra propia tierra en sus rotaciones, obligándolas a estar más de media vida cabeza abajo…

Aquel placer, sin embargo, se trocaba en terror cuando quienes participaban en esas reuniones junto al fuego del hogar salían de la acogedora estancia. Figuras esquivas, de presencia inexplicable; sombras por los senderos, amenazantes como una presencia real; nieve que brillaba como una sepultura marmórea, entre más sombras; haces de luz a lo lejos, vibrantes, en una ventana; un arbusto nevado que, cual una fantasmagoría, aparece de pronto en el camino; pisadas lentas, temibles, sobre la tierra… ¡Cuántas veces estuvo a punto de morir de angustia el maestro cuando creyó oír en el soplo del viento entre los árboles el paso de un jinete sin cabeza que cabalgaba por el bosque!

No eran, sin embargo, más que los lógicos terrores nocturnos, los propios de cuando uno regresa de noche a su casa a través de las sombras; no eran, pues, otra cosa que los fantasmas de la mente; aunque estaba seguro de avistar espectros, incluso al mismísimo Satán en cualquiera de sus formas, siempre la luz del día ponía fin a sus demoníacos terrores… Digamos que el pobre maestro hubiera podido disfrutar por mucho tiempo de una existencia plácida y feliz, solo alterada por estas minucias, obra del maligno, de no haberse cruzado en su camino la criatura que más turbaciones causa en la existencia del hombre, mayores aún que cualesquiera espectros, demonios y brujos juntos: una mujer.

Entre los alumnos de canto que se reunían en torno al maestro una vez a la semana para entonar salmos estaba Katrina Van Tassel, la hija única de un granjero holandés muy rico. Bellísima, estaba en la flor de sus espléndidos dieciocho años, lustrosa como una perdiz, suave y delicada, de rosadas mejillas; apetecible, en fin, como los melocotones que cosechaba su padre, y famosa y deseada, no solo por su hermosura, sino precisamente por ser la heredera única de la riqueza que había hecho su padre, lo que aumentaba las expectativas con respecto a tan notable damisela. Era un tanto coqueta; vestía combinando sabiamente lo tradicional y lo moderno, siempre en aras del realzamiento de su belleza;

lucía, por ejemplo, las viejas joyas que su abuela trajera de Saardam, sobre su tentador escote, cuando se ponía aquel corto vestido que descubría las pantorrillas más apetecibles de la región y unos pies lindísimos.

Ichabod Crane era hombre de corazón enternecido y bien dispuesto hacia las mujeres; no debe maravillarnos, en consecuencia, que sucumbiera pronto ante los exquisitos encantos de la muchacha, y más si se tiene en cuenta que hace poco fue invitado en la muy próspera casa del granjero holandés, padre de Katrina.

El viejo Baltus Van Tassel era la mejor representación de un granjero próspero y feliz, además de muy liberal en su generosidad. Le importaba poco cuanto acontecía más allá de las lindes de sus propiedades, pero en estas todo era detalle, lujo, bonanza… Tampoco hacía ostentación de su riqueza, pues prefería disfrutar de cuanto tenía en vez de presumir de lo logrado. Su granja estaba en las orillas del Hudson, en un rincón natural hermoso, muy verde y fértil, a salvo de los malos vientos; en el sitio, pues, donde más les gustó echar raíces a los colonos llegados de Holanda.

Un gran olmo daba amparo a la casa, y junto al árbol imponente una fuente de aguas límpidas y frescas vertía en un barril, el cual, a su vez, las derramaba entre la hierba hasta unirlas a un arroyo próximo que parecía musitar su arrullo permanente a los alisos y sauces enanos que tenía por vecinos. El granero próximo a la mansión del holandés era tan enorme que podía haber sido habilitado como iglesia; enorme y próspero; tan atiborrado estaba de los tesoros que la tierra daba generosamente a su propietario, que parecía ir a reventar en cualquier momento por sus ventanas y la puerta… Por doquier se dejaba sentir el canto de las golondrinas y de los vencejos que volaban casi a ras de los aleros del tejado en donde dormitaban bajo el sol bandadas de palomas, alguna con un ojo escrutando siempre los cielos como para cerciorarse de la bondad del tiempo, mientras las demás metían la cabeza bajo un ala, en reposo profundo, y otras ahuecaban sus plumas esperando el cortejo de los palomos.

Abajo, enormes, gordos, rozagantes, los cerdos hocicaban en la abundancia y se refocilaban en la paz de sus zahúrdas mientras los lechones asomaban el hocico entre las tablas que los guardaban como para deleitarse con el aire y los aromas de la cochiquera. Un escuadrón de gansos, en el estanque, parecía maniobrar ofreciendo escolta a varias flotillas de patos mientras todo un regimiento de pavos se lucía ante las gallinas, que parecían protestar ante tamaña exhibición, cloqueando de manera desafinada y malhumorada, como las amas de casa… Ajeno a todo esto, sin embargo, el gallo, como un digno caballero, como un ejemplo de esposo o de guerrero, batía altivo sus alas como de acero y lanzaba su alegre canto, mientras escarbaba con sus patas, para llamar a sus hijos y a sus esposas a compartir con él un suculento manjar que acababa de descubrir.

Salivaba de gusto el pedagogo mientras contemplaba todo aquello, la mejor provisión para un duro invierno. Su imaginación voraz le hacía ver a su alrededor a los lechones rellenos de pudin y prestos a ser asados con una manzana en la boca; a los pichones, en un lecho de hojaldre y arropados por una sábana de crujiente y bien tostada corteza; a los gansos, nadando ahora en su propia salsa, igual que los patos, que lo hacían en parejas, cual matrimonios perfectos, pero sobre una salsa de cebollas, como compitiendo con los gansos en galanura... En los cerdos veía ya las plateadas vetas del tocino brillando entre el sabroso jamón y ni uno solo de los pavos quedaba libre de aquellas ensoñaciones del maestro, que se los presentaba trufados, con la molleja bajo un ala y con un collar de jugosas salchichas. En cuanto al muy altanero cantor de las granjas, es suficiente decir que lo veía ya patas arriba, en una bandeja, implorando una suerte de clemencia que en vida jamás hubiera recabado.

Todas estas fantasías arrebatadas tenía el fervoroso Ichabod; y cuanto más miraban sus ojos verdes hacia cualquier lugar de aquella feraz tierra con sus trigales, con su centeno, con su maíz, con su cebada, o a los árboles que rendían sus ramas de tanto fruto como en ellas había, o hacia los huertos que rodeaban la mansión de Van Tassel, más aceleradamente le latía el corazón, sobre todo porque lo hacía pensando en la damisela que heredaría aquellos dominios. También, como es natural, pensaba en el dinero contante y sonante que debía de dar todo aquello, un dinero que su imaginación le decía que podría gastarse en palacios de madera, levantados en parajes tan idílicos como recónditos, y en la compra de tierras vírgenes pero tan generosas como las del holandés. Aún iban más lejos sus fantasías; se imaginaba ya a la gentil Katrina rodeada de un montón de niños, en una carreta cargada con ollas y pucheros, con toda clase de cacharros de cocina entrechocándose, y montado él mismo a lomos de una yegua mansa a cuyo lado iba al paso un potrillo, camino de Tennessee, camino de Kentucky o camino de solo Dios sabía dónde...

Cuando entró en la casa propiamente dicha, en aquella mansión, su corazón quedó definitivamente cautivo. Era una de esas casas de granja espaciosas, de tejado a dos aguas que llegaban casi hasta el suelo, según el tipo de construcción de los primeros colonos holandeses; unos tejados cuyos aleros, hacia afuera, al caer formaban pórticos en los que guarecerse en los días de lluvia, y de cuyas traviesas de madera colgaban arneses de caballerías, aperos de labranza y redes para pescar en el río cercano. Junto a los muros de la casa había bancos en los que sentarse a descansar en verano; una rueda de hilar en un extremo, y una mantequera en el otro, no hacían sino demostrar las posibilidades de hacer cosas diferentes y de provecho que brindaba tan espléndido porche.

El maestro, encantado con lo que veía, entró en la casa; lo primero que vio fue un magnífico aparador acristalado que guardaba la reluciente vajilla. En un rincón de la sala vieron sus ojos un gran saco lleno de lana presta para ser hilada; en otro, una pila de lino recién sacada del telar. Había en las paredes mazorcas de maíz, manzanas y melocotones secos en ristras, contrastando con el rojo fuerte de los pimientos igualmente colgados en ristras. Una puerta a medio abrir permitía ver el gran salón de la casa, en el que unas mesas de caoba purísima refulgían como espejos y las sillas que había en torno a ellas se aferraban al suelo sólidamente, con sus patas labradas. Ante el hogar, un morillo con pequeñas palas y tenazas y atizadores parecía un mazo de espárragos de hierro; sobre la repisa de la chimenea, macetas y conchas marinas; más arriba, en la pared, una cadena hecha con pequeños huevos de pájaro coloreados, y más abajo aún, pendía un tremendo huevo de avestruz. En una esquina, un anaquel descubierto, para que se viera bien, mostraba todo un tesoro de plata antigua y de piezas de porcelana de la China.

Desde el primer momento en que Ichabod paseó su mirada por aquellas maravillas quedó turbada su paz interior de siempre; a partir de aquel instante no hizo sino concentrarse y estudiar cómo ganarse los favores más afectuosos de aquella perla tan valiosa que era la hija de Van Tassel. Una empresa, sin embargo, que presentaba no pocas dificultades, muchas más de las que en otros tiempos se veían obligados a superar los caballeros andantes que solo tenían que luchar contra gigantes, magos, dragones que expulsaban fuego por sus fauces y otras criaturas semejantes, fáciles de vencer con solo echar abajo una puerta de hierro o de bronce, y unos cuantos muros de diamante; así accedían al castillo encantado donde presa les aguardaba la dama de sus amores, cosa tan simple como abrirse paso con un cuchillo a través de un pastel de Navidades. Allí la dama se arrojaba en brazos del caballero como la cosa más natural del mundo. Ichabod, por el contrario, tenía que luchar duro para conquistar el corazón de aquella damisela coqueta y caprichosa; un corazón que le latía como si se hubiese perdido en un laberinto de extravagancias y caprichosos, querencioso de una cosa ahora y de la contraria poco después; algo, en fin, que ofrece incontables quebraderos de cabeza si se trata de lograr una conquista amorosa, asunto para el que, encima, habría de hacer frente a los impedimentos que le opusieran aquellos rudos mozos del pueblo que en legión también pretendían a la hija del próspero holandés.

Eran muchos, pues, los fantasmas, de carne y hueso estos, que se apostaban en los caminos del corazón de la muchacha a la espera de que ella los llamase; además, recelaban los unos de los otros, se dirigían terribles miradas de odio… Se mostraban, en fin, dispuestos a combatirse sin piedad en aras de la pieza ansiada; dispuestos también, además, a unirse para espantar a quien osara convertirse en el nuevo pretendiente de la heredera.

El peor y más peligroso de todos era un muchacho vocinglero y engallado que se llamaba Abraham, o Brom Van Brunt, por decirlo a la holandesa; un tipo achulado, de mirada pícara, que era en la región todo un héroe merced a su fuerza y a sus baladronadas a menudo temerarias. Era muy ancho de espaldas y tenía macizos y musculados los brazos; llevaba sus cabellos rizados y negros muy cortos y tenía de continuo en la cara un aire que si no era jovial del todo tampoco lo era de ruda arrogancia; no era, en general, un muchacho de aspecto desagradable; lo llamaban Brom el Huesos, por la dureza de sus músculos relucientes y su aspecto hercúleo, y era harto elogiada su destreza en la monta de caballos; de hecho, viéndole cabalgar parecía tan imponente como un jinete tártaro. Era siempre el primero en las carreras y en las peleas de gallos; como en el medio rural se aprecia tanto la fuerza, que es cuanto más se respeta, por otra parte, mediaba en todas las disputas y emitía sentencia con un tono de voz y un aire todo que cohibía a quien fuera y evitaba cualquier apelación.

Por otro lado, no volvía la cara ante cualquier bronca y gustaba de la broma y de la fiesta, pero su temperamento era hijo, no de la mala sangre, sino de un cierto carácter travieso e infantil, pues tras su aparente brutalidad se descubría fácilmente un poso de alegría espontánea y de buen humor. Tenía tres o cuatro buenos amigos que lo habían tomado por el modelo a seguir; con ellos iba por toda la comarca de francachelas o en busca de pelea y bronca, si se terciaba, aquí y allá, incluso muchas millas a la redonda. En el invierno destacaba entre todos los demás hombres de su edad por su gran gorro de piel del que pendía una muy llamativa cola de zorro cazado por él mismo, y cuando quienes en algún lugar estaban de fiesta, veían a lo lejos ese gorro galopando al frente de una partida de diestros jinetes, sabían de inmediato que habría pelea…

A menudo cabalgaba por la noche Brom junto a sus amigos, ante las granjas, lanzando salvajes gritos a la manera de los cosacos en tropel, y las viejas de la casa, al despertar alteradas por aquel clamor insolente, no podían sino exclamar tranquilizadas una vez oían alejarse los cascos de los caballos: "¡Vaya, otra vez Brom el Huesos con su banda!". Ni que decir tiene que los lugareños le contemplaban con una mezcla de miedo, respeto y gracia, y siempre que en el pueblo sucedía alguna pelea, alguna bronca sin mayor importancia, movían la cabeza de un lado a otro como disculpando aquella maldad venial del Brom el Huesos, al que tenían de seguro por el autor de la misma, aun sin verlo.

Ya hacía tiempo que tan rudo héroe había escogido a la hermosa Katrina como la mujer de su vida, como aquella a la que dedicar sus gárrulas galanterías, muy parecidas, por poner un ejemplo, a las que haría un oso en un situación de cortejo parecida; aquello, por lo que se sabía en el pueblo, no había hecho mella alguna, sin embargo, en la muchacha. Eso no era obstáculo, en cualquier caso, para que el gigantón hiciera poner pies en polvorosa a muchos de sus otros competidores en el amor de la damisela, que huían temerosos de despertar su furia; bastaba con que vieran su caballo en las proximidades de la casa de Van Tassel un domingo por la noche para que escaparan deprisa de allí, echando chispas y dispuestos a buscar guerra ante otros cuarteles.

Tal era, pues, el formidable rival con quien habría de vérselas el bueno de Ichabod Crane; bien contemplado el asunto, es digno de tenerse en cuenta que otros aspirantes al amor de la damisela, hombres mucho más fuertes y arrojados que él, habrían desistido pronto por temor a Brom, largándose sin ofrecer resistencia. Pero cuanto conformaba el carácter del maestro era una feliz mixtura de tozudez y capacidad de adaptación a las circunstancias de cada momento; era, pues, un hombre de nervios bien templados, cabe decirlo así, como la urdimbre de un florete; flexible pero acerado; uno de esos hombres que pueden ceder, incluso doblarse, pero nunca doblegarse ni troncharse; y aunque en un momento dado una leve presión pareciera hacerlo encorvar, apenas estaba a punto de llegar al límite de su resistencia, ¡arriba!, ya estaba de nuevo tieso y firme, con la cabeza aún más alta que antes.

Sabía que enfrentarse abiertamente a su rival en el amor era una necedad, más que una locura, pues tendría que batirse contra un hombre más joven y mucho más fuerte que él; un hombre tan fogoso y arrojado como Aquiles; un hombre, en suma, que jamás cedería un paso en el trance de disputarse el amor de una mujer. Ichabod, empero, constante y como quien no quiere la cosa, avanzaba poco a poco, se insinuaba a la rica y bella heredera siempre con galantería exquisita. En su calidad de maestro de canto iba cada vez más frecuentemente a la casa del holandés, un pretexto que en este caso no lo era para superar las suspicacias de los padres de las muchachas en situaciones semejantes, eso que tan a menudo se convierte en una gran piedra puesta en mitad del sendero por el que pretenden caminar de la mano los amantes.

Balt Van Tassel era un hombre bueno, de alma apacible e indulgente; adoraba a su hija aún más que a su pipa, y como hombre razonable que era, además del mejor de los padres, permitía sin oposición alguna que la muchacha tomase los caminos que mejor le vinieran en gana. Su esposa, una mujer igualmente digna de mención, bastante tenía con mantener la casa en perfecta disposición siempre y atender a las aves del corral, ya que, como observaba con perspicacia no exenta de sabiduría, los gansos y los patos son criaturas tan increíblemente estúpidas que no queda otro remedio que cuidar de ellas de continuo, en tanto que una muchacha casadera sabe cuidar de sí misma… Tal era la razón de que la muy atareada ama de casa no parase un momento, bien haciendo la casa, bien haciendo girar la rueca de hilar sin pausa… Balt, cuando a semejantes tareas se entregaba su hacendosa mujercita, fumaba tranquilamente su pipa, en el otro extremo del salón, mirando a través de la ventana las furiosas acometidas de aquel espantapájaros de madera, con las manos armadas con sendas espadas igualmente de madera, que parecía desafiar al viento tanto como a los pájaros. Mientras, hay que decirlo así, Ichabod atacaba las resistencias últimas de la hija de los granjeros, en defensa de su nobilísima causa, bajo el gran olmo de la fuente, o paseando hacia el crepúsculo cuando el día comenzaba a declinar, la mejor hora para que los enamorados hagan gala de su elocuencia.

No puedo presumir acerca de cómo se conquistan los corazones femeninos. Eso es algo que siempre ha constituido para mí un asunto tan digno de admiración como enigmático; algunos de esos corazones parecen tener un único punto vulnerable por el que acceder, y otros, por el contrario, pueden ser conquistados de mil maneras distintas. Supone eso que han de ponerse en práctica, pues, miles de artimañas para hacerse con el favor de una damisela; mas si hemos de convenir en que es todo un triunfo hacerse con el favor de uno de esos corazones citados en primer lugar, los que nada más tienen una vía de acceso, mantener cautivos a los citados en segundo lugar exige aún mayor destreza, mayor lucha del hombre en la tarea, ardua cual batalla, de mantener bien vigiladas todas sus vías de acceso; es como defender una fortaleza, para lo cual no ha de olvidarse una sola ventana, una sola puerta. Así, el que sea capaz de alzarse con la conquista de un millar de corazones podrá hacer alarde, al tiempo, de su derecho a la fama y al reconocimiento, si bien solo podremos considerar un héroe de verdad a quien logre mantener su dominio, por mucho tiempo, sobre el corazón de una dama coqueta.

En este supuesto acerca de las artes del galanteo no se contempla, como es lógico pensarlo, al temido Brom el Huesos, pues desde el inicio de la corte que hiciera Ichabod Crane, para ganarse el favor de la hija del rico granjero, pareció ceder en la intensidad de su asedio; apenas se veía ya su caballo los domingos por la tarde cerca de los establos de la granja, lo que no quiere decir, sin embargo, que no se hiciera más ostensible que nunca antes la enemistad entre él y el maestro de escuela de Sleepy Hollow.

Brom, a quien adornaba una suerte de ruda, por no decir brutal, caballerosidad, hubiera preferido dirimir tal disputa en una suerte de campo de batalla abierto, ante los ojos de todos, lo que equivale a decir que librando un combate que sirviera para calibrar ante la dama querida las posibilidades de cada uno, al modo y manera de los caballeros de antaño, los cuales así de simplemente establecían su derecho sobre el corazón de una mujer. Mas, Ichabod, sin embargo, sabía bien que su oponente era mucho más fuerte, que nada lograría en un enfrentamiento directo contra él, así que eludía cualquier cosa que se pareciera a una disputa frontal. Para colmo, hasta sus oídos alguien había llevado una baladronada de Brom el Huesos, quien, según aquellas noticias que recibiera Ichabod, "iba a tronchar en dos al maestro para meterlo así partido en el armario de la escuela". Si por algo se caracterizaba Ichabod era por su cautela; no iba a darle, pues, la oportunidad de partirle en dos, y hay que reconocer que había bastante de provocación hacia el rival en su actitud pacífica, en sus afanes de no concederle el combate ansiado. Tanta obstinación por parte de su rival hacía que Brom el Huesos no cejara en su empeño de urdir tretas y más tretas, algunas de una bellaquería indecible, para llevar a su terreno a aquel increíble y aparentemente inabordable rival, lo que no quiere decir sino que, al cabo, el pobre maestro pasó a ser la víctima favorita de las maldades tramadas por la banda de Brom el Huesos, dispuesta a dar todo su apoyo al jefe.

La banda, en su tropel de caballos, comenzó pues a hacer una incursión y otra en los hasta entonces tranquilos dominios del maestro; unas veces taponaban la chimenea del tejado, con lo cual la escuela se llenaba de humo; otras, ya de noche, entraban en la escuela y volcaban pupitres y mesas, tiraban por el suelo los papeles y los libros… Hacían así, en fin, inútiles las defensas de mimbre y estacas que pusiera el maestro, quien hubo de admitir que su escuela no era la trampa para pescar anguilas que había supuesto… El pobre llegó a pensar que las brujas todas de la región habían decidido tomar posesión de su escuela para celebrar en ella los akelarres. Aun con todo, esto no era lo peor; Brom el Huesos no dejaba escapar la mínima ocasión que se le presentara, a fin de ridiculizarlo ante la damisela; para colmo, había adiestrado a un perro vagabundo para que aullara de manera terrible y ridícula, en una especie de lúbrico lamento; cuando se producía, aseguraba Brom que aquel escándalo no era debido sino al pobre maestro, que daba así sus clases de canto a la impar Katrina. Así estuvieron las cosas durante un tiempo, sin que se produjera ningún cambio digno de mención en la estrategia guerrera de los contendientes.

Una tarde de otoño, muy hermosa, se hallaba Ichabod sumido en sus reflexiones, con las posaderas descansadas en el alto taburete desde el que dominaba su pequeño imperio escolar y cuanto hacían sus alumnos, blandiendo en su mano la vara de castigar, aquella especie de representación un tanto espectral de la justicia con que ejercía su poder. Tenía detrás, colgada en la pared de tres clavos roñosos, otra vara, por si se le rompía la primera, y delante, sobre su mesa, alguna que otra arma y unas cuantas cosas de contrabando que había decomisado a sus alumnos, tales como una manzana herida por unos cuantos mordiscos, varias cerbatanas, peonzas, jaulas para moscas y grillos y un montón de pajaritas de papel, lo que denotaba que no mucho antes habíase visto obligado a impartir justicia, haciendo víctima de ella a cualquiera de los pilluelos que acudían a oír su sabia palabra; de hecho, los muchachos permanecían ahora en silencio, fijos los ojos en sus libros; todo lo más, algunos cuchicheaban muy bajito sin perder de vista al maestro, por si se les acercaba vara en ristre… Un murmullo sutil, de expectativa temerosa, flotaba en el ambiente de la clase…

De súbito se rompió aquel silencio, empero, con la entrada en la escuela de un negro que vestía chaqueta y pantalones de estopa y que se tocaba con un viejo y mugriento sombrero de copa, como un Mercurio con sombrero… Había llegado montando un penco flaco, medio salvaje y cojo, al que guiaba no más que con una soguilla atada a los belfos. Naturalmente, su presencia en la puerta de la escuela no pudo pasar inadvertida, al contrario; y mucho menos para el maestro, puesto que le llevaba un recado según el cual aquella misma noche el matrimonio Van Tassel y su hija ofrecían una recepción a la que estaba invitado muy especialmente. El negro declamó, más que decirlo, su mensaje de manera harto elocuente, haciendo un gran esfuerzo por decirlo con las palabras más a propósito para tan magno evento, cual solían hacerlo los negros de aquellos días, habitualmente utilizados como embajadores para llevar todo tipo de recados y encomiendas. Después volvió a subirse a su penco y pronto se le perdió de vista, galopando, no tan ceremoniosamente como veloz, hasta perderse en lo más oculto de la hondonada, cual debe hacerlo un buen mensajero.

No cesó con su ida el follón que entre el alumnado provocó aquello, perdida ya la paz que dominaba la clase una vez consumado el último castigo. Con la anuencia del maestro dieron cuenta los alumnos de sus lecciones a toda prisa, sin parar mientes en la observación de esos aspectos que de común, minucioso, les exigía el bueno de Crane; más aún, los más pillos se saltaban de golpe hasta media página, sin que el digno pedagogo reparase en ello, lo que no fue óbice, sin embargo, para que los más torpes se llevaran algún que otro coscorrón, y algún que otro varetazo, solo porque titubearon ante una palabra, o se trabaron en otra, considerando el maestro que ocurría así porque no prestaban la necesaria atención… Crane, por su parte, no reparó en el hecho de que sus alumnos, una vez diera él por concluida la clase, salieran casi de estampida, olvidándose de ordenar los libros, cual solían hacerlo, en las baldas dispuestas para ello; volaron además unos cuantos tinteros, se volcó algún pupitre, y una hora antes de lo que era normal la escuela quedó vacía… Aquel tropel de pequeños diablos se iba pegando gritos, saltando y revolcándose en la hierba para celebrar una liberación tan insólita como anticipada.

El galante Ichabod tardó más de media hora en arreglarse para acudir a la recepción, algo raro en él; cepilló con mimo el mejor de sus trajes, un terno negro muy sobrio, aunque algo resobado, empero, y con tanto o mayor cuidado se peinó los rizos ante un trozo de espejo que aún le quedaba sano en una pared. Luego fue a pedir prestado un caballo a un viejo granjero holandés, Hans Van Ripper, un tipo gruñón y malencarado, a fin de presentarse ante la amada de la manera más elegante posible, y así, cabalgando como todo un caballero capaz de enfrentarse a cualesquiera aventuras o al más arrebatador de los lances amorosos, puso tierra de por medio entre la escuela y la granja de Van Tassel. Por supuesto, y por seguir en lo que era común a las novelas de caballeros andantes, hay que hacer una descripción tan detenida como minuciosa de las trazas e impedimenta del caballero a lomos de su caballo.

De este, no obstante, hay que decir que era una bestia usada de común para el tiro de labranza, lleno de mataduras y perdida, por viejo, su arrogancia y hermosura de otros días; por lo demás, y como caballo viejo y resabiado que era, no resultaban pocos sus defectos, todo lo contrario; flaco, peludo, sucio, con cuello más de carnero que de corcel y con la cabeza digna de un martillo; le amarilleaban las crines, de viejura y mugre, al igual que la cola llena de nudos; a uno de sus ojos le faltaba la pupila, por lo que parecía de cristal, y en el otro le brillaba una especie de luz demoníaca, que sin duda era reflejo de su maldad resabiada; puede que aquel pobre penco hubiera sido en tiempos un brioso corcel que aún hacía honor a su nombre, Pólvora… No en vano había sido el caballo favorito del colérico Van Ripper, cuando aún montaba y galopaba furiosamente, antes de destinarlo a la labranza; y no en vano, con toda certeza, el amo había contagiado a su caballo aquel su iracundo carácter; aun viejo y muy castigado, el bruto albergaba tanta maldad como para superar a la que pudieran demostrar todos los jóvenes potros de la región juntos.

Ichabod componía una figura idónea para semejante montura. Montaba con estribos cortos, por lo que llevaba las rodillas a la altura de la silla; sus codos, visto desde atrás, parecían las patas de un saltamontes por lo mucho que los sacaba; llevaba la fusta en perpendicular, como si fuera un cetro; al trotar el caballo, en fin, sus brazos parecían las alas abiertas de un pájaro… Se tocaba además con un pequeño sombrero de lana inglesa que casi le caía hasta la nariz prominente, pues cabe recordar que su frente no era más que una franja estrecha entre el pelo y aquella; los faldones de su levita negra, además, parecían flotar sobre las ancas del caballo casi hasta cubrirle la cola sucia. Con semejante porte salió el maestro de la granja de Van Ripper. Pocas veces se tuvo la ocasión de ver algo semejante a plena luz del día. Era, como ya he dicho, una hermosa tarde de otoño, de cielo despejado, azul y apacible, así que la naturaleza mostraba esa su librea dorada que nos sugiere abundancia, cuando los bosques parecen poner en el ambiente pinceladas de profusos ocres y amarillos; la helada de la noche anterior había dejado, además, una hermosa capa púrpura sobre los árboles más tiernos y frágiles, y otras de naranja y de escarlata en los más firmes y grandes.

Atravesaban los patos salvajes el horizonte en bandadas interminables; hasta podía oírse latir el corazón de las vivaces ardillas, incesantes en su corretear por entre los bosques de hayas y de nogales, mientras los rastrojos de las veredas parecían abrirse cual telones de teatro para que se dejara oír el canto largo y solitario de una codorniz. Los pajarillos del bosque se despedían ya del día regalándose con un banquete en lo alto de las ramas tremolantes, y piaban y saltaban por doquier de árbol en árbol, gozosos en su libertad de escoger uno u otro, esta o aquella rama, felices entre tantos árboles como tenían. Había petirrojos, ese pájaro que suele ser la diana preferida de los cazadores más jóvenes, revoloteando mientras sin desmayo soltaban sus notas siempre altas como en un lamento; había también mirlos cantores que en algunos claros parecían haberse puesto de acuerdo para formar una sola nube negra; y pájaros carpinteros de alas relucientes como los chorros del oro y con el penacho de fuego, hermosos con su amplia gorguera; y el pájaro del cedro, con las alas rematadas en puntas rojas, la cola en amarillo y su pequeño sombrero de plumas; y el arrendajo, esa especie de barbián vocinglero que parece lucir un chaquetón de espejos azules y debajo un traje blanco, pájaro chillón y zalamero, cobista en sus continuas reverencias, como si deseara congraciarse con todos los demás pájaros cantores del bosque para que le perdonaran sus gritos y desafinaciones.

Ichabod, a paso lento ahora, continuaba a caballo mientras sus ojos, atentos en toda circunstancia a cualquier cosa que sugiriese abundancia en la cocina, hacían una suerte de deleitoso inventario de las maravillas que ofrecía tan pródigo otoño. A cada lado del camino veía, pues, ora un almacén hasta arriba de manzanas, las unas venciendo con su maduro peso las ramas de los árboles, las otras ya recogidas en cestos incontables y prestas a ser llevadas a los mercados, las de más allá apiladas para ser en breve pasto gozoso de la prensa que habría de convertirlas en sidra excelente. Más allá, en los apartados campos de maíz, se alzaban magníficas las doradas mazorcas como escapando del abrigo de sus hojas, como ofreciéndose gustosas a las diestras manos que harían de su sabrosura no menos apetecibles pasteles; y en la misma tierra, las calabazas restallantes de brillo ofreciendo a sus ojos esos sus prominentes vientres dignos de los mejores platos.

Atrás los trigales, atravesaba ahora Ichabod campos en los que se disfrutaba del olor dulce de las colmenas, lo que hacía que unas ilusiones no menos dulces comenzaran a cobrar forma en su mente ensoñecida de tanta paz y maravilla; así, degustaba ya una tarta de mantequilla espesa y miel en capas no menos densas… Una tarta que, naturalmente, le había preparado, para darle la bienvenida, la impar Katrina Van Tassel con sus propias y lindísimas manos.

Así, con tan amelcochadas imaginaciones, alimentaba sus sueños cuando iba por las faldas de unos cerros desde los que se avistaba uno de los más hermosos paisajes del Hudson. El sol, como una gran rueda, se iba deslizando poco a poco hacia los abismos del oeste. El amplio seno del Tappan Zee se mostraba ahora remansado como un cristal impoluto; solo algún leve salto del agua alteraba el reflejo de la inmensa sombra azulada de las montañas. Allá, en el horizonte, una hermosa luz dorada se iba mudando lentamente al verde propio de las manzanas de sidra, y aún más allá, en un azul que inequívocamente pertenecía al cielo. Las últimas luces caían en oblicuo y alargadas sobre el río, dando un brillo de plata a las grandes piedras de sus márgenes y un fulgor púrpura a las orillas.

A lo lejos, una barca parecía mecerse lentamente en el agua, confiada en aquella tranquila corriente, con la vela acariciando lacia y voluptuosa el mástil; parecía la barca suspendida entre dos cielos, pues el agua aquella tarde no era más que el propio cielo reflejado.

Estaba a punto de caer la noche, también infinitamente apacible, cuando llegó Ichabod a los dominios de Heer Von Tassel. Ya estaba la casa llena con la flor y nata de la región. Había allí viejos granjeros de rostros enjutos y con las arrugas curtidas por el paso de todas las estaciones durante muchísimos años, vestidos con chaquetas sencillas, sus medias azules limpias, y relucientes las grandes hebillas de sus cinturones; sus esposas, tan ajadas como parlanchinas y vivaces, con la cofia bien ajustada, el corpiño largo y firme, la enagua humilde pero limpia, y tijeras, acericos y un bolso grande de percal colgando de sus cinturones. Había también alegres muchachas, vestidas tal cual lo hacían sus madres, salvo en algún que otro caso en que lucían un sombrero de paja, el pelo al aire con una cinta, o algún que otro vestido impolutamente blanco, por afán de seguir la moda de la ciudad. Los hombres más jóvenes llevaban levitas de corte rectangular en el faldón, dos filas de botones metálicos y relucientes en ellas, y el cabello largo recogido en una cola de caballo, según era moda entonces; brillantes colas de caballo, sobre todo las de quienes se las frotaban con piel de anguila, cosa que se consideraba en aquellos días el mejor tónico capilar.

Brom el Huesos, como no podía ser menos, era el héroe principal de aquella escena; había llegado a la fiesta montando su caballo Temerario, el favorito de cuantos tenía, tan brioso y valiente como su amo, que pudo hacerse con él, cuando lo quiso, por ser el único hombre de la comarca capaz de domarlo; además, siempre prefirió caballos rebeldes, incluso resabiados, o los que se sabían todos los trucos de los jinetes expertos en doma; esos caballos, en fin, con los que hay que ser muy diestro si no quieres acabar partiéndote el cuello. Decía Brom el Huesos que un caballo dócil solo era propio de cobardes.

Me encantaría llenar estas páginas con el relato pormenorizado del montón de placeres que se mostraron a los ojos de mi héroe apenas entró en el salón principal de la casa de Van Tassel, aunque quede claro que no hablo de las encantadoras muchachas que allí había, jóvenes en la flor de la vida llenándolo todo con el ir y venir de sus ropas en rojo y en blanco. Ese universo de placeres era, por el contrario, cuanto se ofrece a la degustación de un buen paladar y de un estómago de enormes tragaderas en las fiestas de los granjeros prósperos, más si son holandeses y celebran las bondades del otoño. ¡Qué enorme cantidad de fuentes llenas de todos los pasteles habidos y por haber, y de pastas, y de otros dulces cuya relación sería inacabable, delicias cuyas recetas se cuidaban muy mucho de decir a las otras aquellas hacendosas amas de casa holandesas! Y el muy

ilustrísimo doughnut, y el oly koek tan esponjoso, y el cruller crocante y de sabor tenue, delicadísimo… Y bizcochos, y una exquisita tarta de jengibre, e incontables pastelitos de miel… Y tartas de manzana, de melocotón… Y jamón cortado en lonchas, y carne ahumada, y conservas y confituras de ciruelas, de pera y de membrillos… Y enormes parrilladas de pescado, y pollos asados por docenas… Y cuencos rebosantes de leche recién ordeñada. Y más cuencos, hasta arriba de crema dulce…

Todo, arbitrariamente puesto sobre las mesas; tan arbitrariamente como mi propia enumeración de las viandas, pero, eso sí, todo parecía girar alrededor de una enorme tetera que de continuo silbaba anunciando que ya tenía la infusión presta. ¡Que Dios los bendiga! Me faltan el tiempo y la capacidad necesarios para describir convenientemente aquel banquete cual sería debido y justo hacerlo, y pues tengo que apresurarme en la conclusión de la historia, sigamos a otra cosa.

Ichabod Crane, felizmente, no tenía tanta prisa como yo, el que relata su historia, y se deleitó como cabe imaginar que lo hizo con todas aquellas y muy auténticas delicias, es verdad que con cierta pausa y hasta con ceremonia, pero sin despreciar nada de ningún plato… Era un hombre bondadoso y agradecido, de buen conformar y con un corazón tan grande como capaz era su cuerpo flaco, sin embargo, de ensancharse increíblemente para dar cabida a todo lo que engullía. Parecía unido en extática unción a las divinidades, merced a la comida, como otros parecen estarlo merced a la bebida…

Por lo demás, no entornaba los ojos mientras degustaba tanta exquisitez, sino que los mantenía bien abiertos, desplazándolos de un lado a otro a la par que comía a dos carrillos, acariciando la ilusión de que todo aquello, algún día no muy lejano, bien podía ser suyo gracias a su matrimonio con la rica heredera del anfitrión. Si tal ventura le acontecía, pensaba sin dejar de masticar, sin dejar de mirar, abandonaría la escuela sin volverse para echarle una última mirada, haría una higa con su dedo a todos los Van Ripper de la comarca, y a todos los miserables que de mala gana lo acogían en sus casas, y pobre del maestro de escuela que se atreviera a llamarle compañero…

El viejo Baltus Van Tassel iba de un grupo a otro de invitados, con el semblante alegre, rojo de contento y buen humor, orondo y grato como una luna nueva de aquel otoño dadivoso. Era un excelente anfitrión, sin exageraciones; expresivo pero sin hacer notar a los otros su munificencia; daba a uno un fuerte apretón de manos, a otro una cariñosa palmada en la espalda, soltaba una carcajada limpia cuando le contaban alguna historia graciosa, y para todos sus invitados tenía frases de ánimo y aliento: "Vamos, muchachos, sírvanse ustedes mismos cuanto quieran, que no tiene que quedar nada en las fuentes".

No pasó mucho rato hasta que desde el salón contiguo se dejara sentir una música que invitaba al baile. El músico era un viejo negro de cabello plateado, toda una orquesta ambulante él solo, durante más de medio siglo, de un lado a otro por los pueblos, villas y aldeas de la región. Tocaba un violín tan viejo y averiado como él mismo, del que sin embargo extraía alegres melodías, acompañando los rápidos movimientos de su arco con unos no menos rítmicos movimientos de su cabeza; cada vez que una nueva pareja se lanzaba a bailar, saludaba su presencia inclinándose hasta casi tocar el suelo y pegaba un fuerte zapatazo para animarles.

En lo que a Ichabod de refiere, baste decir que se consideraba tan buen bailarín como cantante de salmos… Ni una sola de sus fibras, ni uno solo de sus miembros, era ajeno a la música cuando se lanzaba a bailar; su figura tan poco grácil, bailando hasta casi desmadejarse, podría haber hecho pensar a cualquier que el mismísimo San Vito, el bendito patrón del baile, como es bien sabido, había bajado a la tierra desde los cielos para danzar sin descanso entre los hombres. Tanto se movía el maestro, que despertaba la admiración entre los negros de todas las edades y estaturas, los cuales, llegados de las granjas vecinas, se apiñaban en las ventanas del salón, por fuera, para contemplar aquel jolgorio. Las blancas bolas de sus ojos giraban divertidas al verle y una sonrisa de dientes de marfil les llenaba la cara, pues nadie como ellos para apreciar la excelencia de aquellos movimientos, realmente difíciles…

¿Cómo era posible que aquel maestro tan terrible, martillo de niños herejes y holgazanes, fuese así de divertido? Era su pareja de baile, por cierto, la dueña de su corazón, la hija del buen Van Tassel, y respondía con sonrisas a los guiños de ojos y otras morisquetas que él le hacía mientras se daba sin freno a las más diversas e imposibles contorsiones; a Brom, espectador impaciente de todo aquello, le hervían los huesos de rabia en el puchero de los rencores, mientras tanto; sentado en una esquina, ahora solo, sin nadie que le diera conversación ni le riese cualquier gracia, o lo alentara a una bravuconada, o a una apuesta, se mordía los puños por culpa de los celos.

Acabado el baile, Ichabod mostró interés en la conversación que mantenían Balt Van Tassen y un grupo de hombres ya de edad provecta y al parecer muy enterados. Fumaban plácidamente, mientras conversaban sentados en el porche, y yéndose a otros tiempos hablaban de viejas historias de la guerra.

La región toda había sido el escenario en que se libraran grandes e importantes batallas; había sido testigo, pues, de hechos cruciales y de las hazañas de muchos hombres. No muy lejos de donde se hallaba el grupo de granjeros habían librado duros combates las tropas inglesas contra las americanas, lo que hizo que vieran aquellas tierras, en tiempos, llegar a gentes procedentes de innumerables fronteras; las había de toda condición: emigrados que huían o que buscaban empleo, vaqueros, aventureros, soldados de fortuna... Tanto tiempo había pasado ya de aquello, sin embargo, que cada uno de los hombres reunidos en el porche del granjero holandés contaba su historia con un halo de leyenda; en lo incierto y vago de la memoria, evitar un toque de ilusión en lo que se cuenta, evitar narrar los hechos pretendidos sin tenerse uno por su máximo protagonista, resulta cosa poco menos que imposible, por lo que cada uno tenía su historia que contar, a cada cual más extraordinaria.

Así de emocionadamente, por ejemplo, hizo uno de aquellos hombres el relato de las aventuras de Doffue Martling, un holandés de barbas azuladas, según era fama, que hubiera podido hacerse con el control de una fragata inglesa él solo, no más que con un pequeño cañón del calibre noveno, viejo y oxidado, además, de no haberle explotado cuando disparó el cuarto proyectil. Otro habló de un anciano caballero, cuyo nombre no diremos aquí pues es el de alguien con mucho poder y no debe pronunciarse ni escribirse a la ligera, un hombre tan diestro en las artes de la esgrima, que en la batalla de White Plains evitó que una bala de mosquetón lo hiriese, desviándola como si nada con la punta de su sable, y que oyó perfectamente, y tan tranquilo, cómo el proyectil iba lamiendo poco a poco la hoja de su sable hasta detenerse contra la empuñadura. Aquel caballero, según el que decía la historia, estaba dispuesto a enseñar su sable a quien dudara, para demostrar la veracidad de su historia, o lo que era lo mismo, la veracidad de sus legendarias hazañas blandiendo la espada. Otros de los allí reunidos hablaron de sí mismos, refirieron sus hazañas guerreras, tan importantes muchas de ellas que podría decirse que sin su participación en los combates librados la guerra no habría llegado a buen término.

Ninguna de aquellas historias, sin embargo, tuvo parangón con las de aparecidos que se relataron una vez agostadas las guerreras... Ya se ha dicho que hablamos de una región rica en leyendas y otros tesoros semejantes. La superstición, pues, se da tanto en las más recónditas aldeas como en los pueblos más prósperos, aunque el continuo flujo inmigratorio vaya barriendo poco a poco tal sentir. Por otra parte, no tienen los muertos mucho predicamento, que se diga, en las modernas ciudades que habitamos en nuestros días, pues apenas se quedan dormidos en su lecho de gusanos, ya abandonan la ciudad quienes los conocieron, llevados de avatares diversos y de afanes no menos distintos, por lo que, cuando los muertos salen de sus tumbas para iniciar sus nocturnas rondas, nadie a quien cursar una visita les queda… Por eso, seguramente, apenas oímos ya contar a cualquiera que se le ha aparecido el espectro de un difunto. Solo en las antiguas comunidades holandesas siguen siendo sensibles a estos casos, lo que es como decir que a los fantasmas.

La causa que explica la prevalencia de estos asuntos en regiones como Sleepy Hollow, pues, se debe a la formidable presencia en el valle de gentes de raigambre holandesa… Y quizás a ese ambiente, a ese aire pleno de misterio y ensoñaciones que todo lo presidía. Los que conversaban en el porche de Van Tassel, así las cosas, comenzaron a competir por ver quién se sabía la leyenda más brutal, quién había presenciado los hechos más tremebundos… Naturalmente, se oyeron cuentos de fantasmas, decidida y claramente espantosos; fantasmas, por ejemplo, que impertérritos, sin mover ni los labios, sin parpadear siquiera, lanzaban gemidos y lloros que helaban la sangre a quien los oía; otros, fantasmas también, como es claro, vagaban de un lado a otro, siempre según los narradores, en procesiones inacabables; a otros, igualmente fantasmas, como es de rigor, los habían visto en una suerte de asamblea bajo un gran árbol… Estos, por cierto, fueron los que, según era fama, dieron captura al infortunado mayor André, del que nunca más se volvió a tener noticia.

Tampoco faltaban las leyendas protagonizadas por mujeres, como aquella de la dama apenas cubierta con un velo vaporoso y blanco que se dejaba ver en la siempre tenebrosa Cañada de la Roca del Cuervo, donde había muerto en medio de una nevada… Cuando se aparecía, la pobre gritaba sus lamentos de manera tal que no podía por menos que poner de punta, los pelos de quienes la oían, sobre todo en mitad de las más inclementes y tormentosas noches de invierno. Mas, ni que decirlo tiene, estas historias juntas eran apenas nada en comparación con la que a todos emocionaba muy especialmente: la del jinete decapitado de Sleepy Hollow, al que, según decían varios de aquellos hombres que hacían su tertulia en el porche de Van Tassel, se había visto de nuevo, muy recientemente, recorriendo la comarca tan a menudo como en sus mejores tiempos, amarrando su caballo, cada noche, en cualquiera de las tumbas del camposanto de la iglesia del pueblo.

Ha sido a buen seguro lo apartado en que se alza esta iglesia cuanto, por lo que parece, hizo del recinto sagrado un punto de reunión ineludible de espectros y espíritus de toda laya. La iglesia se levanta, a fin de cuentas, sobre una loma rodeada de olmos y de algarrobos centenarios, entre los cuales destacan sobremanera los muros blancos del templo, que son como relámpagos de la pureza cristiana que pugna por lucir incluso en los más negros parajes. Una leve depresión del terreno conduce de la iglesia a un remanso de agua como de plata rodeado de árboles de altas copas a través de los cuales se observan a lo lejos las azules colinas del Hudson. Cuando se contempla el camposanto anejo a la iglesia, cubierto de hierba muy verde sobre la que parecen echarse a dormir los rayos del sol, embargados de tanta paz como rezuma, tienes la impresión de que en semejante lugar los muertos no pueden hacer otra cosa que no sea reposar eternamente, cual les corresponde…

A uno de los lados de la iglesia se abre un hondo barranco por el que arrastra la corriente, sobre todo en los días de lluvia fuerte, troncos de árboles caídos, pedruscos arrancados de cuajo, ramas…; en el punto más negro y denso y hondo del torrente, no lejos del templo, hubo en tiempos un puente de madera; el sendero que llevaba hasta el mismo puente, el puente también, quedaba prácticamente cubierto por la densa sombra de los frondosos árboles cuyas ramas parecían no ya no dejar pasar el aire, sino estrangularlo; por eso, aun de día, era un lugar en el que solo moraban las sombras; y de noche, la oscuridad más plena.

Tal era, al parecer, uno de los caminos que con mayor constancia frecuentaba el jinete decapitado de Sleepy Hollow. Y una de las historias que corría de boca en boca de todos los moradores de la región hablaba de que cierta noche, el viejo Brouwer, un tipo algo insolente, incrédulo y hasta hereje en lo que concierne a los fantasmas, al volver de Sleepy Hollow y antes de abandonar el valle por aquel camino se topó de golpe con el jinete, no ocurriéndosele otra cosa que hacer la tontería de seguirlo… Así, a galope tendido, fueron ambos, uno delante, otro detrás, a través de bosques, de malezas, entre las colinas, por las ciénagas… hasta llegar al puente… Allí, de súbito, el jinete se convirtió en un esqueleto reluciente, que se abalanzó sobre el viejo Brouwer para empujarlo con furia y hacerlo caer al torrente mortal, mientras rugían las copas de los árboles como si de ellas, y no del cielo, emanara la tormenta preñada de relámpagos y de truenos.

El relato de esta historia que se daba por verídica, halló parangón más que conveniente en la aventura que narró a continuación el propio Brom el Huesos, que se había sumado a la tertulia, no sin antes decir que él, como se vería de inmediato, superaba como caballista al jinete sin cabeza… Ocurrió, según dijo Brom, que regresando del pueblo próximo de Sing Sing, se le plantó de golpe en el camino aquel legendario caballero sin cabeza para apostarse con él lo siguiente: una carrera por una jarra de ponche. Aceptó valientemente Brom el Huesos; la cabeza de su caballo Temerario fue durante toda la carrera a la par que la de la montura del fantasma decapitado, sin que este pudiera superarle por mucho que lo intentara, y hubiera ganado la apuesta, y la carrera, que era cuanto más interesaba al joven fanfarrón, de no ser porque, al llegar al puente, el jinete decapitado dio un salto increíble para salvarlo, perdiéndose a continuación en una llamarada que se extinguió lentamente, en la lejanía…

Todos estos relatos, hechos en ese tono de voz con que se suelen contar en la oscuridad historias tales, historias de terror y de misterio, con los rostros de los allí reunidos apenas iluminados por el resplandor de una pipa que quema tabaco ávidamente, impresionaron muy de veras al bueno de Ichabod Crane. Él mismo, además, puso su granito de arena citando largas parrafadas de su muy estimado Cotton Mather y refiriendo algún caso que, según él, pudo observar en el Estado donde naciera, Connecticut, e incluso allí mismo, en Sleepy Hollow, durante sus paseos nocturnos…

Estaba a punto de acabar la fiesta, pues muchos de aquellos granjeros comenzaban a montar en sus carretas para irse, tras reunir a la familia, y se iban de hecho poco a poco, llenando ahora el silencio de la noche con el choque de las ruedas contra los pedruscos del camino. Varias muchachas montaban a la jineta en la grupa del caballo, tal y como se lo ofreciera algún pretendiente; reían alegres y sus risas se iban alejando lentamente entre el trote rítmico de los cascos de los caballos, para ser devueltas por el eco de los bosques dormidos… Al cabo desaparecían voces, carcajadas, trotes y ecos, como si un desierto ignoto se lo hubiera tragado todo tras brotar en el mismo sitio donde antes hubo jarana y contento… Ichabod, sin embargo, seguía allí, como hubiera hecho cualquier otro enamorado de aquella región, en la esperanza de poder conversar a solas con su amada, y en adorable tête—à—tête, siquiera unos minutos, antes de partir. Tenía la cara iluminada de dicha, pues no albergaba más convicción que la de hallarse a las puertas del éxito. Mas no pretendo decir qué ocurrió en la entrevista que mantuvieron, pues debo señalar, en aras de la mayor sinceridad, que lo ignoro por completo…

Algo, no obstante, debió de ir mal, pues al cabo de muy pocos minutos de conversación el pobre maestro mostró un amargo y desolado rictus en su antes feliz y satisfecho semblante. ¡Oh, estas mujeres! ¡Cómo son! ¿Sería posible que aquella muchacha no hubiera hecho más que coquetear con él, para divertirse, o acaso para burlarse, un rato? ¿Sería posible que hubiera alentado arteramente las esperanzas del pobre pedagogo, para dar celos a quien era el peor enemigo del bueno de Ichabod, nada más? Yo, la verdad, no lo sé; quizás el cielo… Limitémonos a decir que Ichabod salió de la granja de Van Tassel, más que como un digno invitado, como un granuja que hubiera ido allí para robar un par de gallinas y no para hacerse con los favores del corazón de una damisela… Así, ahora, sin reparar ya en la bondad y riqueza de cuanto allí había, se dirigió a toda prisa a los establos, pegó un puntapié al penco que lo llevara, para que se levantase del suelo sobre cuyas pajas se había tirado a dormir puede que soñando con auténticas montañas de maíz, o con unas praderas repletas de tréboles, o con interminables valles de alfalfa y forraje; unos sueños, pobre bruto, que se le desvanecieron de golpe.

Fue a la hora de las brujas, en lo más negro ya de la noche, cuando Ichabod, con su cresta de gallo orgulloso ahora caída, meditabundo y con mucho dolor en su amargado corazón, tomó el camino de vuelta por las laderas de los cerros desde los que se dominaba Tarry Town… Aquellos lugares que de manera tan distinta había contemplado, y con el ánimo no menos distinto, pocas horas antes, cuando aún el día era hermoso. La noche, ahora, se mostraba tan triste como él; acaso, igual de dolorida. Abajo y a lo lejos, el Tappan Zee, profundamente negro, albergaba una luz que en la lejanía se mostraba siniestra, la lámpara que se mecía en el mástil de una embarcación pequeña allí anclada, a merced del vaivén moroso de las aguas. Puede que fuese aquella pequeña embarcación que había contemplado con deleite por la tarde, pero ahora le pareció totalmente distinta, incluso infame. A las doce de la noche, en aquel aterrador silencio que todo lo presidía, oyó el maestro poco después el ladrido largo y agudo, pero muy débil, como lastimero, de un perro guardián; lo sintió tan lejos que se dijo que ni los perros querrían ya acercarse a él. También le parecía sentir, de tarde en tarde, el canto de un gallo, pero lo tenía por un simple eco como escapado de sus sueños; o como llegado de una granja en la que nadie querría ya darle alojamiento ni comida. Por donde pasaba nada vivo se veía, ni se percibía; acaso, únicamente, el canto monocorde y melancólico de los grillos, el croar impertinente de una rana de las ciénagas, quejumbrosa, como si no pudiera dormir bien en aquella tan propicia humedad o como si la hubiese despertado él mismo al pasar por allí con su caballo.

Todas las historias de aparecidos, de muertos y de fantasmas, que había oído contar aquella noche, comenzaron a agitarse entonces en su cabeza, cual si se le hubiera metido un torbellino en ella… La noche, encima, era cada vez más negra, según se adentraba en el bosque; las estrellas del cielo parecían haberse clavado en la bóveda celeste como sin brillo, ocultas a cada poco por algunas nubes que pasaban.

Jamás se había sentido el bueno de Ichabod ni tan solo ni tan desgraciado como aquella noche; llegaba ya a uno de esos puntos tenidos por malditos en todas las leyendas de la región, un lugar, al parecer, favorito de los espectros, cuando de pronto se topó con un árbol enorme, un tulipero que se alzaba por encima de todos los demás, como un mojón gigantesco animado por la savia; un mojón tan poderoso de ramas como otros árboles lo son de tronco… Aquellas ramas del tulipero ofrecían, en su retorcimientos, figuras tan fantásticas como incontables que tocaban el suelo para remontarse después hasta el aire; era el árbol, por cierto, en el que cayó cautivo de los seres de la noche, según la leyenda, el pobre y malogrado mayor André, que así, perdiendo allí la vida, le dio nombre, al punto de que todos en la región se referían a él como el árbol del mayor André. Las gentes del lugar, cuando lo mentaban, lo hacían con una mezcla de temor y de reverencia supersticiosa, y acto seguido se lamentaban de la suerte trágica del mayor, un héroe desventurado, como si con su evocación cariñosa quisieran espantarlo para que no se les apareciera entre lamentos y gritos desgarradores.

Cuando más se iba aproximando Ichabod a tan terrorífico árbol, y para quitarse de encima el miedo, comenzó a silbar inopinadamente… Mas oyó entonces que era respondido con un silbido idéntico… Se dijo, empero, que no era más que una ráfaga de viento súbito que le llegó a través de las retorcidas ramas del tulipero… No obstante, cuando ya estuvo prácticamente bajo el árbol, dejó de silbar y detuvo su cabalgadura. Algo informe, de lo que solo percibía un color blanco, pendía de una de las fuertes ramas; urgió de nuevo a su caballo, para acercarse, y comprobó entonces que no colgaba de rama alguna cualquier cosa, sino que el tronco mostraba una herida en su corteza, como si hubiera sido alcanzada por un rayo. No tuvo apenas tiempo de respirar en paz, sin embargo, pues al punto escuchó un gemido largo y sentido… Se puso a temblar; apenas podía controlar ahora la mandíbula y sus piernas; así y todo, armándose de valor de nuevo, siguió un poco más allá, y otra vez aliviado comprobó que aquello no había sido más que el sonido hecho por dos ramas que se rozaban a merced de la brisa… Salió Ichabod de los dominios del árbol, pues, pero no había escapado con ello al peligro que se cernía sobre él.

A unas doscientas yardas del árbol cruzaba el camino un arroyuelo que se precipitaba hacia una zona de légamos conocida como el pantano de Wiley. Para cruzarlo, unos troncos hábilmente dispuestos ofrecían el paso propio de un puente, y del lado de la corriente del arroyuelo varios castaños y robles, por cuyos troncos trepaba la hierba, se cerraban como una bóveda sobre aquel paso tan improvisado como eficaz. Algo en su interior, entonces, le hizo sentir una cierta aprensión, como si unos pasos más allá no hubiese otra cosa que una gruta oscura y sin salida… Atravesar aquello, pues, le supondría la prueba más difícil de superar. Sabía bien el maestro, además, que fue entre aquellos árboles, robles y castaños, donde se escondieron los soldados que, más allá de la leyenda, tendieron la emboscada al mayor André; eso, y la leyenda en sí misma, hicieron que el puente fuera tenido por todos como un lugar maldito, que solo debía cruzarse de noche y en compañía… Y él iba solo… Ahora comprendía bien el terror de sus alumnos cuando, con la oscuridad de los días de invierno, tenían que atravesarlo para regresar a sus casas una vez concluidas las lecciones.

Cuanto más se aproximaba su montura al riachuelo, más fuerte le latía en el pecho el corazón a Ichabod, como si le fuera a hacer saltar las costillas. Pero, respirando hondo, haciendo acopio de todo el valor y de toda la fuerza de voluntad que hubo de requerirse para no dar marcha atrás, fustigó violentamente a su caballo, le clavó los tacones de sus botas en los ijares, en la esperanza de que el penco saliese casi de estampida para cruzar aquello cuanto antes, pero el mal bicho que era aquel caballo, resabiado e indolente, no hizo más que un violento escorzo hacia su derecha, para que su jinete se golpeara de manera brutal contra un árbol… El maestro, ahora tan enfadado como preso del pánico, y que a cada segundo que pasaba en aquel lugar sentía aún más miedo, tiró de las riendas, sin embargo, hacia el lado contrario, para herir en los belfos al caballo con el bocado y obligarlo así a seguir el rumbo que quería… Más fue inútil; el penco se echó a galope, sí, pero no para cruzar lo que su jinete le indicaba, sino para tirarse de costado, violentamente, como si hubiera sido abatido por un disparo, contra unas zarzas repletas de espinas que había a la izquierda del camino.

Aun maltrecho, se levantó Ichabod, volvió a montar y castigó con una dureza inimaginable al bruto, sacudiéndole con la fusta aún más fuerte que antes y clavándole los tacones de sus botas en los ijares con auténtica saña… El viejo Pólvora relinchó, se puso de manos y salió otra vez a galope… Mas justo cuando llegaba a la embocadura del puente se paró en seco, como las mulas… A punto estuvo de salir lanzado el maestro por encima de las orejas del penco, y si no lo hizo fue porque se agarró con fuerza al cuello de la bestia malvada… Iba a castigarlo de nuevo con otra ración de fustazos, pero entonces percibió unas pisadas en el agua… Al tétrico amparo ofrecido por la bóveda de los árboles apenas vio una sombra informe, erguida, alargada y ancha, quieta, como abrigada en la oscuridad cual fiera dispuesta a lanzarse sobre el viajero que osara entrar en sus dominios.

El vello del pobre pedagogo se erizaba a impulsos del terror que lo embargaba. ¿Qué podía hacer o decir? Era demasiado tarde para girar la grupa de su caballo y escapar por donde había venido; además, podía tratarse de un espectro, de un fantasma, de un espíritu, seres del aire capaces de atravesarlo incluso de cara al viento. Así que, haciendo acopio de los últimos rescoldos de valor y de cordura que ardían en su pecho y en su cabeza, y a despecho de su voz en un hilo, escuchó no sin sorpresa que de su boca salía una pregunta: "¿Quién eres?" Como la sombra no respondiera repitió la pregunta. Y tampoco obtuvo respuesta. Así que no le quedó otra que atizar con la fusta de nuevo al maldito Pólvora, clavándole con saña los tacones una vez más, cantar con voz temblorosa y en un puro grito uno de sus salmos y galopar por donde había llegado… Mas justo entonces la sombra se interpuso en su camino, abandonando su anterior escondite, para cerrarle el paso. Ahora, a corta distancia, podía distinguir mejor la sombra, que adquiría forma: a pesar de la lobreguez de la noche vio a un jinete corpulento que montaba un altísimo y muy fuerte caballo negro. No parecía ni molesto ni amigable. Ichabod, no obstante, hizo que su caballo siguiera, al paso ahora, y cuando llegó a su altura el jinete se apartó, lo dejó pasar, y luego siguió junto al maestro, situando su caballo del lado por el que no veía su penco, que ahora parecía tranquilo y manso, manejable.

Concluyó Ichabod su salmo y se decidió entonces a mirar a su nocturno compañero, a pesar del miedo, recordando de golpe aquella aventura de la apuesta que narrara Brom el Huesos… Eso fue lo que le hizo fustigar de nuevo a su penco, en la esperanza de dejar atrás al fantasma… Mas picó espuelas el jinete maldito para alcanzarlo de nuevo, sin mayor esfuerzo de su montura. Al maestro no se le ocurrió otra cosa que tirar atrás de las bridas, para hacer más lento el paso de su jamelgo. Pero el jinete hizo lo mismo. A Ichabod le latía entonces el corazón de manera que casi se le oía, más aún que el retumbar de los cascos de los caballos en el silencio de la noche. Se puso a cantar otro salmo, que ahora, empero, no le salió; tenía la boca seca por el pánico, la lengua se le pegaba al paladar y no le salían ni una nota, ni una palabra de la primera estrofa… Su compañero nocturno parecía obstinado en su silencio, algo que aún le resultaba más temible al maestro. Pronto, empero, sabría el porqué.

Descendían ambos, emparejadas sus monturas, por la ladera de una leve colina, en la claridad que auspiciaba el fondo del firmamento y la ausencia en aquella zona de bosque, cuando se percató, aun mirándole de reojo, de que aquel ser era aún más corpulento de lo que ya de por sí le había parecido antes; y que no tenía cabeza, lo que hará comprender a cualquiera la clase de pánico que, sobre los ya padecidos, embargó ahora al pobre pedagogo… Mucho más, ni habría que decirlo, cuando comprobó cómo el jinete apoyaba su propia cabeza, que llevaba hasta entonces bajo un brazo, en el arzón de la silla de su caballo. Mil escalofríos, como latigazos, sacudieron de arriba abajo el cuerpo de Ichabod, empavorecido. No pudo pensar nada, ni considerar por más tiempo su situación; comenzó a pegar a su caballo con manos y pies… Pólvora, al menos, obedeció esta vez, lanzándose a galope tendido…

Pero fue en vano, porque de inmediato tuvo de nuevo a su altura al jinete sin cabeza; galopaban en una enloquecida carrera, sacando chispas de las piedras los cascos de sus caballos; inclinado sobre el cuello de su penco, Ichabod sentía que su traje flotaba en el aire, lo que le complacía pues le daba la sensación de que podría dejar atrás al fantasma… Pero llegaron juntos hasta el cruce de caminos en el que se tomaba el que conducía hasta Sleepy Hollow; entonces, Pólvora, que parecía poseído por un demonio, cambió inopinadamente de rumbo, y en vez de girar a la derecha, como procedía, se tiró en su loca carrera por la cuesta de un sendero arenoso que llevaba desde los árboles al puente, ese otro puente famoso de las historias de aparecidos, el grande que lleva a la colina frondosa en la que se alzan la iglesia encalada que tiene a su vera el camposanto.

Hasta ese preciso momento, el pánico que también sentía el pobre penco parecía otorgarle cierta ventaja sobre el fantasma, aun cuando, desde luego, no fuera tan buen jinete como el decapitado… Pero cuando llevaba recorrida no más de la mitad del sendero, sintió que se le aflojaban las cinchas de la silla de montar y algo así como si su penco se le escurriera entre las piernas. Trató de equilibrarse y de asir la silla de montar con las piernas, para que no se le fuera, pero nada; se salvó de una terrible caída, y del consiguiente batacazo, aferrándose con todas sus fuerzas al cuello y a las crines del penco, mientras su silla caía irremediablemente al suelo y era pisoteada, lo oyó perfectamente, por los cascos del caballo del fantasma que estaba a punto de darle alcance. Así y todo, pensó en la ira de Hans Van Ripper cuando le contara que había destrozado su silla de montar preferida, la que solía poner los domingos a su montura… Pero fue solo un instante; lo que sufría ahora era insuperable; los enfados de Van Ripper resultaban una tontería comparado con aquello…

Sentía cada vez más cercano al fantasma; Ichabod, que no era precisamente un jinete indio, iba peor que mal montando a pelo y a todo galope, y a punto estaba de caerse por un lado, cuando lograba rehacerse y a punto estaba de caer por el otro lado; además, golpeaban tan brutalmente sus nalgas contra los huesos del penco, que le parecía inminente el batacazo; al menos así, se decía, si se tronchaba el cuello acabaría de una vez por todas aquella pesadilla…

Un claro entre los árboles le hizo cobrar mayor confianza, sin embargo, y ansió embocar el puente que conducía a la iglesia cuanto antes, ya que era aquel el camino que había tomado inopinadamente su caballo. La luz de la luna, que caía trémula sobre las aguas, le hizo saber que no erraba en sus pronósticos. Vio casi acto seguido el encalado de la iglesia, que refulgía en la oscuridad a través de los árboles; recordar que allí, en el puente, se había esfumado el fantasma cuando compitió contra Brom el Huesos, le hizo sentir alivio. "Si llego en cabeza al puente estaré a salvo", pensó; y justo en ese momento oyó a sus espaldas el resoplido del caballo del fantasma, un caballo igualmente fantasmagórico, que casi le quemaba; volvió a fustigar al viejo Pólvora y cruzó en cabeza el puente, levantando un estrépito de tablas bajo su galope. Ya del otro lado, no pudo evitar volverse con la esperanza de que, al igual que en el relato del fanfarrón, y cual parecía norma en los fantasmas, se hubiera hecho una llamarada de fuego su perseguidor, esfumándose de inmediato… Pero lo que vio, empero, fue mucho más aterrador; se irguió el jinete en su montura sobre los estribos, tomó su cabeza con una mano y la lanzó con fuerza hacia Ichabod, que no pudo esquivar tan espantoso proyectil… La cabeza del fantasma se estrelló contra la suya con un sonido de piedras que se entrechocaran… Cayó a tierra; Pólvora, el jinete decapitado y su caballo negro pasaron por encima de aquel cuerpo yaciente como una simple brisa.

A la mañana siguiente el malencarado Van Ripper encontró su viejo caballo a las puertas de su casa, sin montura, claro, y arrastrando la brida… El pobre penco, sabio a fin de cuentas, saciaba su hambre y trataba de olvidarse de la noche anterior arrancando a mordiscos puñados de hierba. Ichabod, por el contrario, no hizo acto de presencia, a pesar de que era la hora del desayuno. Llegó la hora del almuerzo, y por muy raro que le pareciera al granjero, tampoco apareció. Sin él en la escuela, los alumnos pasaban el rato junto al riachuelo; nadie sabía nada acerca de su maestro… Comenzó a temer Van Ripper, ya avanzada la tarde, que algo malo le hubiera ocurrido; además albergaba aún la esperanza de que, con la aparición de Ichabod, lo hiciera también su silla de montar. Varias averiguaciones dieron pronto su fruto… Encontraron sus huellas, y a un lado del camino, aunque enterrada casi por completo en el suelo arenoso y un tanto destrozada, hallaron también la silla de montar del viejo holandés. Las huellas conducían hasta el puente; desde allí vieron flotar el sombrero del infortunado Ichabod en la parte donde las aguas eran más negras y profundas; no muy lejos, cerca de la orilla, vieron también una calabaza partida.

Pronto se organizó una partida para rastrear el curso del riachuelo, pero fue en vano; nadie albergó al final duda alguna sobre lo que más evidente era, esto es, que Ichabod no estaba por allí, ni vivo ni muerto. Luego, Hans Van Ripper, que se instituyó en una especie de albacea testamentario del maestro, examinó sus pertenencias… Apenas nada; dos camisas y otra medio rota; un par de corbatas de lazo, dos pares, o acaso solo uno, de medias, unos viejos pantalones de pana, una navaja mohosa, un libro de salmos con gran cantidad de marcas en cada página, un diapasón roto… Los libros y el mobiliario de la escuela, por otra parte, pertenecían a la comunidad, salvo la Historia de la brujería, de Cotton Mather, y un Almanaque de Nueva Inglaterra, además de un volumen que trataba de los oráculos y otro sobre los sueños… Entre las páginas del libro sobre los sueños había una hoja de papel llena de tachaduras y borrones de tinta, el resultado de un intento que hiciera el pobre maestro por dedicar unos sentidos versos a la joven heredera de los Van Tassel.

Aquellos libros tan mágicos y el poema frustrado fueron a parar al fuego, de la mano del propio Van Ripper, quien decidió en el preciso instante de arrojarlos a las llamas, y después de haberles echado un vistazo somero, que sus hijos jamás volverían a pisar una escuela, harto convencido como lo estaba de que nada bueno podía obtenerse de la lectura ni de la escritura… Por lo demás, se dijo el granjero, parecía evidente que si Ichabod tenía ahorrado algún dinero, al margen del que había recibido un par de días atrás como paga por su trabajo, había desaparecido con él mismo.

El caso de la desaparición del maestro fue la comidilla de todos en la iglesia, el domingo siguiente. Grupos de chismosos, aquí y allá, en el jardín de la iglesia y hasta entre las tumbas del camposanto, hablaban largamente de ello, especulando sobre mil posibilidades a cual más descabellada; después, como de paseo, y sin dejar de hablar del caso, cruzaron el puente y caminaron por la orilla, deteniéndose especialmente en los puntos donde se hallaron el sombrero del maestro y la calabaza partida. Las historias de Brouwer, de Brom el Huesos, y muchas otras más, dieron mucho que pensar y opinar a todo el mundo… Así que, después de sopesar estas y aquellas posibilidades, mientras fumaban plácidamente sus pipas de aromático tabaco, los hombres de Sleepy Hollow concluyeron que la única solución al enigma la ofrecía el hecho inequívoco de que el pobre maestro había sido raptado por el fantasma del jinete sin cabeza. Como Ichabod era soltero y no tenía deudas, la gente dejó de pensar en él y en su desaparición muy pronto, no tenían por qué estrujarse por más tiempo la sesera… Se habilitó otra casa como escuela y pronto hubo en el pueblo un nuevo maestro.

Es verdad, en cualquier caso, que un viejo granjero que ha estado recientemente en Nueva York, ahora que han transcurrido ya unos cuantos años desde que desapareció Ichabod Crane, añade nuevos elementos de misterio a la historia, lo que sin duda encantará a todos en Sleepy Hollow, pues cuenta que Ichabod Crane sigue vivo. Asegura que huyó del valle por miedo a una nueva aparición del fantasma y también por el dolor que le causó el rechazo de la hija de Van Tassel. Dice también que vive en un lugar muy apartado, donde poco después de su llegada siguió ejerciendo la docencia mientras estudiaba leyes, lo que le facultó para desempeñarse como abogado y entrar con éxito en política, apareciendo en los periódicos varias veces cuando se presentó en una candidatura… Dice también este hombre que no hace mucho ha sido nombrado juez del Ten Pound Court. En lo que a Brom el Huesos respecta, solo cabe decir que, poco después de la desaparición de quien fuera su rival en amores, condujo triunfante a la bella Katrina al altar…

Y como no podía ser de otra manera, cada vez que Brom el Huesos oía decir algo sobre la calabaza partida que se halló en el río, un poco más allá de donde flotaba el sombrero del maestro, se moría de risa… Eso hizo pensar a más de uno que a buen seguro sabía bastante más de lo que decía sobre la desaparición de Ichabod, pero no creo digna de ser tenida en cuenta tal opinión, pues según las viejas comadres de Sleepy Hollow, tan sabias ellas para emitir juicios sobre asuntos así de escabrosos, Ichabod fue apartado de este mundo por medios perfectamente sobrenaturales.

Como era de esperar, tan abracadabrante suceso se ha convertido ya en una de las historias favoritas de las gentes de la región, que lo narran en las noches de invierno al calor de la lumbre. El puente maldito, así las cosas, se ha convertido en uno de los lugares que más cuidadosamente evitan quienes en este valle moran, presos de un terror supersticioso a tan inocente lugar… Acaso tal sea la razón de que hace unos pocos años se decidiera desviar el camino que llevaba a la iglesia, y que hacía obligatorio el paso por el puente, por la orilla de la presa del molino. La que fue escuela en donde impartió sus enseñanzas Ichabod Crane no es más que una casa en ruinas lamentables; quienes se atreven a pasar relativamente cerca de sus paredes desconchadas y húmedas de moho, lo hacen con bastante aprensión, despacio para no pisar fuerte, pues cuentan que allí vive, nada menos, el fantasma del pobre Ichabod. Los mozos que labran la tierra, por su parte, cuando regresan agotados a sus casas, tras una larga y dura jornada, sobre todo en el verano, cuando empieza a anochecer, aseguran que se oye en la lejanía la voz de quien fuera el maestro de Sleepy Hollow entonando uno de sus salmos tan melancólicamente que se les parte el corazón de pena.

Posdata

Por. Mr. Knickerbocker, de su puño y letra

La historia precedente va escrita, en su mayor parte, con las mismas palabras que escuché en una reunión celebrada en el Ayuntamiento de la antañona ciudad de Manhattoes, lleno aquel día de muchas y muy importantes gentes del lugar. El narrador de la historia era un anciano venerable y de trato exquisito, todo un caballero a pesar de su raído traje que a primera vista hacía que se le tomara por un pordiosero.

Tenía aquel hombre un rostro en el que eran perceptibles, a la vez, la tristeza y una cierta jovialidad, lo que hacía pensar inevitablemente en que hacía muchos esfuerzos para desviar nuestra atención de sus trazas más que menesterosas.

En cuanto concluyó su narración, estallaron los presentes en risas, si no en carcajadas, sobre todo un par de concejales que allí había, hombres un tanto groseros, por lo demás, de esos que suelen dormir durante las sesiones del Ayuntamiento… No obstante, había también entre la concurrencia otro anciano, alto, seco, adusto, de pobladas cejas, que miraba a todos con bastante severidad, incluso con desprecio. Con las manos sobre la mesa unas veces, y cruzado de brazos otras, inclinaba a menudo la cabeza y parecía preocupado, como si una espantosa carga lo abrumase. Era uno de esos caballeros de edad, circunspectos y severos, que solo ríen cuando de veras tienen motivos para hacerlo. O cuando la ley se les muestra favorable tras una dura querella.

Una vez cesaron las risas destempladas de los demás y se hizo de nuevo el silencio en la sala, apoyó un brazo en el reposabrazos del sillón, se puso el otro a la cadera, preguntó alzando las cejas elocuentemente, como en sorpresa burlona, cuál era la moraleja de aquella historia y qué se pretendía demostrar a través de la misma. Entonces, el narrador, que justo en ese preciso momento bebía un buen vaso de vino para refrescarse la garganta y los labios, secos por la vehemencia de que hizo gala al contar la historia, se quedó con el vaso a medio camino unos segundos, miró a quien lo interpelaba tan sarcásticamente, aunque con un aire, sin embargo, de bondad y hasta de gran deferencia e incluso aceptación de sus palabras, depositó después el vaso en la mesa, lentamente, mientras tomaba aire, y observó que la historia, atendiendo a la más inequívoca lógica de los propios hechos, no pretendía más que demostrar lo que a continuación se expone:

"Que no hay situación en la vida de la que no se pueda extraer ventaja, e incluso obtener placer, siempre y cuando sepamos aprovecharnos de ella.

Que, en lógica consecuencia, pues, quien se atreva a echar una carrera a un jinete muerto, tendrá muchas posibilidades de sufrir un accidente.

Ergo, si un maestro de escuela pueblerina resulta rotundamente rechazado por una joven y hermosa holandesa a la que pretende, de inmediato obtendrá dicho maestro el beneficio de una buena carrera profesional en la abogacía y hasta en la política».

El caballero de las pobladas cejas frunció y alzó estas una y otra vez, sorprendido por tan apabullante silogismo; mientras, el viejecito del traje raído le contemplaba, o eso me pareció, con un inmenso y no menor sarcástico aire de triunfo. El adusto caballero, al fin, no tuvo sino que reconocer que todo aquello estaba muy bien, que el argumento había sido bien defendido, aunque mostró una leve objeción: en cualquier caso, tal historia, para su gusto y para sus entendederas, resultaba un tanto extravagante, añadiendo que, encima, le habían quedado sin aclaración un par de puntos.

Le aseguro, caballero, que ni yo mismo me creo la mitad de ese cuento", le respondió entonces el narrador.

EL MORTAL INMORTAL por Mary Shelley

16 de julio de 1833… He aquí una fecha de aniversario memorable para mí. ¡Ese día cumplo trescientos veintitrés años de edad!

¿El Judío Errante? Por supuesto que no. Más de dieciocho siglos han pasado sobre su cabeza. En comparación con él, soy un Inmortal muy joven.

¿Soy yo, por tanto, inmortal? Ésta es una pregunta que he estado haciéndome a mí mismo día y noche, durante trescientos tres años, sin poder contestarla todavía. Precisamente hoy he detectado un cabello grisáceo entre mis rizos oscuros… esto sin duda significa decadencia. Pero puede que ese cabello haya permanecido oculto entre mis rizos durante trescientos años… Aunque lo cierto es que algunas personas tienen el pelo totalmente blanco antes de cumplir los veinte años.

Contaré mi historia y el lector juzgará por mí. Contaré mi historia, y esto me ayudará a sobrellevar esa larga eternidad que se ha convertido en una aburrida pesadilla. ¡Para siempre! ¿Puede ser esto posible? ¡Vivir para siempre! ¡He oído hablar de sortilegios en los que las víctimas eran sumidas en un profundo sueño para despertar al cabo de cien años tan jóvenes y frescas como antes: he oído hablar de los Siete Durmientes, en cuyo caso el ser inmortal no resultaba tan insoportablemente pesado…! Pero el paso del tiempo que nunca termina… el tedioso paso de las horas sucediéndose en silencio, ¡sin que nada enturbie su calma! ¡Qué feliz era el Nourjahad de la fábula…! Pero volvamos a mi historia.

Todo el mundo ha oído hablar de Cornelius Agrippa. Su recuerdo es inmortal, y sus artes me hicieron tan inmortal como su recuerdo. Todo el mundo ha oído hablar también de aquel discípulo suyo que, inconscientemente, convocó al enemigo en ausencia de su maestro, y fue destruido por él. Verdadera o falsa, la noticia de este accidente le causó muchos problemas al renombrado filósofo. Todos sus discípulos le abandonaron, y sus sirvientes desaparecieron. Se quedó sin nadie que alimentase el fuego de sus chimeneas, siempre encendidas mientras dormía, o que vigilase los cambiantes colores de sus pócimas mientras estudiaba. Los experimentos le fallaban uno tras otro, porque un solo par de manos era insuficiente para completarlos: los malos espíritus se reían de él por no ser capaz de retener a un solo mortal a su servicio.

Yo era entonces muy joven, muy pobre, y estaba muy enamorado. Durante cosa de un año había sido discípulo de Cornelius, aunque me hallaba ausente cuando el accidente tuvo lugar. A mi vuelta, mis amigos me suplicaron que no volviese a la morada del alquimista. Me estremecí al escuchar la siniestra historia que me contaron. No necesité un segundo aviso… Cuando Cornelius me ofreció una bolsa de oro si accedía a permanecer bajo su techo, me sentí como si el mismísimo Satán estuviese tentándome. Me castañetearon los dientes y se me pusieron los pelos de punta. Eché a correr tan aprisa como me lo permitieron mis temblorosas rodillas.

Mis inseguros pasos me llevaron al lugar que había visitado cada atardecer durante los últimos dos años: una saltarina fuente de pura agua viva, tras la que aguardaba una joven de negros cabellos cuyos ojos resplandecientes se hallaban clavados en el sendero que yo acostumbraba a recorrer. No puedo recordar la hora en que aún no amaba a Bertha. Habíamos sido vecinos y compañeros de juegos durante la infancia — sus padres, como los míos, eran humildes pero respetables— y nuestro cariño había sido una gran satisfacción para ellos. Unas fiebres malignas acabaron en mala hora primero con su padre y luego con su madre, y Bertha se quedó huérfana. Hubiese encontrado un hogar bajo mi techo paterno, pero, por desgracia, la solitaria y vieja dama del cercano castillo, rica y sin descendencia, decidió adoptarla. A partir de ese momento Bertha vistió trajes de seda, habitó un palacio de mármol, y se convirtió en alguien altamente favorecido por la fortuna. Pero en su nueva situación y entre sus nuevas amistades se mantuvo siempre fiel al amigo de sus días humildes; visitaba a menudo la cabaña de mis padres y, cuando se le prohibía acercarse allí, solía vagar por el bosque cercano y encontrarse conmigo junto a su umbrosa fuente.

Ella declaraba a menudo que los sacrosantos lazos que nos unían estaban muy por encima de sus deberes para con su nueva protectora. Pero a pesar de ello yo era demasiado pobre para casarme, y poco a poco Bertha fue cansándose de sufrir por mi causa. Su espíritu altivo e impaciente se enfurecía ante los obstáculos que impedían nuestra unión. Al encontrarnos de nuevo tras mi ausencia se mostró obsesionada y dolida, quejándose amargamente y llegando a reprocharme el ser pobre. Yo le repliqué apresuradamente:

—¡Soy pobre pero honesto! ¡Si no lo fuese, podría hacerme rico con facilidad!

Esta exclamación provocó un millar de preguntas. Yo temía asustarla confesándole la verdad, pero me obligó a hablar, y entonces, dirigiéndome una desdeñosa mirada, dijo:

—¡Pretendes amarme y te asusta enfrentarte con el Diablo por mi causa!

Protesté diciéndole que sólo había temido ofenderla y escandalizarla, mientras ella se complacía en imaginar la magnitud de la recompensa que se me había ofrecido. De este modo, animado —y avergonzado— por ello, impulsado por el amor y la esperanza y riéndome de mis pasados temores, me dirigí con paso rápido y corazón alegre a la morada del alquimista para aceptar su oferta, e inmediatamente me encontré instalado en mi antiguo lugar de trabajo.

Pasó todo un año y me encontré en posesión de una suma de dinero nada insignificante. La costumbre había disipado mis temores. A pesar de la vigilancia más estricta, no detecté nunca la huella de un macho cabrío, ni el estudioso silencio de nuestra morada fue jamás perturbado por aullidos demoníacos. Continuaba viendo a Bertha a escondidas, y la Esperanza brillaba en mi horizonte… La Esperanza, pero no la alegría perfecta, ya que Bertha sostenía caprichosamente que el amor y la seguridad eran sentimientos enemigos y se complacía en enfrentarlos en mi pecho. Aunque de corazón fiel, era algo frívola en su comportamiento, y yo era celoso como un turco. Ella me hacía objeto de mil desdenes, aunque nunca reconocía su equivocado comportamiento: me volvía loco de ira, y entonces me forzaba a suplicar su perdón. Me quería rendido a sus pies, y cuando no era así siempre tenía a punto alguna historia sobre un rival al que su protectora favorecía. Se hallaba rodeada de jóvenes vestidos de seda, ricos y alegres. ¿Qué posibilidades podía tener el discípulo de Cornelius, pobremente vestido, comparado con ellos?

En una ocasión el filósofo me exigió que le dedicase todo mi tiempo, hasta el punto de que me fue imposible verla como ella deseaba. Cornelius se hallaba totalmente dedicado a un poderoso experimento, y yo me veía forzado a permanecer despierto día y noche alimentando sus hornos y vigilando sus preparaciones químicas. Bertha esperó en vano que yo apareciese por la fuente del bosque. Su espíritu altivo se rebelaba ante aquel supuesto abandono, y cuando por fin pude escaparme a hurtadillas durante los pocos momentos que se me concedían de descanso, corriendo a su lado para que me consolase, me recibió con desdén, me despidió con desprecio, y juró que se entregaría a cualquier hombre antes que entregarse a aquel que no podía estar en dos lugares a la vez por su causa. ¡Estaba dispuesta a vengarse! Y por cierto que lo hizo. En mi oscuro refugio me enteré de que había estado cazando con Albert Hoffer, uno de los preferidos de su protectora. Los vi pasar a caballo ante mi ventana que vomitaba humo. Me pareció que mencionaban mi nombre, y que a continuación sonaba una risita, mientras sus ojos oscuros lanzaban una despreciativa mirada hacia mi ventana.

Los celos, con todo su veneno y todas sus miserias, hicieron presa en mi corazón. Ora derramaba un torrente de lágrimas, pensando que ya nunca podría llamarla mía, ora la imprecaba con una maldición tras otra por su inconstancia. Y entretanto debía alimentar y renovar los hornos del alquimista, y vigilar las alteraciones de sus ininteligibles pócimas.

Cornelius había permanecido expectante y con los ojos abiertos durante tres días y tres noches. El proceso que tenía lugar en los alambiques era más lento de lo previsto: a pesar de su ansiedad el sueño le pesaba sobre los párpados. Una y otra vez se sacudía la somnolencia con una energía sobrehumana; una y otra vez esa somnolencia se apoderaba de sus sentidos. Contemplaba anhelante los crisoles, murmurando:

—Todavía no está a punto. ¿Pasará otra noche antes de que mi obra se realice? Winzy, muchacho, tú estás alerta, tú me eres fiel… tú has dormido durante la última noche… Contempla ese recipiente de cristal. El líquido que contiene es de un suave color rosado: en el momento en que empiece a cambiar de matiz, despiértame. Hasta entonces, cerraré los ojos. Primero adquirirá un color blanquecino, y luego emitirá rayos dorados… Pero no esperes hasta entonces: en cuanto el color rosado se desvanezca, despiértame.

Murmuró las últimas palabras en sueños, por así decirlo, de modo que apenas pude oírlas. Pero ni siquiera entonces se dejó vencer totalmente por la naturaleza.

—Winzy, muchacho —dijo de nuevo—, no toques el recipiente… no te lo lleves a los labios. Es un filtro… un filtro para curar el amor… dejarías de amar a tu Bertha… ¡No se te ocurra beberlo!

Y se quedó dormido. Su cabeza venerable se desmoronó sobre su pecho y apenas pude percibir su respiración. Durante unos pocos minutos contemplé el recipiente… el matiz rosado del líquido no sufrió ningún cambio. Luego mis pensamientos empezaron a vagar, volviendo a la fuente del bosque y deteniéndose en mil escenas encantadoras que nunca se repetirían… ¡Nunca! Serpientes y culebras se apoderaron de mi corazón mientras la palabra nunca se formaba a medias en mis labios. ¡Bertha era falsa… falsa y cruel! Nunca volvería a sonreírme a mí como aquella noche le había sonreído a Albert. ¡Despreciaba a aquella mujer detestable! Yo me encargaría de vengarme a mí mismo… Bertha vería a Albert expirar a sus pies; ella misma perecería bajo el peso de mi fuerza vengadora. Había sonreído, desdeñosa y triunfante… Conocía mi infelicidad, conocía su poder sobre mí. Pero en realidad, ¿qué poder tenía ella? El poder de provocar mi odio… mi más absoluto desprecio… mi… ¡oh, todo menos la indiferencia! Si yo pudiese conseguir… Si yo pudiese contemplarla con indiferencia, transfiriendo mi amor rechazado a una mujer más bella y más digna de él… ¡Aquello sería verdaderamente una victoria!

Como un dardo, un brillante rayo de luz cruzó ante mis ojos. ¡Había olvidado la pócima del adepto! La contemplé fijamente con asombro: rayos de admirable belleza, más brillantes que los que emite el diamante cuando lo atraviesan los rayos del sol, surgían de la superficie del líquido; la fragancia que despedía era tan embriagadora que casi me dejó sin sentido; el recipiente parecía un globo vívido y radiante, de aspecto tan atractivo para la vista como para el gusto. El primer pensamiento que me embargó, primario e instintivo, fue: «Quiero… Tengo que beber». Alcé el recipiente hasta mis labios. «¡Me curaré del amor… de la tortura!» Había bebido ya a grandes tragos el más delicioso licor que el paladar humano haya probado jamás, cuando el filósofo se agitó despertando de su sueño. Me sobresalté dejando caer el recipiente… El fluido se inflamó deslizándose por el pavimento, mientras yo sentía que Cornelius me agarraba por el cuello dando grandes gritos:

—¡Desgraciado! ¡Has destrozado la obra de mi vida!

El filósofo no se apercibió en absoluto de que yo hubiera bebido ni una gota de su droga. Su impresión —a la que yo asentí tácitamente— fue que yo había tomado el recipiente por curiosidad, y que, asustado por su resplandor, por los rayos de luz intensa que despedía, lo había dejado caer. Nunca lo saqué de su error. El fuego de la pócima fue apagándose, la fragancia disolviéndose en el aire… Cornelius recobró la calma que un filósofo debe conservar bajo las más severas pruebas, y me mandó a descansar.

No intentaré describir el sueño de gloria y bienaventuranza en que quedó sumergida mi alma, el paraíso que habité durante las horas restantes de aquella noche memorable. Las palabras serían un pálido reflejo de la felicidad, o de la alegría, que poseía mi pecho cuando me desperté. Me sentía flotar en el aire, mis pensamientos no eran de este mundo. La tierra parecía ser el cielo, y el gozo me embargaba hasta el éxtasis.

"Esto es el estar curado de amor", pensé. "Veré hoy mismo a Bertha, para que se percate de mi frialdad e indiferencia. Me encontrará demasiado feliz para tratarla con desdén, pero absolutamente indiferente ante ella".

Las horas se sucedieron a paso de danza. El filósofo, seguro de que si lo había conseguido una vez podría conseguirlo de nuevo, empezó a trabajar una vez más en su experimento. Se encerró con sus libros y sus drogas y yo tuve el día libre. Me vestí con esmero, contemplándome en un viejo escudo muy bruñido que me servía de espejo, y pensé que mi aspecto había mejorado de un modo maravilloso. Me apresuré más allá del recinto de la ciudad, con la alegría en el alma y la belleza del cielo y la tierra a mi alrededor.

Dirigí mis pasos hacia el castillo… Podía contemplar sus altivos torreones con el corazón ligero, porque ahora estaba curado de amor. Mi Bertha me divisó desde la lejanía, mientras avanzaba por la avenida. No sé qué repentino impulso animó su pecho, pero al verme bajó la escalinata de mármol con paso ligero, como de cervatillo, dirigiéndose hacia mí. Pero yo había sido divisado por otra persona. La vieja bruja de alta cuna, que se consideraba su protectora y era su tirana, me había divisado también. Desde lo alto de la escalinata, jadeante y arrastrando su cojera mientras un paje, tan feo como ella, le llevaba la cola y la abanicaba, se precipitó hacia mi bella Bertha para detenerla con un:

—¿Qué atrevimiento es ése, mi bella damita? ¿A dónde te diriges con tanta prisa? ¡Vuelve a tu jaula, que los halcones acechan en el exterior!

Bertha se retorció las manos con los ojos fijos todavía en mi persona. Me di cuenta del conflicto. ¡Cómo detestaba a aquella vieja arpía que frenaba los impulsos del amante corazón de mi Bertha! Hasta entonces el respeto por su rango me había impulsado a evitar a la señora del castillo, pero ahora tan triviales consideraciones me parecían desdeñables. Curado de amor, me sentía muy por encima de todos los temores humanos, de modo que me apresuré a avanzar hasta la escalinata. Bertha estaba bellísima, sus ojos centelleaban, sus mejillas se encendían de ira e impaciencia, su aspecto era más encantador que nunca. Yo ya no la amaba… ¡Oh, no! ¡Yo la adoraba… la veneraba… la idolatraba!

Aquella mañana había sido conminada, con una vehemencia superior a la usual, a decidirse por un inmediato casamiento con mi rival. Se le había reprochado el haberle dado esperanzas, y había sido amenazada con ser expulsada del castillo para hundirse en la desgracia y en la vergüenza. Su orgulloso espíritu se levantó en armas ante la amenaza, pero al recordar el desprecio con que me había tratado, y pensar que quizá había perdido a alguien a quien ahora consideraba como su único amigo, lloró de rabia y remordimiento. En aquel momento aparecí yo.

—¡Oh Winzy! —exclamó—. ¡Llévame a la cabaña de tus padres! Quiero abandonar cuanto antes los lujos de esta noble mansión que me hace desgraciada… ¡Llévame a la pobreza y a la felicidad!

La estreché en mis brazos transportado de dicha. La vieja dama se quedó sin palabras, presa de furia, y sólo estalló en invectivas cuando nos hallábamos ya de camino hacia mi casa natal. Mi madre recibió con ternura y alegría a la bella fugitiva, que había escapado de una jaula de oro en busca de la naturaleza y la libertad; mi padre, que sentía cariño por ella, la acogió de todo corazón. Fue un día de alegría, en el que no necesité de la poción celestial del alquimista para sentirme embargado de gozo.

Poco después de aquel día pleno de acontecimientos me convertí en el marido de Bertha. Dejé de trabajar como discípulo de Cornelius, pero continué siendo su amigo. Siempre sentí agradecimiento hacia él por haberme procurado, sin ser consciente de ello, aquel delicioso trago de un elixir divino que, en vez de curarme de amor (¡triste cura, solitario remedio para unos males que en el recuerdo parecen bendiciones!), me había dado el coraje y la resolución necesaria para conquistar para mí aquel tesoro inestimable que era Bertha.

Yo recordaba a menudo, con asombro, aquellos momentos de ebriedad tan parecidos al éxtasis. El bebedizo de Cornelius no había servido para lo que él afirmaba que había sido preparado, pero sus efectos habían sido más poderosos y embriagadores de lo que las palabras podrían expresar. Habían ido desapareciendo paulatinamente, pero habían permanecido lo suficiente como para teñir la vida con matices de esplendor. Bertha se sentía a menudo desconcertada ante mi desacostumbrada alegría y ligereza de corazón, ya que, antes de aquello, yo había sido bastante serio, incluso triste.

Me quiso aún más por mi temperamento optimista, y nuestros días transcurrieron en transportes de alegría.

Cinco años más tarde fui repentinamente requerido para acudir a la cabecera del agonizante Cornelius. Me había mandado llamar con urgencia, conjurando mi presencia inmediata. Lo encontré yacente en su lecho, debilitado casi hasta la muerte; toda la vida que le quedaba se hallaba concentrada en sus ojos penetrantes, que mantenía fijos en un recipiente de cristal repleto de un líquido rosáceo.

—¡Contempla la vanidad de las aspiraciones humanas! —dijo con voz rota y profunda—. Por segunda vez mis esperanzas, a punto de verse coronadas por el éxito, han sido destruidas. Contempla ese licor… es igual al que preparé hace cinco años, como recuerdas, con el mismo resultado… Entonces, como ahora, mis labios sedientos anhelaban probar el elixir inmortal… ¡Tú me lo impediste! Y ahora es demasiado tarde.

Hablaba con dificultad y no tardó en desmoronarse de nuevo sobre la almohada. No pude evitar el decir:

—Reverenciado maestro, ¿cómo podría una cura de amor devolverte la vida…?

Una tenue sonrisa iluminó su rostro mientras yo escuchaba con atención su escasamente inteligible respuesta:

—¡Una cura de amor y de todo lo demás…! ¡El elixir de la Inmortalidad! ¡Ah, si ahora pudiese beberlo, viviría para siempre!

Mientras hablaba, un dorado resplandor emanó del fluido y una fragancia que yo recordaba muy bien impregnó el aire. Como si una fuerza milagrosa se hubiese apoderado de él, Cornelius, a pesar de lo débil que se encontraba, se incorporó extendiendo la mano… Una fuerte explosión me sobresaltó. ¡El elixir acababa de estallar como un rayo de fuego, y el recipiente que lo contenía se había desintegrado hasta convertirse en átomos! Volví los ojos hacia el filósofo, que se había reclinado de nuevo con los ojos vidriosos, las facciones rígidas… ¡Estaba muerto!

¡Pero yo estaba vivo, y debía vivir para siempre! Así lo había afirmado el infortunado alquimista, y durante unos pocos días creí en sus palabras. Recordé la gloriosa intoxicación que había experimentado tras el robo del elixir, reflexionando sobre el cambio que se había producido tanto en mi aspecto físico como en mi espíritu: la vibrante elasticidad del primero, la exaltada ligereza del segundo… Me inspeccioné atentamente ante el espejo sin poder descubrir cambio alguno en mis facciones… ¡Y habían transcurrido cinco años! Recordé los radiantes matices y el aroma embriagador de aquel delicioso brebaje, sin duda a la altura del don que era capaz de conceder…

¡Yo era, por tanto, INMORTAL!

Unos días más tarde me reía de mi propia credulidad. El viejo proverbio de que "nadie es profeta en su tierra" era cierto en lo que a mi maestro se refería. Yo le apreciaba como hombre y respetaba como sabio, pero dudaba mucho de que pudiese convocar los poderes de las tinieblas, y me reía de los supersticiosos temores que despertaba en las gentes vulgares. Había sido un gran filósofo, pero no había tenido relación con más espíritus que los que se hallan revestidos de carne y sangre. Su ciencia había sido simplemente humana; y la ciencia humana, según me convencí pronto a mí mismo, no podría conquistar nunca las leyes de la naturaleza hasta el punto de aprisionar para siempre el alma en el interior de su habitación carnal. Cornelius había conseguido una bebida que refrescaba el alma, más intoxicante que el vino, más dulce y fragante que cualquier fruta… Una bebida que probablemente poseía fuertes poderes medicinales, infundiendo alegría al corazón y vigor a los miembros… Pero esos efectos irían extinguiéndose, debilitándose… Me parecía notarlo ya en mi propio aspecto. Podría considerarme afortunado por haber conseguido salud y buen humor, y quizá una larga vida, gracias a mi Maestro, pero mi suerte terminaba allí: la longevidad era algo muy distinto de la inmortalidad.

Cultivé esta creencia durante muchos años. A veces una sospecha se apoderaba de mí: ¿estaba el alquimista realmente equivocado? Pero mi convicción habitual era que correría la suerte de todos los hijos de Adán cuando me llegase la hora… Quizá un poco más tarde que el resto de los mortales, pero de todas formas a una edad natural. Y no obstante lo cierto era que yo conservaba un aspecto maravillosamente juvenil. Fui objeto de burlas por mi vanidad al consultar el espejo tan a menudo, pero lo consultaba en vano: mi frente se mantenía tersa, mis mejillas, mis ojos, toda mi persona conservaba la frescura y lozanía de mis veinte años.

Empecé a preocuparme. Contemplaba la marchita belleza de Bertha… Yo parecía su hijo. Poco a poco nuestros vecinos empezaron a hacer observaciones similares, y al final descubrí que me apodaban el discípulo embrujado. La misma Bertha empezó a sentirse incómoda y celosa, y a la larga empezó a cuestionarme. No teníamos hijos, lo éramos todo el uno para el otro, y, aunque a medida que envejecía su vivacidad de otros tiempos rozaba el mal humor, y su belleza disminuía tristemente, yo la amaba en mi corazón como la mujer a la que había idolatrado, la esposa a la que había buscado y conquistado con el amor más perfecto.

Al final nuestra situación se hizo intolerable: Bertha tenía cincuenta años y yo veinte. En mi vergüenza, yo había adoptado hasta cierto punto los hábitos de una edad más avanzada; ya no me mezclaba, en la danza, con los alegres jóvenes, pero mi corazón volaba hacia ellos mientras trataba de poner freno a mis pies. Pero antes de esa época las cosas se alteraron: fuimos universalmente rechazados, pues corrió el rumor de que, por lo menos yo, había mantenido una inicua relación con alguno de los supuestos amigos de mi antiguo maestro… La pobre Bertha fue compadecida, pero abandonada a su soledad. A mí se me contemplaba con horror y repulsa.

¿Qué podíamos hacer? Nos lo preguntábamos sentados junto al fuego invernal… La pobreza se había hecho sentir, pues nadie quería ya comprar los productos de mi granja; a menudo me había visto forzado a desplazarme más de treinta millas, a algún lugar donde no se me conociese, para llevar a cabo mis transacciones. Cierto que habíamos ahorrado algo para los malos tiempos… Y los malos tiempos habían llegado.

Allí estábamos, sentados frente a aquel fuego solitario, el joven de corazón viejo y su avejentada esposa. Bertha insistió de nuevo en conocer la verdad, recapituló todo lo que había oído decir sobre mí, y añadió sus propias observaciones. Me conjuró para que me librase del maleficio, insistiendo en que los cabellos grises resultaban mucho más atractivos que mis rizos castaños, y alabando el respeto y la consideración que se le debía a la edad avanzada… ¡tan preferible a la poca consideración con que se trataba a los menores! ¿Acaso imaginaba yo que los despreciables dones de la juventud, como mi aspecto atractivo, me servirían para librarme de la desgracia, el odio y el rechazo? No, al final sería llevado a la hoguera como practicante de magia negra, mientras ella, a quien yo no me había dignado comunicar la más mínima parte de mi buena suerte, podría ser lapidada como cómplice. A la larga insinuó que yo debía compartir mi secreto con ella, y procurarle los beneficios de que disfrutaba, o de lo contrario me denunciaría… Y entonces estalló en lágrimas.

Al sentirme acorralado me pareció que lo mejor que podía hacer era decirle la verdad. Se la revelé tan suave y tiernamente como me fue posible, hablando únicamente de una vida muy larga, no de la inmortalidad… Esta afirmación coincidía en realidad con mis propias convicciones. Cuando terminé me puse en pie y dije:

—¿Y ahora, mi querida Bertha, denunciarás al amante de tu juventud? Estoy seguro de que no lo harás. Pero es demasiado duro que tú, mi pobre esposa, tengas que seguir sufriendo por mi mala suerte y por las malas artes de Cornelius. Voy a dejarte. Tienes riquezas suficientes, y los amigos volverán a aparecer en cuanto se enteren de mi ausencia. Me iré de aquí. Con mi aspecto fuerte y juvenil puedo trabajar y ganarme el pan entre extraños, sin darme a conocer y sin despertar ninguna sospecha. Te amé en tu juventud… Dios es testigo de que no te hubiese dejado nunca, pero tu felicidad y tu propia seguridad lo requieren.

Cogí el sombrero y me dirigí a la puerta; en un momento los brazos de Bertha rodearon mi cuello y sus labios presionaron los míos.

—No, mi querido Winzy, mi marido, no te irás solo —dijo—. Llévame contigo. Dejaremos este lugar y, como tú dices, entre extraños no despertaremos ninguna sospecha y nos sentiremos seguros. No soy tan vieja como para avergonzarte… Me atrevo a decir que el maleficio pronto terminará, y, con la bendición de Dios, irás envejeciendo y adquiriendo el aspecto conveniente. No quiero que me dejes.

Le devolví el abrazo de todo corazón.

—No te dejaré, Bertha, sólo por tu bien había pensado hacerlo. Seré un marido fiel mientras quieras permanecer a mi lado, y cumpliré mi compromiso contigo hasta el final.

Al día siguiente nos preparamos secretamente para la partida. Nos vimos obligados a hacer grandes sacrificios pecuniarios… Era inevitable. Reunimos una suma suficiente para mantenernos, por lo menos, mientras Bertha viviese, y, sin despedirnos de nadie, abandonamos nuestro país natal para buscar refugio en un remoto lugar del oeste de Francia.

Fue realmente cruel el trasladar a la pobre Bertha desde el pueblo y los amigos de su juventud a un nuevo país, a una nueva lengua, a unas nuevas costumbres. El extraño secreto de mi destino hacía que ese traslado no tuviese ninguna importancia para mí, pero sentía una profunda compasión por ella, y me alegré al comprobar que encontraba compensación para sus penas en un variado conjunto de pequeños detalles ridículos. Lejos de todos aquellos chismes y habladurías, trató de borrar la aparente disparidad de nuestras edades respectivas por medio de un millar de artes femeninas: un poco de colorete, vestidos alegres y desenfadados, modales deliberadamente juveniles… Yo no podía enfadarme. ¿Acaso yo mismo no llevaba una máscara? ¿Iba a enfadarme con ella simplemente porque la suya resultase menos efectiva? Me dolía profundamente el recordar que aquélla era mi Bertha, a la que había amado con pasión y a la que había conquistado con entusiasmo… la joven de ojos negros y rizos oscuros, de sonrisa tentadora y movimientos de cervatillo… convertida en una vieja celosa, cuya afectada y melindrosa sonrisa parecía una mueca. Hubiese respetado sus rizos entrecanos y sus mejillas marchitas… ¡Pero no aquello! Era mi obra, lo sabía, pero no por eso dejé de deplorar aquella muestra de la debilidad humana.

Sus celos no descansaban nunca. Su ocupación principal era la de descubrir que, a pesar de mi apariencia, yo también estaba haciéndome viejo. Era capaz de detectar arrugas en mi rostro y decrepitud en mi modo de andar mientras yo avanzaba a grandes zancadas con vigor juvenil, como el más joven entre los jóvenes. Nunca me atreví a dirigirme a otra mujer. En cierta ocasión, imaginando que la bella del lugar me miraba con buenos ojos, me obsequió con una peluca de pelo canoso. No se cansaba de comentar entre sus amistades que a pesar de mi juvenil apariencia los años me corroían por dentro, y afirmaba que el peor de los síntomas era mi aparente salud.

Mi juventud era una enfermedad, afirmaba, y yo debía estar preparado para una muerte repentina y terrible, o, por lo menos, para despertarme una mañana con todos los cabellos blancos y encorvado bajo el peso de la vejez. La dejaba hablar y a veces participaba en sus conjeturas. Sus amenazadoras palabras se unían a mis incesantes especulaciones sobre mi situación, de modo que escuchaba con auténtico interés todo lo que su rápido ingenio y su exaltada imaginación eran capaces de profetizar, por doloroso que fuera.

¿Para qué detenernos en tan prolijos detalles? Vivimos juntos durante muchos y largos años. Bertha llegó a estar paralizada y confinada en su lecho; yo la cuidé como una madre cuidaría a su hijo. Se le agrió el carácter y una sola cosa la obsesionó hasta el final: ¿cuánto tiempo podría yo sobrevivirla? El hecho de haber cumplido escrupulosamente mis deberes para con ella fue siempre una fuente de consuelo para mí. Había sido mía en su juventud, era mía en su vejez. Y cuando al fin cubrí de tierra su ataúd, lloré al darme cuenta de que había perdido todo lo que realmente me unía a la humanidad.

¡Cuántos han sido mis temores y preocupaciones desde entonces, cuán pocas y vacías mis alegrías! Voy a hacer aquí una pausa, no voy a continuar mi historia. Un marinero sin timón, ni brújula, arrojado a un mar tempestuoso… Un viajero extraviado en un inmenso erial, sin un signo o una piedra para guiarlo… Eso es lo que yo he sido, el más perdido y desesperanzado de los hombres. Un barco que se aproxima, un rayo de luz de una cabaña lejana, pueden representar la salvación para los demás. Pero yo no tengo otro faro que la esperanza de la muerte.

¡La Muerte! ¡Esa misteriosa, desagradable amiga de la débil humanidad! ¿Por qué, entre todos los mortales, me has arrojado a mí lejos de tu manto protector? ¡Oh, por la paz de los sepulcros, por el profundo silencio de los panteones! ¡Ojalá este pensamiento dejase de atormentar mi cerebro, y mi corazón dejase de latir y agitarse por emociones cuya única variante son nuevas formas de tristeza!

¿Soy yo inmortal? Vuelvo a mi primera pregunta. En primer lugar, ¿no es más probable que el brebaje del alquimista garantizase la longevidad más que la vida eterna? Ésa es mi esperanza. Y además hay que recordar que solo bebí la mitad de la pócima. ¿Acaso no era necesario beberla en su totalidad para completar el maleficio? El haber consumido la mitad del Elixir de la Inmortalidad significa ser sólo medio—inmortal… Mi Para siempre carece, pues, de sentido.

Pero por otro lado, ¿quién sería capaz de contar los años de la mitad de la eternidad? A mi modo trato de imaginar por qué extraña regla podría dividirse el infinito. A veces me imagino que la edad se apodera de mí… Me he detectado un cabello grisáceo. ¡Loco, por qué te lamentas! Sí, el miedo a la vejez y a la muerte con frecuencia se desliza fríamente en mi corazón, y, cuanto más vivo, más temo a la muerte, incluso abominando de la vida. El hombre, nacido para perecer, se convierte en un enigma cuando lucha, como yo, contra las leyes de la naturaleza.

A no ser por estos anómalos sentimientos probablemente podría morir: la medicina del alquimista no resistiría el fuego, la espada, o las aguas devoradoras. He contemplado las azules profundidades de más de un lago sereno, y la tumultuosa corriente de más de un río poderoso, diciéndome a mí mismo: la paz habita estas aguas… Pero he dado media vuelta, para vivir todavía un día más. Me he preguntado si el suicidio sería un crimen tratándose de alguien ante quien sólo así podrían abrirse las puertas del otro mundo. He hecho toda clase de cosas, excepto presentarme como soldado o duelista, rechazando así la destrucción de mis congéneres los mortales… Pero no son mis congéneres. El inextinguible poder de la vida en mí, y su efímera existencia, nos sitúan en polos diametralmente opuestos. No podría levantar la mano ni contra el más despreciable ni contra el más poderoso de todos ellos.

De este modo he ido viviendo durante muchos años, solo y harto de mí mismo, deseando la muerte pero sin poder morir. Un mortal inmortal. Ni la ambición ni la avaricia pueden penetrar en mi mente, y el amor ardiente que atenaza mi corazón, y que nunca podrá encontrar un igual que le corresponda, existe sólo como una forma de tormento.

Este mismo día he concebido un proyecto por medio del cual podría acabar con todo ello, sin degollarme a mí mismo, sin convertir en Caín a otro hombre…

Una expedición a la que un mortal nunca podría sobrevivir, ni siquiera con la juventud y la fuerza que me poseen. De este modo pondré a prueba mi inmortalidad, y descansaré para siempre… o bien regresaré para convertirme en el asombro y el benefactor del género humano.

Antes de partir, una inconfesable vanidad me ha impulsado a escribir estas páginas. No quiero morir sin dejar rastro. Tres siglos han pasado desde que consumí el brebaje fatal: no pasará otro año antes de que, enfrentándome a peligros gigantescos —luchando contra los poderes de la congelación en su propio terreno—, acosado por el hambre, el cansancio y la tempestad, tenga que entregar este cuerpo —prisión demasiado tenaz para un alma sedienta de libertad— a los elementos destructivos del aire y del agua. O bien, si sobrevivo, mi nombre será recordado como uno de los más famosos entre los hijos de los hombres; y, una vez haya ultimado mi tarea, tomaré medidas eficaces, esparciendo y aniquilando los átomos que componen mi apariencia carnal para poner en libertad la vida aprisionada en su interior, a la que tan cruelmente se le impide el elevarse desde esta tierra, oscura e indistinta, a una esfera más acorde con su esencia inmortal.

EL EXTRAÑO por Sheridan Le Fanu

Así como los contratos de compraventa y de alquiler están rigurosamente legislados, los pactos diabólicos tendrían que estar incluidos en la ley. Por ejemplo, el artículo primero enumeraría los elementos necesarios:
— Viejo pergamino
— Pluma
— Aguja Esterilizada
—ALMANAQUE PERPETUO...

En los primeros días del otoño de 1838 un asunto de negocios me llevó al sur de Irlanda. El tiempo era agradable, el lugar y la gente me eran nuevos. Alquilé un caballo en una taberna y envié mi equipaje con un sirviente a bordo de una diligencia de correo y luego, con la curiosidad de un explorador, inicié un recorrido de 25 millas a caballo, por caminos inhóspitos, hasta llegar a mi destino. Atravesé pantanos, colinas, planicies y castillos en ruinas, siempre bajo un consistente viento.

Inicié la marcha tarde, y habiendo hecho poco menos de la mitad del camino, ya estaba pensando en hacer un alto en el próximo lugar conveniente, para que descansase el caballo y se alimentase, y también para hacerme de algunas provisiones.

Eran cerca de las cuatro cuando el camino, que ascendía gradualmente, se desvió a través de un desfiladero entre la abrupta terminación de unas montañas a mi izquierda, y una colina que se elevaba a mi derecha. Abajo se erguía una precaria villa bajo una larga línea de gigantescos árboles de hayas, cuyas ramas cobijaban a pequeñas chimeneas que emitían sus respectivas columnas de humo. A mi izquierda, separadas por millas, ascendiendo el cordón montañoso antes nombrado, había un bosque salvaje, cuyos follajes y helechos terminaban en las rocas.

A medida que descendía, el camino daba algunas curvas, siempre teniendo a mi izquierda el paredón de piedra gris, cubierto aquí y allá con hiedra. Y al acercarme a la villa, a través de sendas en el bosque, pude ver el largo murallón de una vieja y ruinosa casa ubicada entre los árboles, a medio camino entre el pintoresco paisaje montañoso.

La soledad y la melancolía de esa ruina picó mi curiosidad, y una vez que hube llegado a la posada de St. Columbkill, habiendo puesto a descansar a mi caballo y permitiéndome a mí mismo una buena comida, comencé a pensar nuevamente en el bosque y la casa ruinosa, resolviendo dar luego un paseo por aquellas soledades.

El nombre del lugar, supe, era Dunoran; y luego de traspasar el portón de entrada a la propiedad, inicié un paseo por la dilapidada mansión.

Una larga senda en la que sobresalían muchas ligustrinas, me llevó, luego de algunas curvas y recodos, a la vieja casona, bajo la sombra de los árboles.

El camino traspasaba una hondonada recubierta de malezas, pequeños árboles y arbustos, y la silente casa tenía su puerta principal abierta hacia esta oscura cañada. Más allá se extendían robustos árboles por entre la casa, en sus desiertos parques y establos.

Entré y vagué por todos lados, viendo ortigas y ligustrinas a través de los pasillos; de cuarto en cuarto los cielorrasos estaban caídos, y por aquí y por allá había vigas oscuras y raídas, con zarcillos de hiedra por todos lados. Las paredes altas, con el yeso picado, estaban manchadas y enmohecidas. Las ventanas estaban opacadas por la hiedra y, cerca de la gran chimenea unos grajos, especie de pequeños cuervos, revoloteaban mientras que de los árboles que cubrían la cañada, desde el otro lado, se escuchaban los graznidos de sus pichones.

Y, mientras caminaba por entre aquellos melancólicos pasillos, mirando solo en las habitaciones cuyos entarimados no estaban hundidos (circunstancia que hacía de mi exploración una actividad peligrosa), comencé a preguntarme por qué una casa tan grande, en el medio de tan pintoresco paisaje, se había permitido decaer; soñé con la hospitalidad de quienes mucho tiempo antes fueran sus dueños, e imaginé la escena de fiestas y francachelas que se habría visto en medianoche.

La gran escalera era de roble, y había aguantado maravillosamente el tiempo. Me senté en sus escalones pensando vagamente en la transitoriedad de todas las cosas bajo el sol.

Excepto por el ronco y distante clamor de los pichones, apenas perceptible desde donde yo me encontraba sentado, ningún sonido quebraba la profunda quietud del lugar. Raras veces había experimentado tal sentimiento de soledad. No había viento; ni siquiera el crepitar de una hoja marchita a través del pasillo. Todo era opresivo. Los altos árboles que se erguían alrededor de la casa la oscurecían y añadían algo de terror a la melancolía del lugar.

En ese momento, cercano a mí, escuché con desagradable sorpresa una voz muy particular, que repitió estas palabras:

—Comida para los gusanos, muerta y podrida.

Había una pequeña ventana en la pared, y a través de su oscuro hueco vi, casi entre las sombras, la forma difusa de un hombre, sentado y bamboleando su pie. Me miraba fijo y reía cínicamente; antes de que pudiera recuperarme de la sorpresa, repitió este dicho:

—Si la muerte fuera una cosa que con dinero se pudiese evitar, los ricos vivirían y los pobres habrían de morir.

—Fue una gran casa, señor —continuó— la Casa Dunoran, de los Sarsfield. Sir Dominick Sarsfield fue el último de su familia. Perdió la vida a no más de seis pies de distancia de donde usted está sentado.

Y mientras decía esto, saltó con un leve brinco al piso. Tenía el rostro oscuro, rasgos afilados, un poco encorvado. Tenía un bastón para caminar con el cual señaló a un punto en la pared. Una mancha en el yeso.

—¿Ve usted la marca, señor? —dijo.

—Sí —respondí, al tiempo que me paraba y miraba con curiosa anticipación.

—Está a unos siete u ocho pies del piso, señor, y usted no adivinará de qué proviene.

—Me temo que no —dije— supongo que es una mancha de humedad.

—Nada de eso, señor —respondió con la misma sonrisa cínica, aún apuntando al manchón con su bastón—. Es un manchón de sesos y sangre. Está ahí desde hace más de cien años; y nunca se irá mientras la pared esté en pie.

—Entonces, ¿fue asesinado?

—Peor que eso, señor —respondió.

—¿Tal vez se suicidó?

—Peor que eso, señor. Soy más viejo de lo que parezco, señor; usted no podrá adivinar mis años.

Se quedó en silencio, mirándome, como invitándome a una conjetura.

—Bueno, yo diría que usted tiene unos cincuenta y cinco.

Rio, tomó una pizca de rapé y dijo:

—Cumplí setenta hace poco.

—Le doy mi palabra que no lo aparenta; aún no lo puedo creer. ¿Usted no recuerda la muerte de sir Dominick Sarsfield? —dije, mirando la ominosa mancha de la pared.

—No, señor, eso ocurrió mucho antes de que yo naciera. Pero mi abuelo fue mayordomo aquí y muchas veces escuché de su boca el relato de la muerte de sir Dominick. No hubo mayordomo en la casa desde que ocurrió aquello, pero hubo dos sirvientes que la mantuvieron, y mi tía fue una de ellas. Ella me crio aquí hasta que tuve 9 años, hasta que se marchó a Dublín, desde ese momento todo comenzó a decaer. El viento fue despojando el tejado y la lluvia pudrió el maderamen. Poco a poco, a través de estos sesenta años, la casa se fue convirtiendo en esto que hoy ve usted. Pero yo aún tengo cierto afecto por el lugar, por los viejos tiempos. Nunca vengo por aquí, pero quise echar un vistazo. No pienso que esté viniendo muchas veces a ver la vieja casa, ya que estaré bajo el césped en no mucho tiempo.

—Usted se mantiene joven —dije, y dejando este trivial tema, comenté—: No me sorprende que le guste este viejo lugar; es un bello lugar, con muchos árboles.

—Desearía que lo hubiera visto cuando las nueces estaban maduras; son las nueces más dulces de toda Irlanda, creo —contestó con un práctico sentido de lo pintoresco—. Usted se llenaría los bolsillos mientras lo recorría.

—Este es un bosque muy antiguo —comenté—. No he visto ninguno más hermoso en toda Irlanda.

—¡Eiah! Usía, todas las montañas de por aquí ya tenían bosques cuando mi padre era mozo, y Murroa Wood era el más grande de todos. La mayoría eran robles, y hoy han sido en gran parte talados. Ni uno quedó que se pueda comparar con los de aquellos tiempos. ¿Qué camino tomó, usía, para llegar hasta aquí? ¿Vino desde Limerick?

—No. Killaloe.

—Bueno, entonces pasó por el lugar donde estaba en los viejos tiempos el Murroa Wood. Fue cerca de allí que sir Dominick Sarsfield se encontró por primera vez con el Diablo, el Señor nos libre, y este fue un mal encuentro para él.

Había tomado interés en esta aventura que había tenido lugar en el mismo marco que ahora me atraía tanto; y mi nuevo conocido, el pequeño encorvado, estaba bien dispuesto a narrarme la historia. Y comenzando a hablar, pronto nos sentamos.

—Cuando sir Dominick estaba aquí, la propiedad estaba esplendorosa; y aquí tenían lugar grandes fiestas, había música y se le daba la bienvenida a todos aquellos que se acercaban. Había vino de tonel de clase, comida caliente, como para incendiar una ciudad, y cerveza y sidra, como para hacer flotar un buque. Esto duraba casi todo el mes, hasta que el tiempo y la lluvia estropeaban las diversiones de nuestras danzas. Por esa época comenzaba la feria de Allybally Killudeen, distrayéndonos con sus diversiones.

"Pero sir Dominick sólo estaba comenzando, y no le había quedado método por intentar que lo llevase a deshacerse de su fortuna (bebida, dados, carreras, naipes y todo tipo de azares), con lo que no pasaron muchos años para que se viera en deuda y se convirtiera en un hombre muy desgraciado. Al mundo exterior mostró, mientras pudo, como que no ocurría nada. Luego vendió todos sus perros y luego fueron casi todos los caballos. Con eso se marchó a Francia, y nadie escuchó nada de él durante algo así como dos o tres años. Hasta que al final, muy inesperadamente, una noche se escuchó un golpe en la gran ventana de la cocina. Eran pasadas las diez y el viejo Connor Hanlon, mi abuelo el mayordomo, estaba sentado al lado del fuego, solo, calentándose. Soplaba un viento fuerte por las montañas, y silbaba a través de la copa de los árboles y hacía un ruido triste a través de la gran chimenea".

El narrador miró fijo a la más cercana chimenea, visible desde su asiento.

—Como no estaba seguro acerca del golpe en la ventana, se levantó y vio el rostro de su patrón. Mi abuelo se alegró de verlo bien, ya que hacía bastante tiempo que no tenía noticias de él; pero al mismo tiempo estaba triste porque habían cambiado las cosas y sólo estaban a cargo de la casa el viejo Juggy Broadrick y mi abuelo mismo, habiendo apenas un hombre en el establo, y era cosa muy lamentable volver a la propia casa en tal estado. Él le dio la mano a Connor y dijo:

"—Vine aquí para hablarle. Dejé mi caballo con Dick en el establo; si no lo vuelvo a buscar antes del amanecer, quiere decir que jamás lo volveré a utilizar.

"Dicho esto, fue a la gran cocina y tomó un taburete, donde se sentó para tomar un poco de calor del fuego.

"—Siéntate, Connor, frente a mí, y escucha lo que voy a contar, y no temas decir lo que pienses.

"Habló todo el tiempo mirando al fuego, con sus manos extendidas. Se veía muy cansado.

"—¿Y por qué habría de temer, amo Dominick? —preguntó mi abuelo—. Usted ha sido un buen amo para mí, lo mismo que su padre, que su alma descanse en paz, antes de usted. Y soy sincero.

"—Todo terminó para mí, Con —dijo sir Dominick.

"—¡Dios no lo permita! —dijo mi abuelo.

"—Reza por ello —dijo sir Dominick—. Perdí mi última moneda; sólo queda esta vieja casa. Debo venderla y he venido, sin saber bien por qué, a dar un último vistazo y luego marcharme hacia la oscuridad.

"Y dijo:

"—Con, dicen que el Diablo te da dinero durante la noche que al otro día se convierte en guijarros, astillas y cáscaras de nuez. Si juega limpio, creo que podré hacer negocios con él esta noche.

"—¡Dios no lo permita! —dijo mi abuelo, con un sobresalto, mientras se santiguaba.

"—¡Cómo pasa el tiempo! ¿Cuánto tiempo pasó desde que el capitán Waller lidió conmigo por la joya en New Castle?

—'Seis años, amo Dominick, y con el primer disparo le rompió la pierna.

"—Lo hice, Con —dijo él— y ahora desearía que, en cambio, él me hubiera atravesado el corazón. ¿Tienes un whisky?

"Mi abuelo tomó una botella de un aparador y sir Dominick lo sirvió en una copa.

"—Saldré para echar un vistazo a mi caballo —dijo, levantándose y enfundándose con su capa, y con la mirada fija como si estuviese pensando en algo malo.

"No tardaré más que un minuto en ir al establo y mirar el caballo por usted, señor —dijo mi abuelo.

"—No iba a ir al establo —dijo sir Dominick—; puedo decirte la verdad, ya que lo sabrás tarde o temprano. Iba a ir a través del bosque; si vuelvo me verás en no más de una hora. De cualquier manera, no sería bueno que me siguieras, ya que si lo haces te disparería y sería un mal fin para nuestra amistad.

"Dicho esto, caminó por este pasillo de ahí. Abrió la puerta y salió hacia la espesura bajo la luz de la luna y el viento frío. Mi abuelo lo vio caminar a través del bosque, hasta que entró y cerró la puerta.

"Sir Dominick se detuvo para pensar cuando se encontró en el medio del bosque. No se había dado cuenta cuando dejó la casa, pero el whisky no le había aclarado la mente, tan solo le había dado coraje.

"Ya no sentía el viento, no temía a la muerte, ni pensaba en nada más que en la vergüenza y la caída de su familia.

"De pronto no le vino mejor idea que seguir caminando hasta Murroa Wood, en donde podía subirse a uno de los robles para colgarse con su pañuelo de una de las ramas.

"Era una brillante noche de luna llena, tan solo había una pequeña nube que de cuando en cuando ocultaba al satélite que, sin embargo, daba tanta luz como si fuera día.

"Marchó hacia el bosque de Murroa, iba tan rápido que cada uno de sus pasos equivalía a tres normales. No tardó mucho tiempo en llegar al lugar en que los robles extendían sus sarmentosas raíces y sus ramas como si fueran los maderos de un techo, dejando filtrar, empero, algo de la luz lunar, y provocando unas sombras gruesas y tan espesas como la suela de mi zapato.

"Ya estaba volviendo a su sobriedad, y comenzaba a afloja su paso, pensando que sería mejor enlistarse en el ejército del Rey de Francia.

"En ese momento, cuando había resuelto para sí mismo no quitarse la vida, fue que comenzó a escuchar un leve tintineo a través del bosque y, de pronto, vio a un gran caballero justo enfrente suyo, que venía caminando por ese mismo lugar.

"Era joven, tal como él, y vestía un sombrero ladeado, con un listón dorado a su alrededor, como el de un oficial, y una indumentaria como la que en algunas ocasiones vestían los oficiales franceses.

"Los dos caballeros se quitaron sus respectivos sombreros, y el extraño dijo:

"—Estoy reclutando, señor —dijo él— para mi soberano, y usted se dará cuenta de que mi dinero no se convertirá en guijarros, astillas y cáscaras de nuez a la mañana siguiente.

"Al mismo tiempo sacó una gran bolsa repleta de oro; sir Dominick sintió cómo se le erizaban los pelos de la nuca.

"—No tema —dijo el extraño— el dinero no te consumirá. Si pruebas ser honesto y si esto prospera contigo, desearía proponerte un pacto. Hoy estamos a último día de febrero —continuó— te serviré durante siete años exactos, y al término de los mismos tú me servirás a mí. Volveré a buscarte cuando el séptimo año se cumpla, cuando el reloj surque el minuto entre febrero y marzo. Tú no me verás como un mal amo, ni tampoco como un mal sirviente. Amo mis propiedades; y ordeno todos los placeres y glorias del mundo. El contrato se iniciará hoy, y el arriendo se cumplirá en la medianoche del último día nombrado; y en el año de —me dijo el año, pero ciertamente lo olvidé— y si tú prefieres esperar para ver el progreso antes de firmar, tendrás un plazo de ocho meses y 28 días. Pero en este lapso no puedo hacer gran cosa por ti; y si llegado el día no quieres firmar, todo lo que te otorgué se desvanecerá, y te encontrarás tal y como esta noche, listo para colgarte del primer árbol.

"Bien, sir Dominick eligió esperar, y regresó a la casa con la bolsa llena de oro, tan redonda como su sombrero. Mi abuelo se alegró de ver a su amo seguro y regresando tan pronto. Llamó nuevamente por la cocina y dejó caer la bolsa sobre la mesa. Se quedó parado y moviendo los hombros, como si hubiera estado cargando un gran peso sobre ellos; miró la bolsa y mi abuelo lo miró a él, y de él a la bolsa y nuevamente a él. Sir Dominick se veía pálido como una hoja de papel.

"—No lo sé, Con, ¿qué habrá dentro? Es la carga más pesada que jamás acarreé.

"Se mostró tímido para abrirla y antes de hacerlo hizo que mi abuelo avivara el fuego de la chimenea. Una vez abierta, vieron que la bolsa estaba repleta de monedas de oro, nuevas y brillosas, como si fueran recién salida de la casa de la moneda.

"Sir Dominick hizo que mi abuelo se sentara a su lado mientras contaba cada una de las monedas de la bolsa.

"No faltaba mucho para que rompiera el día cuando terminó de contar, y sir Dominick le hizo jurar a mi abuelo que no diría palabra de aquel asunto a nadie. Y él lo guardó en secreto.

"Cuando el plazo de los ocho meses y veintiocho días estaba cerca de expirar, sir Dominick regresó muy preocupado a esta casa. No sabía bien qué hacer. Nadie más que mi abuelo sabía algo sobre el tema, y no conocía ni la mitad de lo que había pasado.

"A medida que se acercaba el final del mes de octubre, sir Dominick se iba angustiando cada vez más.

"Una vez que pudo tranquilizarse pensando que no tendría que decir más nada sobre el asunto, ni hablar nuevamente con aquel que conociera en el bosque de Murroa, las deudas volvieron a hacer palpitar su corazón. Sólo unas semanas antes de la expiración del plazo, todo comenzó a andar mal. Un hombre le escribió desde Londres para decir que sir Dominick había pagado trescientas libras al hombre equivocado, y que debería pagar de nuevo; otro reclamaba una deuda de la que nunca antes había oído nada; y otro más, en Dublín, negaba el pago de una gran deuda, y sir Dominick no tenía idea de dónde había puesto los recibos. Por la misma fecha tuvo una cincuentena de reclamos similares.

"Una vez que llegó la noche del 28 de octubre, estaba por volverse loco con la cantidad de reclamos que le llegaban de todos lados. Sólo veía como salida el recurrir a su terrible amigo, aquel a quien había conocido aquella noche en el bosque de aquí cerca.

"Así que decidió marchar para cumplimentar el asunto que ya había iniciado, a la misma hora que había ido la última vez. Se quitó el crucifijo que llevaba en torno al cuello, ya que era católico, y su pequeño evangelio, y se deshizo de la astilla de la Sagrada Cruz que guardaba en un relicario, ya que desde que había tomado dinero proveniente del El Maligno, había comenzado a sentir miedo, y se había hecho de diversos elementos para protegerse del poder del demonio. Pero esa noche no se atrevía a llevarlos consigo, así que se los dio en la mano a mi abuelo, sin decirle palabra, con el rostro tan blanco como el papel. Luego tomó su sombrero y espada y le dijo a mi abuelo que estuviera pendiente de su regreso para luego salir hacia el bosque.

"Era una noche tranquila, y la luna, no tan brillante como la primera noche, iluminaba el brezal y las rocas y caía sobre el solitario bosque de robles.

"Su corazón iba latiendo, a medida que se acercaba al lugar, con mayor fuerza. No había sonido alguno, ni siquiera el aullido distante del perro de la villa cercana. Si no fuera por sus deudas y pérdidas que lo estaban por volver loco y, a pesar del temor por su alma, esperanzas del paraíso y de todo lo que su buen ángel le susurraba al oído, se habría dado la vuelta, habría enviado por su clérigo para que le tomare la confesión y le diera una penitencia, para poder cambiar su camino hacia una buena vida, ya que había llegado al punto de aterrorizarse por el pacto que iba a realizar.

"Aligeró el paso hasta que llegó al mismo lugar bajo las grandes ramas del viejo roble. Se detuvo y se sintió tan frío como un muerto. Imagínese que no se sintió mucho mejor cuando vio venir al mismo hombre por detrás del gran árbol.

"—Encontró que el dinero fue bueno —dijo éste— pero no fue suficiente. No importa, tendrás suficiente como para ahorrar. Te haré una sugerencia para que cada vez que necesites mi servicio, cada vez que desees verme, sólo tendrás que acudir a este lugar y recordar mi rostro en tu mente, y desear mi presencia. Ahora para fin de año ya no deberás ni un centavo, y nunca perderás a los naipes, siempre tendrás el mejor lanzamiento de dados y apostarás al caballo correcto. ¿Estás complacido?

"La voz de sir Dominick casi se atenazaba en su garganta, pero emitió una o dos palabras que significaban su consentimiento. Y con esto El Maligno lo tocó con una aguja, invitándolo a escribir unas palabras que tenía que repetir y que sir Dominick no comprendió, sobre dos delgadas hojas de pergamino. Con una de ellas se quedó el caballero, y la otra se la entregó a sir Dominick, dándosela en la misma mano de la que había tomado su sangre. También le cerró la herida, ¡y esto es verdad, como que usted está ahí sentado!

"Bueno, sir Dominick regresó a casa. Estaba muy asustado. Pero poco a poco iba calmándose. En breve tiempo se vio librado de sus deudas. El dinero pronto le cayó en avalancha, y nunca hizo apuesta o tomó parte en juego de azar que no ganara; y por sobre todo, no hubo pobre en sus propiedades que no fuese menos feliz que sir Dominick.

"Él volvió a los viejos tiempos, cuando el dinero propiciaba que hubiera sabuesos, caballos y vino en abundancia, muchos invitados, diversiones y todo aquello que alegraba la gran casa. Y algunos dijeron que sir Dominick estaba pensando en casarse, en tanto otros decían que no. De cualquier modo, algo había que lo preocupaba más de lo común y una noche, sin que nadie lo supiera, marchó al bosque de robles. Mi abuelo pensó que sería algún problema con una joven y bella dama de la que estaba celoso y enamorado. Pero es sólo una suposición.

"Bien, sir Dominick se metió en el bosque, caminando y espantándose cada vez más a medida que se iba acercando al punto de encuentro; luego de un rato allí, se estaba por volver sobre sus pasos, cuando vio a quien había ido a ver, sentado sobre una gran roca, bajo uno de los árboles. En lugar de estar ataviado como un elegante caballero, con el listón dorado y la gran vestimenta, ahora estaba vestido con harapos y su estatura era del doble que antes. Su rostro estaba embadurnado de hollín y tenía un gran martillo metálico, que se veía tan pesado como cincuenta, con un mango de casi un metro de largo entre sus rodillas. Estaba tan oscuro que no le vio claramente por un largo rato.

"Se paró, vio que tenía un tamaño descomunal. Qué ocurrió entre ellos mi abuelo jamás escuchó, pero sir Dominick se empezó a volver un tipo melancólico, noche tras noche, y no reía por nada ni decía palabra alguna a nadie. Cada vez empeoraba más y se volvía más solitario. Y esa cosa, cualquiera que fuera, solía atacarle espontáneamente, algunas veces de una forma y otras veces de otra, podía ser en lugares solitarios o cuando regresaba cabalgando solo a casa. Al final se desesperó tanto que envió por el sacerdote.

"El cura estuvo con él por largo tiempo, y cuando hubo escuchado toda la historia se marchó rápidamente en busca del obispo, quien estuvo aquí al día siguiente, dándole un buen consejo a sir Dominick. Le dijo que debía cortar por lo sano con los dados, los juramentos y la bebida, y que debía deshacerse de las malas compañías, para vivir en la virtud hasta que se cumpliera el plazo de siete años. Y si el Diablo no venía por él durante el minuto posterior a las doce en punto del primero de marzo, él estaría a salvo del pacto. No faltaban más de ocho o diez meses para que se cumpliera el plazo de los siete años, y sir Dominick vivió todo ese tiempo de acuerdo al consejo del obispo, tan estrictamente como si estuviera en un retiro.

"Bien, usted puede suponer que se sintió raro hasta que llegó la mañana del 28 de febrero.

"El cura llegó ese día, y sir Dominick y el reverendo se encerraron juntos en el cuarto que usted ve ahí, donde estuvieron rezando hasta casi la medianoche y durante la siguiente hora. No hubo signos de desorden ni mayor disturbio, y el obispo durmió esa noche en la habitación contigua de sir Dominick, despertando confortable al otro día, estrechando sus manos y besándose como dos camaradas luego de una victoria en la guerra.

"Sir Dominick creyó que tendría una placentera velada, luego de todas sus abstinencias y oraciones, así que invitó a una docena de sus camaradas, incluidos el cura, a cenar con él, y hubo copas y un sinfín de vino, juramentos, dados, naipes, cantinelas y cuentos, pero nada bueno para escuchar, de manera que él sacerdote se marchó cuando vio el rumbo que habían tomado las cosas. No faltaba mucho para la medianoche cuando sir Dominick, sentado a la cabeza de su mesa, exclamó:

"—¡Este es el mejor primero de marzo que jamás pasé con mis amigos!

"—Pero si no estamos a primero de marzo —dijo el señor Hiffernan de Ballyvoreen. Era un hombre erudito y siempre tenía un almanaque.

"—¿Qué día es entonces? —preguntó sir Dominick, pasmado, dejando caer una cuchara en el plato y mirándolo fijamente, como si tuviera dos cabezas.

"—Estamos a veintinueve de febrero, año bisiesto —dijo.

"Y mientras hablaban de esto, el reloj anunció las doce de la noche; y mi abuelo, que estaba medio dormido en su silla junto a la chimenea del vestíbulo, abrió los ojos y vio a un caballero robusto y no muy alto, con una capa y un cabello muy largo y negro, que escapaba de su sombrero, parado en ese lugar donde se ve esa luz contra la pared".

Mi encorvado amigo apuntó con su bastón a una pequeña franja que iluminaba la luz del atardecer, que hacía un relieve sobre la profunda oscuridad del pasillo.

—Dile a tu amo —dijo él con una voz espantosa, como la del gruñido de una bestia— que estoy aquí por un contrato, y que lo esperaré durante un minuto.

"Mi abuelo subió por esas escaleras sobre las cuales usted está sentado.

"—Dile que aún no puedo bajar —dijo sir Dominick, y volviéndose a sus compañeros en el cuarto, les dijo, con un sudor frío en la frente—: Por el amor de Dios, caballeros, ¿alguno de ustedes podría saltar por la ventana e ir en busca del cura?

"Todos se miraron entre sí, sin saber qué hacer, y en ese momento mi abuelo regresó diciendo:

"—Señor, dice que, a no ser que baje, él subirá por usted.

"—No comprendo esto, caballeros, veré que significa —dijo sir Dominick, al tiempo que recomponía su semblante y caminaba a través del cuarto, como un hombre condenado al que su verdugo espera fuera. Al bajar las escaleras, algunos de sus camaradas espiaron a través del pasamanos. Mi abuelo iba caminando seis u ocho escalones detrás suyo, y llegó a ver al extraño dar unas zancadas en dirección a sir Dominick. Lo tomó entre sus brazos e hizo girar su cabeza contra la pared. En ese momento las velas y los leños de las chimeneas se apagaron con un fuerte viento que recorrió todo el piso.

"Los compañeros bajaron corriendo. Un golpe provino de la puerta principal. Algunos corrieron para arriba y otros para abajo, con faroles. Encontraron a sir Dominick. Alumbraron su cadáver y pusieron sus hombros contra la pared; pero no pudo decir ni media palabra, ya se había enfriado y se estaba poniendo tieso.

"Pat Donovan llegaba tarde esa noche. Luego que traspasó el pequeño arroyo, y que su carruaje se encaminó hacia la casa, faltando unos veinticinco metros para llegar, su perro, que estaba a su lado, dio un giro súbito y brincó, dando un aullido que se habrá escuchado a una milla a la redonda; en ese momento dos hombres pasaron a su lado en silencio, provenientes de la casa. Uno de ellos era pequeño y robusto y el otro como sir Dominick, pero sólo la forma, ya que como había muy poca luz bajo los árboles por donde pasaron, sólo se veían como sombras. Cuando pasaron por ahí, él no pudo escuchar sus pasos. Se asustó bastante y, cuando llegó a la casa, encontró a todos en una gran confusión, en torno al cadáver del dueño, con la cabeza en pedazos, yaciendo en aquel lugar".

El narrador se detuvo y me indicó con la punta de su bastón el sitio exacto en donde estaba el cuerpo de sir Dominick, y mientras miraba, las sombras iban oscureciendo el manchón rojizo, a medida que el sol se iba ocultando tras las distantes colinas de New Castle, dejando la fantasmagórica escena en el profundo gris de la penumbra.

Al fin el narrador y yo partimos, no sin despedirnos con buenos deseos y una pequeña "propina" de mi parte que no fue mal venida.

Estaba oscuro y la luna brillaba en lo alto cuando llegué a la villa, monté mi caballo y di una última mirada al lugar de la terrible leyenda de Dunoran.

EL MONTE DE LAS ÁNIMAS por Gustavo A. Bécquer

La noche de difuntos me despertó a no sé qué hora el doble de las campanas; su tañido monótono y eterno me trajo a las mientes esta tradición que oí hace poco en Soria.

Intenté dormir de nuevo; ¡imposible! Una vez aguijoneada, la imaginación es un caballo que se desboca y al que no sirve tirarle de la rienda. Por pasar el rato me decidí a escribirla, como en efecto lo hice.

Yo la oí en el mismo lugar en que acaeció, y la he escrito volviendo algunas veces la cabeza con miedo cuando sentía crujir los cristales de mi balcón, estremecidos por el aire frío de la noche.

Sea de ello lo que quiera, ahí va, como el caballo de copas.

I

—Atad los perros; haced la señal con las trompas para que se reúnan los cazadores, y demos la vuelta a la ciudad. La noche se acerca, es día de Todos los Santos y estamos en el Monte de las Ánimas.

—¡Tan pronto!

—A ser otro día, no dejara yo de concluir con ese rebaño de lobos que las nieves del Moncayo han arrojado de sus madrigueras; pero hoy es imposible. Dentro de poco sonará la oración en los Templarios, y las ánimas de los difuntos comenzarán a tañer su campana en la capilla del monte.

—¡En esa capilla ruinosa! ¡Bah! ¿Quieres asustarme?

—No, hermosa prima; tú ignoras cuanto sucede en este país, porque aún no hace un año que has venido a él desde muy lejos. Refrena tu yegua, yo también pondré la mía al paso, y mientras dure el camino te contaré esa historia.

Los pajes se reunieron en alegres y bulliciosos grupos; los condes de Borges y de Alcudiel montaron en sus magníficos caballos, y todos juntos siguieron a sus hijos Beatriz y Alonso, que precedían la comitiva a bastante distancia.

Mientras duraba el camino, Alonso narró en estos términos la prometida historia:

—Ese monte que hoy llaman de las Ánimas, pertenecía a los Templarios, cuyo convento miras allí, a la margen del río. Los Templarios eran guerreros y religiosos a la vez. Conquistada Soria a los árabes, el rey los hizo venir de lejanas tierras para defender la ciudad por la parte del puente, haciendo en ello notable agravio a sus nobles de Castilla; que así hubieran solos sabido defenderla como solos la conquistaron.

Entre los caballeros de la nueva y poderosa Orden y los hidalgos de la ciudad fermentó por algunos años, y estalló al fin, un odio profundo. Los primeros tenían acotado ese monte, donde reservaban caza abundante para satisfacer sus necesidades y contribuir a sus placeres; los segundos determinaron organizar una gran batida en el coto, a pesar de las severas prohibiciones de los clérigos con espuelas, como llamaban a sus enemigos.

Cundió la voz del reto, y nada fue parte a detener a los unos en su manía de cazar y a los otros en su empeño de estorbarlo. La proyectada expedición se llevó a cabo. No se acordaron de ella las fieras; antes la tendrían presente tantas madres como arrastraron sendos lutos por sus hijos. Aquello no fue una cacería, fue una batalla espantosa: el monte quedó sembrado de cadáveres, los lobos a quienes se quiso exterminar tuvieron un sangriento festín. Por último, intervino la autoridad del rey: el monte, maldita ocasión de tantas desgracias, se declaró abandonado, y la capilla de los religiosos, situada en el mismo monte y en cuyo atrio se enterraron juntos amigos y enemigos, comenzó a arruinarse.

Desde entonces dicen que cuando llega la noche de difuntos se oye doblar sola la campana de la capilla, y que las ánimas de los muertos, envueltas en jirones de sus sudarios, corren como en una cacería fantástica por entre las breñas y los zarzales. Los ciervos braman espantados, los lobos aúllan, las culebras dan horrorosos silbidos, y al otro día se han visto impresas en la nieve las huellas de los descarnados pies de los esqueletos. Por eso en Soria le llamamos el Monte de las Ánimas, y por eso he querido salir de él antes que cierre la noche.

La relación de Alonso concluyó justamente cuando los dos jóvenes llegaban al extremo del puente que da paso a la ciudad por aquel lado. Allí esperaron al resto de la comitiva, la cual, después de incorporárseles los dos jinetes, se perdió por entre las estrechas y oscuras calles de Soria.

II

Los servidores acababan de levantar los manteles; la alta chimenea gótica del palacio de los condes de Alcudiel despedía un vivo resplandor iluminando algunos grupos de damas y caballeros que alrededor de la lumbre conversaban familiarmente, y el viento azotaba los emplomados vidrios de las ojivas del salón.

Solas dos personas parecían ajenas a la conversación general: Beatriz y Alonso: Beatriz seguía con los ojos, absorta en un vago pensamiento, los caprichos de la llama. Alonso miraba el reflejo de la hoguera chispear en las azules pupilas de Beatriz.

Ambos guardaban hacía rato un profundo silencio.

Las dueñas referían, a propósito de la noche de difuntos, cuentos tenebrosos en que los espectros y los aparecidos representaban el principal papel; y las campanas de las iglesias de Soria doblaban a lo lejos con un tañido monótono y triste.

—Hermosa prima —exclamó al fin Alonso rompiendo el largo silencio en que se encontraban—; pronto vamos a separarnos tal vez para siempre; las áridas llanuras de Castilla, sus costumbres toscas y guerreras, sus hábitos sencillos y patriarcales sé que no te gustan; te he oído suspirar varias veces, acaso por algún galán de tu lejano señorío.

Beatriz hizo un gesto de fría indiferencia; todo un carácter de mujer se reveló en aquella desdeñosa contracción de sus delgados labios.

—Tal vez por la pompa de la corte francesa; donde hasta aquí has vivido —se apresuró a añadir el joven—. De un modo o de otro, presiento que no tardaré en perderte… Al separarnos, quisiera que llevases una memoria mía… ¿Te acuerdas cuando fuimos al templo a dar gracias a Dios por haberte devuelto la salud que viniste a buscar a esta tierra? El joyel que sujetaba la pluma de mi gorra cautivó tu atención. ¡Qué hermoso estaría sujetando un velo sobre tu oscura cabellera! Ya ha prendido el de una desposada; mi padre se lo regaló a la que me dio el ser, y ella lo llevó al altar… ¿Lo quieres?

—No sé en el tuyo —contestó la hermosa—, pero en mi país una prenda recibida compromete una voluntad. Sólo en un día de ceremonia debe aceptarse un presente de manos de un deudo… que aún puede ir a Roma sin volver con las manos vacías.

El acento helado con que Beatriz pronunció estas palabras turbó un momento al joven, que después de serenarse dijo con tristeza:

—Lo sé prima; pero hoy se celebran Todos los Santos, y el tuyo ante todos; hoy es día de ceremonias y presentes. ¿Quieres aceptar el mío?

Beatriz se mordió ligeramente los labios y extendió la mano para tomar la joya, sin añadir una palabra.

Los dos jóvenes volvieron a quedarse en silencio, y se volivió a oír la cascada voz de las viejas que hablaban de brujas y de trasgos y el zumbido del aire que hacía crujir los vidrios de las ojivas, y el triste monótono doblar de las campanas.

Al cabo de algunos minutos, el interrumpido diálogo tornó a anudarse de este modo:

—Y antes de que concluya el día de Todos los Santos, en que así como el tuyo se celebra el mío, y puedes, sin atar tu voluntad, dejarme un recuerdo, ¿no lo harás? —dijo él clavando una mirada en la de su prima, que brilló como un relámpago, iluminada por un pensamiento diabólico.

—¿Por qué no? —exclamó ésta llevándose la mano al hombro derecho como para buscar alguna cosa entre las pliegues de su ancha manga de terciopelo bordado de oro... Después, con una infantil expresión de sentimiento, añadió:

—¿Te acuerdas de la banda azul que llevé hoy a la cacería, y que por no sé qué emblema de su color me dijiste que era la divisa de tu alma?

—Sí.

—Pues... ¡se ha perdido! Se ha perdido, y pensaba dejártela como un recuerdo.

—¡Se ha perdido!, ¿y dónde? —preguntó Alonso incorporándose de su asiento y con una indescriptible expresión de temor y esperanza.

—No sé.... en el monte acaso.

—¡En el Monte de las Ánimas —murmuró palideciendo y dejándose caer sobre el sitial—; en el Monte de las Ánimas!

Luego prosiguió con voz entrecortada y sorda:

—Tú lo sabes, porque lo habrás oído mil veces; en la ciudad, en toda Castilla, me llaman el rey de los cazadores. No habiendo aún podido probar mis fuerzas en los combates, como mis ascendentes, he llevado a esta diversión, imagen de la guerra, todos los bríos de mi juventud, todo el ardor, hereditario en mi raza. La alfombra que pisan tus pies son despojos de fieras que he muerto por mi mano. Yo conozco sus guaridas y sus costumbres; y he combatido con ellas de día y de noche, a pie y a caballo, solo y en batida, y nadie dirá que me ha visto huir del peligro en ninguna ocasión. Otra noche volaría por esa banda, y volaría gozoso como a una fiesta; y, sin embargo, esta noche... esta noche. ¿A qué ocultártelo?, tengo miedo. ¿Oyes? Las campanas doblan, la oración ha sonado en San Juan del Duero, las ánimas del monte comenzarán ahora a levantar sus amarillentos cráneos de entre las malezas que cubren sus fosas... ¡las ánimas!, cuya sola vista puede helar de horror la sangre del más valiente, tornar sus cabellos blancos o arrebatarle en el torbellino de su fantástica carrera como una hoja que arrastra el viento sin que se sepa adónde.

Mientras el joven hablaba, una sonrisa imperceptible se dibujó en los labios de Beatriz, que cuando hubo concluido exclamó con un tono indiferente y mientras atizaba el fuego del hogar, donde saltaba y crujía la leña, arrojando chispas de mil colores:

—¡Oh! Eso de ningún modo. ¡Qué locura! ¡Ir ahora al monte por semejante friolera! ¡Una noche tan oscura, noche de difuntos, y cuajado el camino de lobos!

Al decir esta última frase, la recargó de un modo tan especial, que Alonso no pudo menos de comprender toda su amarga ironía, movido como por un resorte se puso de pie, se pasó la mano por la frente, como para arrancarse el miedo que estaba en su cabeza y no en su corazón, y con voz firme exclamó, dirigiéndose a la hermosa, que estaba aún inclinada sobre el hogar entreteniéndose en revolver el fuego:

—Adiós Beatriz, adiós… Hasta pronto.

—¡Alonso! ¡Alonso! —dijo ésta, volviéndose con rapidez; pero cuando quiso o aparentó querer detenerle, el joven había desaparecido.

A los pocos minutos se oyó el rumor de un caballo que se alejaba al galope. La hermosa, con una radiante expresión de orgullo satisfecho que coloreó sus mejillas, prestó atento oído a aquel rumor que se debilitaba, que se perdía, que se desvaneció por último.

Las viejas, en tanto, continuaban en sus cuentos de ánimas aparecidas; el aire zumbaba en los vidrios del balcón y las campanas de la ciudad doblaban a lo lejos.

III

Había pasado una hora, dos, tres; la media noche estaba a punto de sonar, y Beatriz se retiró a su oratorio. Alonso no volvía, no volvía, cuando en menos de una hora pudiera haberlo hecho.

—¡Habrá tenido miedo! —exclamó la joven cerrando su libro de oraciones y encaminándose a su lecho, después de haber intentado inútilmente murmurar algunos de los rezos que la iglesia consagra en el día de difuntos a los que ya no existen.

Después de haber apagado la lámpara y cruzado las dobles cortinas de seda, se durmió; se durmió con un sueño inquieto, ligero, nervioso.

Las doce sonaron en el reloj del Postigo. Beatriz oyó entre sueños las vibraciones de la campana, lentas, sordas, tristísimas, y entreabrió los ojos. Creía haber oído a par de ellas pronunciar su nombre; pero lejos, muy lejos, y por una voz ahogada y doliente. El viento gemía en los vidrios de la ventana.

—Será el viento —dijo; y poniéndose la mano sobre el corazón, procuró tranquilizarse. Pero su corazón latía cada vez con más violencia.

Las puertas de alerce del oratorio habían crujido sobre sus goznes, con un chirrido agudo prolongado y estridente.

Primero unas y luego las otras más cercanas, todas las puertas que daban paso a su habitación iban sonando por su orden, éstas con un ruido sordo y grave, aquéllas con un lamento largo y crispado. Después silencio, un silencio lleno de rumores extraños, el silencio de la media noche, con un murmullo monótono de agua distante; lejanos ladridos de perros, voces confusas, palabras ininteligibles; ecos de pasos que van y vienen, crujir de ropas que se arrastran, suspiros que se ahogan, respiraciones fatigosas que casi se sienten, estremecimientos involuntarios que anuncian la presencia de algo que no se ve y cuya aproximación se nota no obstante en la oscuridad.

Beatriz, inmóvil, temblorosa, adelantó la cabeza fuera de las cortinillas y escuchó un momento. Oía mil ruidos diversos; se pasaba la mano por la frente, tornaba a escuchar: nada, silencio.

Veía, con esa fosforescencia de la pupila en las crisis nerviosas, como bultos que se movían en todas direcciones; y cuando dilatándolas las fijaba en un punto, nada, oscuridad, las sombras impenetrables.

—¡Bah! —exclamó, volviendo a recostar su hermosa cabeza sobre la almohada de raso azul del lecho—; ¿soy yo tan miedosa como esas pobres gentes, cuyo corazón palpita de terror bajo una armadura, al oír una conseja de aparecidos?

Y cerrando los ojos intentó dormir…; pero en vano había hecho un esfuerzo sobre sí misma. Pronto volvió a incorporarse más pálida, más inquieta, más aterrada. Ya no era una ilusión: las colgaduras de brocado de la puerta habían rozado al separarse, y unas pisadas lentas sonaban sobre la alfombra; el rumor de aquellas pisadas era sordo, casi imperceptible, pero continuado, y a su compás se oía crujir una cosa como madera o hueso. Y se acercaban, se acercaban, y se movió el reclinatorio que estaba a la orilla de su lecho. Beatriz lanzó un grito agudo, y arrebujándose en la ropa que la cubría, escondió la cabeza y contuvo el aliento.

El aire azotaba los vidrios del balcón; el agua de la fuente lejana caía y caía con un rumor eterno y monótono; los ladridos de los perros se dilataban en las ráfagas del aire, y las campanas de la ciudad de Soria, unas cerca, otras distantes, doblan tristemente por las ánimas de los difuntos.

Así pasó una hora, dos, la noche, un siglo, porque la noche aquella pareció eterna a Beatriz. Al fin despuntó la aurora: vuelta de su temor, entreabrió los ojos a los primeros rayos de la luz. Después de una noche de insomnio y de terrores, ¡es tan hermosa la luz clara y blanca del día!

Separó las cortinas de seda del lecho, y ya se disponía a reírse de sus temores pasados, cuando de repente un sudor frío cubrió su cuerpo, sus ojos se desencajaron y una palidez mortal descoloró sus mejillas: sobre el reclinatorio había visto sangrienta y desgarrada la banda azul que perdiera en el monte, la banda azul que fue a buscar Alonso.

Cuando sus servidores llegaron despavoridos a noticiarle la muerte del primogénito de Alcudiel, que a la mañana había aparecido devorado por los lobos entre las malezas del Monte de las Ánimas, la encontraron inmóvil, crispada, asida con ambas manos a una de las columnas de ébano del lecho, desencajados los ojos, entreabierta la boca; blancos los labios, rígidos los miembros, muerta; ¡muerta de horror!

IV

Dicen que después de acaecido este suceso, un cazador extraviado que pasó la noche de difuntos sin poder salir del Monte de las Ánimas, y que al otro día, antes de morir, pudo contar lo que viera, refirió cosas horribles. Entre otras, asegura que vio a los esqueletos de los antiguos templarios y de los nobles de Soria enterrados en el atrio de la capilla levantarse al punto de la oración con un estrépito horrible, y, caballeros sobre osamentas de corceles, perseguir como a una fiera a una mujer hermosa, pálida y desmelenada, que con los pies desnudos y sangrientos, y arrojando gritos de horror, daba vueltas alrededor de la tumba de Alonso.

LA OTRA VUELTA A LA TUERCA por Henry James

La historia nos había mantenido alrededor del fuego casi sin respirar, y salvo el gratuito comentario de que era espantosa, como debe serlo toda narración contada en vísperas de Navidad en un viejo caserón, no recuerdo que se pronunciara una palabra hasta que alguien tuvo la ocurrencia de decir que era el único caso que él conocía en que la visión la hubiera tenido un niño. El caso, debo mencionarlo, consistía en una aparición en una casa tan antigua como la que nos acogía en aquellos momentos, una aparición terrorífica a un niño que dormía en el mismo cuarto que su madre, a quien despertó aterrorizado; pero despertarla no disipó su terror ni lo alivió para recuperar el sueño, sino que, antes de haber conseguido tranquilizarlo, también ella se halló ante la misma visión que había atemorizado al niño. La observación dio lugar a que Douglas replicara —no de inmediato, sino más avanzada la velada— algo sobre cuyas interesantes consecuencias quiero llamar la atención. Otra persona contó otra historia, no demasiado impresionante, y vi que Douglas no la seguía. Entendí que eso indicaba que Douglas tenía algo que contar, con tal de que esperásemos. En realidad, esperamos hasta dos noches después, pero en aquella misma velada, antes de separarnos, Douglas dejó entrever lo que estaba pensando.

—Estoy completamente de acuerdo, respecto al fantasma de Griffin, o lo que quiera que fuese, en que el hecho de aparecerse primero a un niño de tierna edad le confiere un algo especial. Pero no es el único caso de esta clase, que yo conozco, donde se involucre a un niño. Si un niño da la sensación de otra vuelta de tuerca, ¿qué pensarían ustedes de dos niños?

—¡Pensaríamos que son dos vueltas, por supuesto! —exclamó alguien—. Y también que queremos conocer la historia.

Aún veo a Douglas delante del fuego, de pie y dándole la espalda, con las manos metidas en los bolsillos, dejando caer la mirada sobre su interlocutor.

—Por ahora, nadie más que yo la ha oído. Es demasiado horrible.

Esto, claro, lo repitió varias veces para darle toda su importancia; y tranquilamente nuestro amigo preparó el terreno para su triunfo al mirarnos a los demás y agregar:

—Va más allá de todo lo conocido. No sé de nada que se le pueda comparar. Recuerdo que pregunté:

—¿De tan terrorífico?

Pareció decir que no era tan sencillo como eso, que tratar de definirlo sería caer en una confusión. Se pasó la mano por los ojos e hizo una mueca de pesar.

—¡De pavor! ¡Es pavoroso!

—¡Qué maravilla! —exclamó una de las mujeres.

Douglas ni se dio cuenta; me miraba, pero como si en lugar de verme estuviese viendo aquello de lo que hablaba.

—Es misterioso y repugnante, terrorífico, doloroso.

—Entonces —dije—, siéntate y empieza a contárnoslo.

Se volvió hacia el fuego, dio una patada al tronco y estuvo observándolo unos instantes. Luego se encaró de nuevo con nosotros.

—No puedo contarlo. Tendré que enviar un recado a la ciudad. —Hubo un unánime suspiro y muchas quejas, tras lo cual Douglas se explicó a su manera reconcentrada—. La historia está escrita. Está encerrada con llave en un cajón, de donde no ha salido hace años. Puedo escribir a mi criado y adjuntarle la llave; él podrá enviar el paquete tal como lo encuentre.

Parecía dirigirse especialmente a mí, casi parecía pedirme ayuda para no dudar. Había roto una gruesa capa de hielo, fruto de muchos inviernos; sus razones habría tenido para tan largo silencio. El resto de la concurrencia se lamentó del aplazamiento, pero a mí me atrajeron sus escrúpulos. Le hice prometer que escribiría con el primer correo y que acordaría con nosotros una pronta lectura; luego le pregunté si la experiencia en cuestión era propia. Respondió rápidamente:

—¡No, gracias a Dios!

—Y el escrito, ¿es tuyo? ¿Anotaste tus impresiones?

—Sólo me quedó una impresión. La llevo aquí... —Se dio unos golpecitos a la altura del corazón—. No la he perdido nunca.

—Entonces, el manuscrito...

—Está escrito con tinta vieja y descolorida y con una caligrafía bellísima. —De nuevo se volvió hacia el fuego—. Es de una mujer. Hace veinte años que murió. Me envió las páginas en cuestión antes de morir.

Ahora todos escuchaban. Por supuesto, hubo quien se las dio de listo o al menos sacó sus conclusiones. Pero él pasó por encima la interferencia, sin siquiera una sonrisa ni tampoco la menor irritación.

—Era una persona encantadora, pero diez años mayor que yo. Fue institutriz de mi hermana —dijo suavemente—. Era la mujer más agradable que he conocido en su profesión; hubiera merecido otra cosa. De eso hace mucho tiempo, y el episodio ocurrió mucho antes. Yo estaba en el Trinity y la encontré en casa al regresar para mi segundo veraneo. Aquel año fue algo más que eso, fue un hermoso verano; y en sus horas libres dimos paseos y tuvimos conversaciones en el jardín, conversaciones en las que me sorprendió su gran inteligencia y simpatía. Sí, sí, no se rían: me gustaba enormemente y hasta el día de hoy me alegra pensar que también yo le gustaba a ella. De no ser así, no me lo habría contado. Nunca lo hubiera contado a nadie. No es que ella me lo dijera, sino que yo lo sabía. Estaba seguro, lo comprendía. Juzgarán mejor las razones cuando hayan oído la historia.

—¿Porque había pasado tanto miedo? —Continuaba mirándome fijamente.

—Juzgarán mejor —repitió—, luego. Yo también lo miré fijamente.

—Comprendo. Estaba enamorada. Rió por primera vez. —Es perspicaz. Sí, estaba enamorada. Es decir, había estado enamorada. Se descubrió... No podía contar su historia sin descubrirlo. Me di cuenta y ella se dio cuenta de que yo me daba cuenta; pero ninguno lo dijimos. Recuerdo el momento y el lugar: un prado recoleto, la sombra de las grandes hayas y la larga y cálida tarde de verano. No era un escenario para pasar miedo y, sin embargo... ¡ay!

Se alejó del fuego y volvió a dejarse caer en el sillón.

—¿Recibirás el paquete el jueves por la mañana? —inquirí.

—Lo probable es que no llegue hasta el segundo correo.

—Entonces, en la sobremesa...

—¿Se reunirán todos conmigo aquí? —De nuevo miró a su alrededor—. ¿No se va nadie? Su tono era casi de esperanza.

—¡Todo el mundo se queda!

—¡Yo me quedaré! ¡Y yo! —gritaron las señoras que tenían decidida la marcha. No obstante, la señora Griffin manifestó su necesidad de que se arrojara un poco más de luz—: ¿De quién estaba enamorada?

—La historia nos lo dirá —me tomé la libertad de responder.

—La historia no lo dirá —dijo Douglas—, por lo menos no de la manera explícita.

—Peor todavía. Es la única manera de que yo lo entienda.

—¿No quiere decirlo usted, Douglas? —inquirió otro de los presentes. Douglas volvió a ponerse en pie.

—Sí..., mañana. Ahora tengo que acostarme. Buenas noches.

Y cogiendo un candelabro, salió a toda prisa, dejándonos algo desconcertados. Le oímos subir las escaleras desde el extremo donde estábamos del gran salón; después habló la señora Griffin:

—En fin, no sé de quién estaría enamorada ella, pero sí sé de quién estaba enamorado él.

—Era diez años mayor que él —dijo su marido.

—Raison de plus ¡a esa edad! Resulta simpático su largo silencio.

—¡Cuarenta años! —precisó Griffin.

—Y con esta explosión final.

—La explosión —retomé la palabra— convertirá en algo extraordinario la noche del jueves. Y todo el mundo estuvo tan de acuerdo conmigo, que en comparación, perdimos interés por todo lo demás. Se había contado la última historia, aunque de forma incompleta y sólo el comienzo del serial; nos dimos la mano y "encandelabrados", como alguien dijo, nos fuimos a dormir.

Al día siguiente me enteré de que la carta, con la llave, había salido en el primer correo hacia la casa de Londres; pero, a pesar de que se difundió la noticia, o quizá debido a eso mismo, dejamos a Douglas completamente solo hasta después de comer, hasta esa hora de la tarde propicia a la clase de emociones que entraban en nuestras expectativas. Entonces estuvo tan comunicativo como pudiéramos desear e incluso nos dio una razón para estarlo. De nuevo se lo sacamos delante del fuego, en el salón, lo mismo que las medidas sorpresas de la noche anterior. Al parecer, la narración que había prometido leernos requería, para su correcta comprensión, unas cuantas palabras que la prologaran. Debo decir aquí, con toda claridad, que el relato que presentaré más adelante es una copia exacta, hecha por mi propia mano, mucho tiempo después. El pobre Douglas, antes de su muerte, cuando la veía venir, me entregó el manuscrito que le llegara el tercero de aquellos días y que, en aquel mismo lugar y entre inmensa expectación, comenzó a leer a nuestro pequeño círculo la noche del cuarto día. Desde luego, las señoras a punto de partir y que habían dicho que se quedarían, gracias a Dios, no se quedaron; se fueron debido a ciertas conveniencias, muertas de curiosidad a resultas, según confesaron, de los adelantos con que Douglas nos había inflamado a todos. Pero eso sólo sirvió para hacer más compacto y selecto el pequeño auditorio, y mantenerlo alrededor del hogar, presa de un mismo estremecimiento.

El primero de los mencionados adelantos informó de que la exposición escrita recogía el relato en un momento en que, en cierto sentido, la acción ya estaba iniciada. Por tanto interesaba saber que su vieja amiga, la menor de las varias hijas de un pobre clérigo provinciano y que había tenido su primer empleo en una escuela a los veinte años, fue apresuradamente a Londres para responder en persona a un anuncio que ya le había procurado una breve correspondencia con el anunciante. Al presentarse para la entrevista, la persona en cuestión la recibió en una casa de Harley Street, que la impresionó por su tamaño y aspecto imponentes; este patrón en ciernes resultó ser un caballero, un soltero en la flor de la vida, con un porte nunca visto, salvo en sueños o en novelas, por la aturdida muchacha procedente de una parroquia de Hampshire. No es difícil hacerse una idea del tipo de persona que era; por suerte, es de los que no se olvidan. Era guapo, osado y agradable, espontáneo, alegre y considerado. Inevitablemente, la sorprendió su elegancia y liberalidad, pero lo que más la afectó y le confirió el valor que más adelante demostraría fue que le planteara todo el asunto como una especie de favor, por el que siempre merecería su agradecimiento. Ella se lo imaginaba rico, pero terriblemente extravagante; lo veía en medio del brillo del gran mundo, de las buenas maneras, de las ropas costosas, con encantadores modales para las damas. Su residencia en la ciudad era una gran casa, repleta de recuerdos de viaje y de trofeos de caza: pero deseaba que ella se dirigiera inmediatamente a su residencia de campo, una antigua posesión familiar situada en Essex.

Al morir los padres en la India, se había convertido en tutor de un sobrinito y una sobrinita, hijos de un hermano menor militar que había perdido hacía dos años. Estos niños, que una extraña casualidad había puesto en sus manos, constituían una pesada carga para un hombre de sus condiciones, soltero y sin la adecuada experiencia ni paciencia de ninguna clase. En su caso, todo aquello suponía preocupaciones y molestias, pero sentía una inmensa piedad por los jovencitos y había hecho por ellos cuanto estaba a su alcance; concretamente, los había enviado a su otra casa, puesto que nada podía sentarles mejor que estar en el campo, y allí los tenía al cuidado del mejor personal que había encontrado, prescindiendo incluso de sus propios criados y acercándose él mismo, siempre que le era posible, a ver cómo les iba. Lo embarazoso del asunto era que los niños, prácticamente, no tenían otros parientes y que a él sus asuntos lo tenían totalmente ocupado. Los había instalado en Bly, un lugar saludable y seguro, y había puesto a la cabeza de la casa, bien que sólo de la planta baja, a una excelente mujer, la señora Grose, que estaba convencido de que agradaría a su visitante y que había sido en otro tiempo doncella de su propia madre. Ahora era el ama de llaves y, a la vez, se ocupaba de vigilar a la jovencita por quien, por suerte, no teniendo hijos, sentía una gran pasión. El personal auxiliar era abundante, pero, por supuesto, la institutriz que enviara detentaría la suprema autoridad. También debería ocuparse en vacaciones del niño, que llevaba ya cierto tiempo en un internado —aun siendo demasiado joven, pero ¿qué, si no, podía hacer él?— y que, estando al comenzar las vacaciones, llegaría de un día a otro. Al principio los dos niños habían tenido una señorita que, por desgracia, perdieron. Se había portado maravillosamente con ellos —era una persona respetabilísima— hasta su muerte, imprevisto que no había dejado otra solución que el internado para el pequeño Miles. Desde entonces, la señora Grose había hecho por Flora lo que había podido, en lo referente a modales y demás. Aparte, había cocinero, cuerpo de casa y una encargada de la lechería, todos ellos igualmente personas respetables.

Hasta aquí había llegado la descripción de Douglas cuando alguien hizo una pregunta:

—¿Y de qué murió la anterior institutriz? ¿De respetabilidad? Nuestro amigo respondió en seguida:

—Ya se sabrá a su debido tiempo. No quiero adelantarme.

—Perdón, creía que era precisamente eso lo que estaba haciendo.

—De ocupar el lugar de la sucesora —insinué— hubiera deseado informarme de si el cargo llevaba consigo...

—¿Un peligro mortal? —completó Douglas mi pensamiento—. Ella quiso saberlo y lo supo. Mañana oirán lo que supo. Desde luego, en principio, la oferta la sorprendió porque era un poco rara. Ella era joven, inexperta y estaba nerviosa: las perspectivas eran de serias obligaciones y poca compañía, o más bien de gran soledad. Dudaba y se tomó un par de días para repensarlo, pero el salario excedía en mucho sus posibilidades y en una segunda entrevista, se hizo de valor y aceptó.

Y ahora Douglas hizo una pausa que, en beneficio del auditorio, me impulsó a meter baza:

—La moraleja que se desprende de lo dicho es, por supuesto, la seducción de que hizo gala el espléndido caballero, y a la que ella sucumbió.

Douglas se puso en pie y, lo mismo que la noche anterior, se acercó al fuego, removió la leña con el pie y durante unos instantes nos dio la espalda.

—Solamente lo vio dos veces.

—Sí, y en eso precisamente radica la belleza de su pasión.

Ante esto, que me sorprendió un poco, Douglas se volvió hacia mí.

—Fue hermoso —prosiguió—. Hubo otras que no sucumbieron. Él le contó francamente todas las dificultades, que para otras candidatas habían resultado prohibitivas. De alguna manera, sencillamente se asustaron. Aquello sonaba mal, sonaba raro, y mucho más teniendo en cuenta una última condición.

—¿Cuál era?

—Que nunca debía importunarlo, pero absolutamente nunca. Ni apelar a él ni quejársele ni escribirle. Ella sola debía resolver todos los problemas; recibiría el dinero de su abogado, se encargaría de todo y a él lo dejaría en paz. Ella prometió hacerlo así y, me confesó que, cuando en un determinado momento, aliviado y complacido, él le cogió la mano, agradeciéndole su sacrificio, se sintió recompensada.

—¿Y ésa fue toda su recompensa? —preguntó una señora.

—Nunca volvió a verlo.

—¡Oh! —exclamó la señora, lo cual, dado que nuestro amigo nos dejó de inmediato, fue la última palabra importante aportada a la historia hasta que, a la noche siguiente, junto al rincón de la chimenea, sentado en el mejor sillón, Douglas abrió las tapas, de un color rojo desvaído, de un delgado álbum de cantos dorados y aspecto antiguo.

En total, la lectura llevó más de una noche, pero la misma señora, en la primera oportunidad, hizo otra pregunta:

—¿Qué título le ha puesto usted?

—No tengo título.

—¡Yo tengo uno! —dije. Pero, sin prestarme atención, Douglas había comenzado a leer con voz hermosa y clara, que venía a ser una transcripción oral de la bella caligrafía de la autora.

1

Todo el principio lo recuerdo como una sucesión de altibajos, un vaivén de emociones mejores y peores. En la ciudad, aun después de haberme animado a aceptar el ofrecimiento, pasé unos días muy malos; de nuevo dudaba, en realidad estaba convencida de haber cometido un error. En este estado de ánimo transcurrieron las largas horas traqueteantes de la diligencia que me conducía al lugar donde sería recogida por un vehículo enviado por la casa. Se me había dicho que dispondría de este servicio y hacia el final de la tarde de junio encontré el cómodo simón esperándome. Viajar a aquella hora de un hermoso día por una campiña cuya veraniega dulzura parecía ofrecer una cordial bienvenida, restableció mi fortaleza, y al entrar en la avenida sentí un alivio que probablemente sólo era una confirmación de hasta qué punto me había sentido hundida. Supongo que me esperaba, o temía, algo tan melancólico que el lugar me deparó una agradable sorpresa. Recuerdo con especial agrado la gran fachada clara, con las ventanas abiertas, las cortinas de colores fuertes y el par de doncellas asomadas; recuerdo el prado y la tes, y el crujido de las ruedas sobre la gravilla, y las arracimadas copas de los árboles sobre las que trazaban círculos y graznaban las cornejas. El escenario tenía una grandeza que lo hacía algo muy distinto de mi modesto hogar. Inmediatamente apareció en la puerta, con una niña de la mano, una persona muy bien educada que al descender me hizo una gran reverencia, como si fuera la esposa de un visitante importante. En Harley Street me había hecho una idea más pobre del lugar y, al recordarlo, pensé que el propietario era aún más caballero y que tal vez fuese yo a disfrutar de algo más que de sus promesas.

No volví a deprimirme hasta el otro día, pues ocupé las horas siguientes en la triunfal toma de contacto con el menor de mis alumnos. Desde el primer momento, la niñita que acompañaba a la señora Grose me pareció una criatura tan encantadora que consideré una gran suerte encargarme de ella. Era la niña más bonita que yo hubiera visto y hasta me sorprendió que mi patrón no me hubiese hablado más de ella. Aquella noche dormí poco porque estaba demasiado nerviosa; y recuerdo que este nerviosismo me llama la atención al contrastarlo con la liberalidad de que estaba siendo objeto. Todo me sorprendía, la inmensa e impresionante habitación, una de las mayores de la casa, el gran lecho que casi resultaba fastuoso, los cortinajes bordados, los enormes espejos en que por primera vez me vi de pies a cabeza, y lo mismo el extraordinario encanto de la pequeña a mi cargo y tantas otras cosas que se me venían encima. Caí también en la cuenta de que desde el primer momento había entablado cordiales relaciones con la señora Grose, lo que durante el viaje en la diligencia me había preocupado hasta hacerme madurar un plan. En realidad, lo único que hubiera podido amedrentarme en la primera composición de lugar era el patente hecho de que le causara tanta alegría verme.

Al cabo de media hora me percaté de que estaba tan contenta que, a todas luces, intentaba no demostrarlo demasiado. Incluso me pregunté entonces por qué deseaba disimularlo, lo cual, de haber reflexionado con suspicacia, hubiera bastado para sentirme incómoda.

Pero era alentador que no hubiera dificultades para entrar en contacto con un ser tan beatífico como aparentaba ser mi radiante niñita, cuya angelical belleza fue probablemente el factor que más colaboró al desasosiego que me hizo levantarme antes del amanecer y dar repetidas vueltas por mi alcoba, examinando todos los detalles y perspectivas de la situación; observar desde mi ventana abierta el hermoso amanecer de verano, examinar todo lo que pude del resto de la casa y escuchar, mientras los pájaros iniciaban los primeros trinos en la decreciente oscuridad, la posible repetición de un par de ruidos poco naturales, procedentes no del exterior sino del interior, que me había imaginado. Hubo un momento en que creí reconocer, débil y lejano, el llanto de un niño; hubo otro en que, dándome perfecta cuenta, me asusté al sentir pasar por delante de mi puerta unos ligeros pasos. Pero estas fantasías no me impresionaron hasta el punto de ser indelebles, y si ahora me vuelven a la cabeza es a la luz o, mejor dicho, a las tinieblas de los posteriores acontecimientos. Cuidar, enseñar y "formar" a la pequeña Flora constituía, sin duda, una vida útil y feliz. En la planta baja habíamos convenido que desde aquel mismo momento yo me ocuparía de ella por la noche, y su camita blanca ya estaba dispuesta en mi cuarto con este fin. Yo me encargaría por completo de ella y, si había permanecido por última vez con la señora Grose, sólo había sido en consideración a nuestro inevitable desconocimiento y a su natural timidez. A pesar de esta timidez —de la que, de la forma más curiosa del mundo, con total franqueza y valor, sin el menor indicio de incomodidad o vergüenza, sino con la dulce y profunda serenidad de un Niño Jesús de Rafael, la propia niña había consentido en hablar, en que se le imputara y en que decidiera nuestra conducta—, estaba absolutamente segura de que pronto me querría. En parte, la señora Grose me había gustado al apreciar el pasmo que le procuraba ver mi extrañeza y admiración cuando me senté a cenar, entre cuatro candelabros, con mi alumna montada en su silla alta, con el babero puesto, y mirándome resplandeciente por encima de los platos. Desde luego, había cosas que en presencia de Flora sólo podíamos transmitirnos mediante miradas prolongadas y aprobatorias, mediante alusiones oscuras e indirectas.

—Y el niño, ¿se parece a ella? ¿Es también tan excepcional? No se debería adular a los niños.

—Ay, señorita, muchísimo más excepcional. ¡Si ésta le parece a usted bien!

Y ahí se quedó, con un plato entre las manos, echando una luminosa mirada a nuestra compañerita, que llevaba de una a otra sus celestiales ojos serenos sin en absoluto interrumpirnos.

—Sí, si yo...

—¡El caballerito la fascinará!

—Bueno, creo que para eso he venido: para ser fascinada. Y no obstante, me da miedo.

Recuerdo que tuve la tentación de añadir: "¡Soy fácil de fascinar! ¡Quedé fascinada en Londres!".

Aún veo el ancho rostro de la señora Grose encajando lo dicho.

—¿En Harley Street?

—En Harley Street.

—Bueno, señorita, no es usted la primera... ni será la última.

—No tengo la pretensión —conseguí reír— de ser la única. De todas formas, si no he entendido mal, mi otro alumno llega mañana.

—Mañana no; el viernes, señorita. Llegará, como usted, en la diligencia, al cuidado del cochero, e irá a recibirlo el mismo carruaje.

Sin dilación, manifesté que lo adecuado, al tiempo que agradable y simpático, sería que su hermanita y yo lo esperásemos en la parada de la posta; la señora Grose se mostró tan sinceramente de acuerdo con la idea que interpreté su proceder como una especie de brindis reconfortante —¡nunca desmentido, gracias a Dios!— porque actuáramos al unísono ante cualquier problema. ¡Ay, sí estaba contenta de tenerme allí!

Lo que experimenté al día siguiente, supongo, no fue nada que pueda calificarse en justicia de reacción frente a la alegría de la llegada; posiblemente, como máximo, sólo fue la ligera opresión producida por la mayor escala de mis nuevas circunstancias mientras daba vueltas a su alrededor, las escrutaba y trataba de tomar posesión de ellas. Eran, por así decirlo, de una extensión y un volumen para los que yo no estaba preparada y en cuya presencia, dicho sea sin remilgos, me sentía asustada y orgullosa. Como consecuencia de esta agitación, claro está, las lecciones sufrieron un cierto retraso; concluí que mi primera obligación consistía en arreglármelas, con la ayuda de cuantos sutiles manejos pudieran ocurrírseme, para que la niña tuviera la sensación de conocerme. Pasé el día con ella al aire libre; convinimos, para su satisfacción, que debía ser ella y sólo ella quien me enseñara el lugar. Me lo enseñó paso a paso y habitación por habitación, y secreto por secreto, en medio de una deliciosa y festiva conversación infantil, y con el resultado de lograr ser grandes amigas al cabo de media hora.

Teniendo en cuenta su corta edad, a lo largo de nuestro recorrido me sorprendió su seguridad y valor en las salas vacías y en los pasillos tenebrosos, en las escaleras tortuosas, que me hacían pararme, e incluso en la cima de una torre cuadrangular con troneras que me produjo vértigo; me sorprendió su tono quejumbroso y su facilidad para contarme muchas más cosas de las que yo le preguntaba, mientras me guiaba de un sitio a otro. No he vuelto a ver Bly desde el día que lo abandoné y me atrevo a suponer que, a mis ojos avejentados y mejor informados, ahora resultaría mucho menos grandioso. Pero cuando mi pequeña guía, con sus cabellos dorados y su trajecito azul, danzaba precediéndome, doblando esquinas y pateando pasillos, tuve la sensación de que era un castillo de fábula, habitado por un duende color rosa, un lugar donde podía disfrutar de todos los matices de los libros fantásticos y de los cuentos de hadas. ¿No sería precisamente un libro de cuentos sobre el que me había quedado dormida echando una cabezada? No, era una casa antigua, grande y fea, pero cómoda, que mantenía algunos rasgos de un edificio aún más viejo, medio reemplazado y medio reconstruido, donde tuve la sensación de que nuestra existencia estaba casi tan perdida como la de un puñado de pasajeros en un gran buque a la deriva. ¡Y en fin, curiosamente, yo llevaba el timón!

2

Esto se me hizo presente dos días después cuando, en compañía de Flora, partí a conocer al caballerito, como decía la señora Grose; y mucho más cuanto que un incidente, acaecido al segundo atardecer, me desconcertó profundamente. Como he dicho, el primer día fue en conjunto tranquilizador; pero, al atar cabos, lo vería con fuertes aprensiones. El correo, que llegó retrasado aquella tarde, trajo una carta para mí que, aunque de puño y letra de mi patrón, resultó no contener más que unas cuantas palabras y otra carta, dirigida a él, con el sello sin abrir.

"He reconocido, por la letra, que es del director del colegio y el director del colegio es un terrible pelmazo. Léala usted, por favor, y entiéndase con él; pero recuerde que no debe decirme nada. Ni una palabra. ¡Yo no tengo nada que ver!".

Rompí el sello con gran esfuerzo, tanto que tardé un rato en conseguirlo; al final, llevé la misiva sin abrir a mi cuarto y sólo en el momento de acostarme me atreví a enfrentarme con ella. Mejor hubiera hecho en dejarla para la mañana siguiente, pues me costó una segunda noche de insomnio. No teniendo a quien dirigirme en busca de consejo, al día siguiente era presa de la angustia; y por último consideré que más valía confiarme, al menos, a la señora Grose.

—¿Qué significa eso? Que ha sido expulsado el niño del colegio.

Me echó una mirada que en aquel mismo momento me llamó la atención; luego, palideciendo, hizo un visible esfuerzo por disimular.

—¿No los mandan a todos...?

—Sí, a casa. Pero sólo de vacaciones. Miles no volverá nunca más. Dándose cuenta de mi atención, se puso colorada.

—¿No quieren tenerlo?

—Se niegan terminantemente.

Ante esto, levantó los ojos que había escondido y los vi llenos de auténticas lágrimas.

—¿Qué ha hecho?

Dudé; luego me pareció más sencillo darle la carta, lo que, sin embargo, dio lugar a que se pusiera las manos en la espalda sin cogerla. Denegó tristemente con la cabeza.

—Esas cosas no son para mí, señorita.

¡Mi consejera no sabía leer! Vacilé ante mi error, que quise arreglar como pude, y volví a abrir la carta para repetírsela. Luego temblando al hacerlo y doblándola de nuevo, la devolví a mi bolsillo.

—¿Realmente es malo?

Las lágrimas seguían en sus ojos.

—¿Dicen eso los señores?

—No entran en detalles. Se limitan a manifestar su pesar por serles imposible mantenerlo en el colegio. Eso sólo significa una cosa.

La señora Grose escuchaba con latente emoción y se abstuvo de preguntarme qué podía significar aquello; así que, a continuación, para ordenar mis ideas y con la simple ayuda que me proporcionaba su presencia, agregué:

—Dicen que es un peligro para los otros chicos.

Entonces, con una de esas súbitas salidas de tono de las gentes sencillas, se exaltó:

—¡El señorito Miles! ¿Que él puede ser un peligro?

Había tal derroche de buena fe en sus palabras que, aun no habiendo visto nunca al niño, mis propios temores me hicieron intuir el sinsentido de la idea. Para corresponder lo mejor posible con mi amiga, yo misma exclamé con sarcasmo en el acto:

—¡A sus pobres e inocentes compañeritos!

—¡Es espantoso! —gritó la señora Grose—. ¡Decir semejantes cosas! Pero si apenas tiene diez años.

—Sí, es increíble.

Evidentemente agradecía mi declaración de fe.

—Véalo primero, señorita. Luego, ¡créalo!

Desde entonces me sentí impaciente por conocerlo: fue el comienzo de una curiosidad que en las horas posteriores habría de agudizarse hasta casi ser dolorosa. Pude percibir que la señora Grose se daba cuenta de los sentimientos que me había provocado. Ella prosiguió, asegurándome:

—Lo mismo se podrá creer eso de la señorita. Dios la bendiga —añadió en seguida—. ¡Mírela!

Volví la cara y vi a Flora —instalada desde hacía diez minutos en la sala de estudio con una hoja de papel en blanco, un lápiz y una hermosa página para copiar de oes redondas—, que se asomaba a mirar por la puerta abierta. A su manera, ponía de manifiesto un extraordinario desapego por las desagradables obligaciones, mirándome, sin embargo, con su gran inteligencia infantil, que me ofrecía, sencillamente, como consecuencia del afecto que había concebido por mi persona, el cual la impulsaba a seguirme. Necesitaba algo más para sentir con toda su fuerza la comparación hecha por la señora Grose y, cogiendo en brazos a mi alumna, la cubrí de besos repletos de sollozos de expiación.

No obstante, durante el resto del día busqué nuevas oportunidades de acercarme a mi colega, sobre todo cuando, hacia el anochecer, empecé a imaginarme que ella más bien me rehuía. La abordé en la escalera; bajamos juntas y abajo la detuve, cogiéndola por el brazo.

—He entendido lo que me ha dicho a mediodía como una declaración de que usted no sabe que el niño haya sido nunca malo.

Ella echó hacia atrás la cabeza; para entonces había adoptado una actitud clara y honesta.

—Que yo no he sabido que él... ¡No es eso lo que quise decir! De nuevo me sentí turbada.

—Entonces, ¿ha sabido usted que...

—Desde luego que sí, señorita. ¡Gracias a Dios! Pensándolo bien, lo aceptó.

—¿Se refiere a que el niño —que nunca...

—¡Para mí no es un niño! —La sujeté con más fuerza.

—¿Le gusta que sean traviesos?

Luego, al mismo tiempo que su respuesta, exclamé con vehemencia:

—¡Eso mismo creo yo! Pero no hasta el punto de contaminar.

—¿Contaminar?

Mi extravagante palabra la había dejado perpleja. Le expliqué:

—Corromper.

Me miró fijamente, asumiendo lo que quería decir.

—¿Tiene miedo de que la corrompa a usted?

Hizo la pregunta con tan fino y descarado humor que, junto a una risa sin duda destinada a hacer juego con la suya, caí momentáneamente en la aprensión de estar haciendo el ridículo.

Pero al día siguiente, al acercarse la hora de salir en el carruaje, la sorprendí en otro sitio.

—¿Qué tal era la señorita que había antes?

—¿La anterior institutriz? Era también joven y bonita, casi tan joven y casi tan bonita como usted.

—¡Pues espero que su juventud y su belleza la ayudaran! —recuerdo que exclamé—. ¡Parece que le gustamos jóvenes y bonitas!

—¡Sí que es así! —asintió la señora Grose—. ¡Así es como le gustaba que fuera todo el mundo! —No había terminado de decirlo cuando se retuvo—. Quiero decir que es su manera de ser, la manera de ser del amo.

Me sorprendí.

—Pero ¿de quién hablaba antes? Parecía estar blanca, pero enrojeció.

—Pues de él.

—¿Del amo?

—¿De quién, si no? Era tan obvio que en un instante desapareció la sensación de que, accidentalmente, la señora Grose había dicho más de lo que hubiera querido decir; y me limité a preguntarle lo que deseaba saber:

—¿Vio ella alguna cosa en el niño?

—¿Algo que no estuviera bien? Nunca me dijo nada. Tenía escrúpulos, pero los pasé por alto.

—¿Era... especialmente cuidadosa?

La señora Grosé puso cara de tratar de ser concienzuda.

—En ciertas cosas, sí.

—Pero no en todas. De nuevo meditó.

—Bueno, señorita... Ha muerto. No quiero contar chismes.

—Comprendo sus sentimientos —me apresuré a replicar; pero en seguida pensé que lo dicho no era óbice para proseguir—: ¿Murió aquí?

—No, se fue.

No sé qué me llamó la atención en el laconismo de la señora Grose y me hizo percibir cierta ambigüedad.

—¿Se fue para morirse?

La señora Grose miraba obstinadamente por la ventana, pero yo me sentía con derecho a saber lo que se esperaba de las jóvenes contratadas en Bly.

—¿Quiere decir que se encontraba enferma y fue trasladada a su casa?

—En esta casa no se puso enferma, o al menos no se notó. Se marchó a final de año, a su casa, según dijo, para unas cortas vacaciones, a las que sin duda tenía derecho por el tiempo que llevaba aquí. Entonces teníamos una mujer joven, una niñera, que era una chica buena y lista, y que se quedó y se encargó de los niños durante ese tiempo. Pero nuestra señorita no regresó; precisamente cuando la estábamos esperando, supe por el amo que había muerto.

Volví a la carga:

—Pero ¿de qué?

—¡Nunca me lo han dicho! Por favor, señorita —dijo la señora Grose—, tengo que ocuparme de mis tareas.

3

Por suerte para mis preocupaciones, aquella forma de dejarme plantada de la señora Grose no ahogó el nacimiento de nuestro mutuo aprecio. Después de llevar a casa al pequeño Miles, surgió una mayor intimidad como consecuencia de mi asombro e indignación ante la monstruosidad de que un niño como el que acababa de conocer pudiera haber sido objeto de una expulsión. Llegué un poco tarde a la cita, cuando él me buscaba ansiosamente por la puerta de la posada donde había descendido de la diligencia, e inmediatamente sentí en su resplandeciente frescura, por dentro y por fuera, la misma sensible fragancia de pureza que había apreciado desde el primer momento en la hermanita. Era increíblemente guapo y, como había dicho la señora Grose poniendo el dedo en la llaga, su presencia lo barría todo excepto aquella especie de apasionada ternura que despertaba. Lo que allí y entonces me tocó el corazón fue algo divino que nunca he encontrado en ningún otro niño: su indescriptible aire de no conocer nada del mundo que no fuera el amor. Hubiera sido imposible emparejar la mala fama con una mayor dulzura e inocencia, y cuando regresé con él a Bly seguía estando aturdida —si es que no ultrajada— por la acusación de la horrible carta que guardaba en un cajón de mi dormitorio. En cuanto tuve oportunidad de hablar a solas con la señora Grose le manifesté que aquello era grotesco.

Me entendió de inmediato.

—¿Se refiere usted a la cruel acusación...

—Resulta insostenible ni por un instante. Amiga mía, ¡mírelo! Sonrió ante mi presunción de haber descubierto el encanto del niño.

—¡Le aseguro, señorita, que yo nunca he creído otra cosa! ¿Qué va a decir usted ahora? —añadió en seguida.

—¿En respuesta a la carta? —Había tomado una decisión—. Nada.

—¿Y al tío? Fui tajante:

—Nada.

—¿Y al propio muchacho? Estuve maravillosa.

—Nada.

Ella se restregó el delantal por la boca.

—Entonces, yo estaré de su parte. Nosotras nos las arreglaremos.

—¡Nosotras nos las arreglaremos! —repetí con entusiasmo, dándole la mano para convertir aquello en un juramento.

Ella me la cogió un instante, después volvió a sacudirse el delantal con la mano libre.

—¿Le importaría, señorita, que me tomara la libertad de...

—¿De darme un beso? ¡No!

Cogí a la buena mujer entre mis brazos y, después de besarnos como hermanas, me sentí aún más fortalecida e indignada. Así fueron aquellos días, en todos los aspectos, unos días tan pletóricos que, al recordar cómo transcurrieron, me hacen pensar en el ingenio que necesitaría para definirlos. Lo que me asombra es recordar la situación que acepté. Había emprendido junto con mi compañera la tarea de arreglar las cosas y estaba bajo un encantamiento que, al parecer, tenía la facultad de suavizar todas las dificultades y complejidades de semejante tarea. Iba en volandas, llevada por una gran ola de amor y piedad. En mi ignorancia, confusión y, tal vez fantasía, encontraba sencillo hacerme cargo de un muchacho cuya educación mundana estaba apenas en sus inicios. En este momento no soy capaz de recordar qué planes tramé para cuando terminaran las vacaciones del niño y tuviese que reemprender los estudios. De hecho, todos contábamos con que recibiría mis lecciones durante aquel encantador verano; pero ahora tengo la sensación de que durante semanas más bien fui yo quien recibió las lecciones. Aprendí algo que indudablemente no había formado parte de las enseñanzas de mi corta y limitada existencia; aprendí a divertirme e incluso a divertir a los demás, y a no pensar en el mañana.

En cierto sentido, era la primera vez que conocía el espacio, el aire y la libertad, toda la música del verano y todo el misterio de la naturaleza. Y además era respetada, con un respeto muy dulce. Ay, fue una trampa —no planeada, pero profunda— para mi imaginación, para mi delicadeza y quizá para mi vanidad, para lo que tuviese más excitable. La mejor manera de dar una idea general sería diciendo que había bajado la guardia. Me ocasionaban tan pocas preocupaciones, eran de una educación tan fuera de lo normal... Solía reflexionar, e incluso esto de forma ofuscada e incoherente, sobre cómo los trataría o si los maltrataría el cruel futuro, ¡pues todos los futuros son crueles! Estaban en la flor de la salud y de la felicidad; y sin embargo, como si hubiera tenido a mi cargo un par de jóvenes de sangre noble, principescos, a quienes debe ocultárseles todo y protegerlos de todo para obrar bien, la única idea que podía concebir de sus años posteriores era la romántica extensión, verdaderamente digna de un rey, del jardín y del parque. Desde luego, es probable que lo que repentinamente estalló en medio de todo esto fuera lo que confirió a la época anterior el encanto de la quietud, de ese sosiego donde algo se fragua o agazapa. Realmente, el cambio fue como el salto de un animal salvaje.

Los días de las primeras semanas fueron largos; con frecuencia, los mejores, me dejaban lo que yo llamaba mi hora, la hora en que, habiendo llegado y pasado la hora del té y la hora de acostarse mis alumnos, antes de retirarme definitivamente, disponía de un pequeño intervalo de soledad. Aun gustándome mucho mis compañeros, esta hora era la que más me agradaba del día; y me agradaba sobre todo cuando, mientras se desvanecía la luz —o mejor sería decir que el día se consumía y sonaban en el cielo enrojecido las últimas llamadas de los últimos pájaros desde las copas de los árboles—, podía dar una vuelta por el jardín y disfrutar, casi con sensación de propietaria, lo que me halagaba y divertía, de la belleza y la dignidad del lugar. En aquellos momentos era un placer sentirme tranquila y justificada; sin duda, quizá también el reflexionar que, gracias a mi discreción, a mi buen sentido y ejemplar comportamiento, estaba proporcionando un placer —¡si es que alguna vez él se acordaba de eso!— a la persona a cuyas presiones había respondido. Estaba haciendo lo que él tan vehementemente esperaba y tan directamente me había pedido, y después de todo, el poder hacerlo estaba satisfaciéndome aún más de lo que había supuesto. Me atrevo a decir que, en resumidas cuentas, me imaginaba a mí misma como una joven singular y me reconfortaba con la idea del público reconocimiento. Vaya, que necesitaba ser singular para hacer frente a las cosas singulares que pronto darían sus primeras señales de vida.

Una tarde, en medio de mi hora, ocurrió de repente. Los niños estaban recogidos y yo había salido a dar mi paseo. Uno de los pensamientos que me rondaban durante estos vagabundeos, aunque ahora no tiemble al escribirlo, consistía en que sería tan maravilloso como una fábula encontrarme de repente con alguien. Alguien que aparecía al volver un recodo de la senda, se me plantaba delante, me sonreía y me daba su beneplácito. No pedía más, sólo que lo supiera; y la única forma de estar segura de que lo sabía era verlo con el rostro iluminado por la amable luz de la comprensión. Iba precisamente pensando en esto —en la cara, quiero decir— cuando, en la primera de estas ocasiones, al final de un largo día de junio, me detuve un momento al salir de uno de los parterres y estando ya a la vista de la casa. Lo que me detuvo en seco, con mayor sobresalto de lo que me hubiera ocasionado ninguna visión, fue la sensación de que mis imaginaciones se habían hecho realidad. ¡Allí estaba! Pero allá arriba, más allá del prado y en lo alto de la torre a la que me había conducido la pequeña Flora en mi primer día.

Esta torre formaba parte de un par de torres, almenadas y de discordante estructura cuadrangular, que por la razón que fuese se denominaban la nueva y la vieja, aunque yo les veía muy pocas diferencias. Flanqueaban ambas alas de la casa y probablemente eran absurdos arquitectónicos, redimidos en cierta medida por no estar completamente aislados ni ser de una altura demasiado pretenciosa, datando su fachosa antigüedad de una moda neorromántica que ya constituía un respetable pasado. Las admiraba, fantaseaba sobre ellas, y hasta cierto punto disfrutábamos, sobre todo, cuando se alzaban contra el crepúsculo, de la grandeza de sus almenas; sin embargo, no era tal elevación el lugar más adecuado para la persona que tantas veces yo invocaba.

Aquella figura recortada contra la claridad del atardecer, recuerdo, me produjo dos emociones distintas, dos sobresaltos tajantemente diferenciados, que constituyeron una primera y una segunda sorpresa. La segunda consistió en la violenta conciencia del primer error: el hombre que veían mis ojos no era la persona que precipitadamente había supuesto. Entonces tuve una escabrosa visión que después de tantos años aún no estoy segura de transmitir con toda su viveza. Un desconocido en un lugar solitario constituye un reconocido motivo de temor para una joven bien educada; y la figura que me encaraba —después de unos segundos estuve segura— no era nadie que yo conociera como tampoco era la persona que tenía en mi pensamiento. No la había visto en Harley Street y no la había visto en ninguna parte. Además, lo que era un tanto curioso, desde aquel instante y por el puro hecho de su presencia, el lugar se había vuelto un desierto. Mientras reconstruyo los hechos con mayor minuciosidad que nunca, revivo toda la emoción del momento. Fue como si, mientras me concentraba en aquello, todo el resto de la escena quedara herido de muerte. Mientras escribo aún puedo oír el hondo sosiego en que iban cayendo los ruidos de la tarde. Las cornejas dejaron de graznar, el cielo dorado y la amable hora habían perdido todas sus voces en un minuto.

Pero no hubo ningún otro cambio en la naturaleza, a menos que fuera un cambio lo que percibía con tan rara claridad. El cielo seguía dorado, la atmósfera era luminosa y el hombre que me miraba por encima de la almena estaba tan nítido como enmarcado en un cuadro. Entonces pensé con extraordinaria rapidez en cada una de las personas que hubiera podido ser, que no era. Estuvimos mirándonos desde lejos el tiempo suficiente como para preguntarme por quién sería y, como consecuencia de la incapacidad para responder, sentirme presa de un pasmo que por segundos iba creciendo de intensidad.

Yo sé que la gran pregunta en relación con ciertas cosas, o una de las grandes preguntas, consiste en preguntarse después cuánto tiempo han durado. En este caso mío, crean ustedes lo que crean, duró lo que tardé en escoger entre una docena de posibilidades, ninguna mejor que las demás, que probablemente había en casa —y ¿desde cuándo?— una persona desconocida. Duró mientras me lo estuve reprochando, con la convicción de que mi cargo imponía que no hubiera tal ignorancia ni tal persona. Duró mientras el visitante —y recuerdo que el hecho de no llevar sombrero le daba un extraño toque de libertad, de familiaridad— me estuvo mirando fijamente desde su posición, haciéndose la misma pregunta y sometiéndome al mismo examen que su presencia había despertado en mí. Estábamos demasiado lejos para hablarnos, pero hubo un momento en que, de ser el espacio más reducido, la consecuencia lógica de nuestra mutua fijeza hubiera debido consistir en una especie de desafío que rompiera la calma. Estaba en uno de los ángulos, el más alejado de la casa, rígido como para llamar la atención y con las dos manos sobre la balaustrada. Lo vi como veo las letras que escribo en esta página; luego, al poco, como si deseara agrandar el panorama, cambió de lugar y pasó a la esquina opuesta de la plataforma, sin dejar nunca de mirarme. Sí, tuve la agudísima sensación de que durante el desplazamiento en ningún momento me quitó los ojos de encima, en tanto avanzaba y lo veía acariciar con la mano los sucesivos dientes de la almena. Se detuvo en la otra esquina, pero menos rato, y aún al darse la vuelta concentró los ojos claramente sobre mí. Luego desapareció. Eso fue todo lo que vi.

4

No es que yo no esperara más en esta ocasión, pues me quedé tan firmemente plantada al suelo como agitada estaba. ¿Había un secreto en Bly, un misterio de Udolpho o algún pariente loco e innombrable, confinado sin que nadie lo sospechara? No sabría decir cuánto duró aquello ni cuánto tiempo permanecí donde había recibido el golpe, confundida entre la curiosidad y el terror; sólo recuerdo que cuando regresé a la casa la oscuridad era casi total. Por supuesto, en el intervalo había sido presa de la agitación y debí caminar unas tres millas dando vueltas por el lugar. Pero más adelante sería hasta tal punto presa del sobrecogimiento que esta primera luz de alarma vino a ser, comparativamente, un simple escalofrío. En realidad, lo más singular del asunto —habiendo sido singular todo— fue el papel que representé en el vestíbulo al darme cuenta de la presencia de la señora Grose. Este cuadro me vuelve a la cabeza, en medio del relato general, como la impresión que me causó a mi regreso el amplio espacio de paneles blancos, resplandeciente a la luz de la lámpara, con los retratos y la alfombra roja, y la sorprendida y bondadosa mirada de mi amiga, quien me dijo que me había echado de menos.

Al encontrarla comprendí, viendo su absoluta sinceridad, y sus nervios aliviados por mi presencia, que no sabía absolutamente nada en relación con el incidente que yo tenía listo para contarle. No había sospechado antes que su agradable voz pudiera contenerme, y de alguna manera, en el trance de dudar si mencionarlo, aprecié la importancia de lo que había visto. En toda esta historia, casi nada me parece tan raro como el hecho de que los comienzos de mis miedos y el impulso instintivo de mantener al margen a mi compañera fueran, por así decirlo, una misma cosa. En consecuencia, en aquel momento, en medio del vestíbulo y con sus ojos sobre mí, por alguna razón que entonces no hubiera podido explicar, que percibí como una conmoción interior, me excusé vagamente por mi tardanza y, con la disculpa de la belleza de la noche, de la intensidad del rocío y de la humedad de los pies, me retiré lo antes posible a mi alcoba.

Entonces comenzó otra cosa; durante algunos días la cosa fue bastante extraña. De vez en cuando había horas, o por lo menos momentos, incluso intercalados entre las tareas cotidianas, en que necesitaba encerrarme a pensar. No era tanto que me encontrase más nerviosa de lo que era capaz de soportar como que sentía un insoslayable miedo a llegar a estarlo; pues la verdad que ahora debía afrontar era, llana y lisamente, la verdad de que no conseguía saber nada del visitante, con quien había mantenido un contacto tan inexplicable y, sin embargo, tan íntimo en mi opinión. Tardé poco en comprender que era posible sondear sin recurrir a interrogatorios ni a comentarios que llamaran la atención y dieran lugar a complicaciones domésticas. La conmoción sufrida debió agudizarme todos los sentidos; al cabo de tres días, y sólo mediante una mayor atención, estaba convencida de no estar siendo perseguida por los criados ni ser objeto de ninguna clase de broma. Fuera lo que fuese aquello de lo que yo no sabía nada, nada sabían tampoco quienes me rodeaban. Sólo cabía sacar una conclusión razonable: alguien se había tomado una libertad bastante indecorosa.

Para decirme eso necesité meterme repetidas veces en mi cuarto y encerrarme con llave. Todos habíamos sido objeto de una intrusión: algún viajero sin escrúpulos, con curiosidad por las casas antiguas, se había abierto paso sin ser visto y había disfrutado del panorama desde el mejor punto de vista, y luego había escapado de la misma forma que entró. La mirada prolongada y fija con que me había encarado formaba parte de su misma indiscreción. Lo bueno, a fin de cuentas, era que podíamos estar seguros de nunca volver a verlo.

Esta conclusión no bastaba, he de admitirlo, para hacerme olvidar que lo que restaba importancia a todas las demás cosas era, fundamentalmente, el encanto de mi trabajo. Mi encantador trabajo era mi vida con Miles y Flora, y de ninguna otra forma podía apreciarlo tanto como al percibir que ahí era donde ahogaba mis penas. El atractivo de los pequeños a mi cargo era un constante placer y me llevaba a extrañarme de la vacuidad de mis primeros miedos, el disgusto que al principio me causaba el prosaísmo de mi oficio. Al parecer, no había tal gris prosaísmo ni prolongada machaconería. ¿Cómo no iba a ser encantador un trabajo que se presentaba lleno de cotidiana belleza? Tenía toda la fábula de la guardería y toda la poesía del aula. Desde luego, con esto no quiero decir que sólo estudiáramos cuentos y versos; quiero decir que no sé cómo expresar de otro modo el tipo de interés que me inspiraban mis compañeros.

Cómo podría describirlo sino diciendo que, en vez de acostumbrarme a ellos —y eso es maravilloso para una institutriz: ¡yo lo llamo la hermandad de los testigos!—, hacía constantes descubrimientos nuevos. Había una dirección donde sin duda se detenían estos descubrimientos: una profunda oscuridad seguía recubriendo la conducta del muchacho en el colegio. Pronto tuve oportunidad, ya lo he dicho, de contemplar ese misterio sin angustia. Quizás sería más cierto decir que, sin una palabra, él mismo lo puso en claro. Había hecho que toda la acusación fuese absurda. Mi conclusión floreció al contacto con el sonrojo de su inocencia: sencillamente, era demasiado puro y limpio para el mundillo sucio y tenebroso del colegio. Reflexioné perspicazmente que la constatación de tales diferencias, de tal superioridad, siempre da lugar, inevitablemente, a la venganza de la mayoría, de la que pueden formar parte los directores sórdidos y estúpidos.

Ambos niños eran de una delicadeza —era su única falta, sin por eso resultar Miles blandengue— que los hacía, ¿cómo podría decirlo?, casi impersonales y, desde luego, absolutamente imposible castigarles. Eran como los querubines de la historia que, pasara lo que pasase, moralmente no tenían de qué arrepentirse. Recuerdo que, sobre todo con Miles, tenía la sensación de que no tuviera pasado, por así decirlo. Poco pasado esperamos de los niños pequeños, pero este precioso niño extraordinariamente sensible y, sin embargo, extraordinariamente feliz, más de lo que yo hubiera visto en ninguna criatura de su edad, me sorprendía renaciendo nuevo todos los días. Jamás había sufrido ni durante un segundo. Consideré que esto era una prueba en contra de que jamás hubiera sido castigado.

De haber sido perverso, habría sido "cogido", y yo lo habría cogido de rebote, habría encontrado un rastro. No encontraba nada y, en consecuencia, tenía que ser un ángel. Nunca hablaba del colegio, nunca mencionaba a los compañeros ni a los profesores, y yo por mi parte estaba demasiado predispuesta contra ellos para nombrarlos. Desde luego, estaba encantada y lo más curioso de todo es que, incluso entonces, me daba perfectamente cuenta de estarlo. Pero eso no me preocupaba; era un antídoto contra el dolor y yo tenía más de un dolor. Por aquellos días iba recibiendo cartas de mi casa donde las cosas no iban bien. Pero estando con mis niños, ¿qué podía importarme en el mundo? Tal era la pregunta que solía formularme en mis momentáneos retiros. Estaba deslumbrada por su gracia.

Hubo un domingo —para proseguir—, que llovió con tal fuerza y tantas horas que no pudimos dar el paseo hasta la iglesia, y en consecuencia, al caer la tarde, acordé con la señora Grose que, si mejoraba el tiempo, asistiríamos juntas al último servicio. Por suerte, la lluvia cesó y me preparé para el paseo que, cruzando el parque y por el buen camino de la aldea, sería cuestión de unos veinte minutos. Al bajar las escaleras para reunirme con mi colega en el vestíbulo, me acordé de un par de guantes necesitados de unas puntadas y que había cosido —dándoles una publicidad tal vez poco edificante— mientras acompañaba a los niños en la hora del té, que los domingos, por excepción, se servía en el templo frío y limpio, de caoba y de bronce, que era el comedor de los "mayores". Los guantes se habían quedado allí y volví para recogerlos. El día estaba bastante gris, pero aún quedaba luz y eso me permitió, al franquear el umbral, no sólo reconocer los objetos buscados sobre una silla próxima al gran ventanal, en aquellos momentos cerrado, sino percibir a una persona al otro lado de la ventana que miraba atentamente. Bastó dar un paso dentro de la sala; mi visión fue inmediata; allí estaba.

La persona que me miraba atentamente era la misma persona que se me había aparecido antes. Así pues, se presentaba de nuevo, no quiero decir que con mayor claridad, porque eso era imposible, pero sí con una mayor proximidad que significaba un paso adelante en nuestra relación y que, al verlo, hizo que se me cortara la respiración y que me quedara helada. Era el mismo, la misma persona, y esta vez lo veía, igual que lo había visto antes, de cintura para arriba, pues el ventanal no descendía hasta el nivel de la terraza donde estaba, aun estando el comedor en la planta baja. Tenía la cara pegada al cristal y, sin embargo, curiosamente, el efecto de esta mejor perspectiva consistía en permitir apreciar lo nítida que había sido la visión anterior. Sólo permaneció unos cuantos segundos, los bastantes para convencerme de que él también me veía y reconocía; pero fue como si pasara años mirándolo y lo conociera desde siempre. No obstante, esta vez ocurrió algo que no había sucedido antes;

la mirada fija en mi cara, atravesando el cristal y el comedor, era tan profunda y dura como la otra vez, pero se apartó un momento, durante el cual pude observarlo, recorriendo diversos objetos. En seguida se sumó al sobresalto la certeza de que no había venido por mí. Había venido por otra persona.

En medio del terror, el destello de esta idea me produjo el más extravagante efecto, dando lugar, mientras permanecía de pie y quieta, a una repentina vibración del sentido del deber y del valor. Digo valor, porque no cabe duda de que fui muy lejos. Crucé de un salto el umbral del comedor, pasé el de la casa, alcancé en un momento la avenida y, atravesando la terraza en una carrera tan rápida como pude, doblé la esquina y alcancé un punto de vista perfecto. Pero entonces me encontré a la vista de nada: mi visitante se había desvanecido. Me detuve, casi me caí, con el alivio; pero fui repasando todo el escenario, dejándole tiempo para reaparecer. Digo tiempo, pero ¿cuánto tiempo fue? Hoy no puedo precisar la duración de estas cosas. Este sentido de la medida debió perdérseme, las cosas no pudieron durar lo que realmente me parecía que duraban. La terraza y todo el lugar, el prado y el jardín situados más allá, y todo lo que podía ver del parque, todo estaba vacío y era de una inmensa vaciedad. Había maleza y grandes árboles, pero recuerdo que tuve la clara certeza de que nada de eso lo escondía. Estaba o no estaba; si no lo veía, no estaba.

Me aferré a esta idea; luego, instintivamente, en lugar de volver al lugar de donde había salido, me acerqué a la ventana. Tenía la confusa sensación de que debía situarme donde él había estado. Eso hice; acerqué la cara al panel y miré, como él había mirado, hacia el interior. En aquel momento, como para demostrarme cuál había sido exactamente su ángulo de visión, al igual que yo había hecho para él, la señora Grose entró procedente del vestíbulo. De este modo logré una perfecta repetición de lo ocurrido. Ella me vio como yo había visto a mi visitante; en seguida se sobresaltó, como yo me había sobresaltado; le causé un poco la misma conmoción que yo había sufrido. Se puso blanca y eso me hizo preguntarme si habría yo empalidecido mucho. En resumen, se quedó con la mirada fija y retrocedió, exactamente como yo lo había hecho, y entonces comprendí que habría salido y que estaba dando la vuelta para buscarme y que en seguida estaría conmigo. Permanecí donde estaba, y, mientras aguardaba, pensé en más de una cosa. Pero sólo una merece mencionarse. Me pregunté por qué se habría asustado.

5

Me lo hizo saber en cuanto, volviendo la esquina de la casa, se puso de nuevo ante mi vista.

—En el nombre de Dios, ¿qué ocurre? Ahora estaba sonrojada y sin aliento. No dije nada hasta tenerla muy cerca.

—¿A mí? —Debía tener una cara de gran pasmo—. ¿Se me nota?

—Está usted blanca como el papel. Parece aterrorizada.

Reflexioné: indudablemente podía reconocer su inocencia. Mi necesidad de respetar el sonrojo de la señora Grose se había desvanecido calladamente y, si momentáneamente vacilé no lo hice con ánimo de retenerme. Le alargué la mano y ella la cogió; apreté un poco, por el gusto de sentirla cerca. Encontraba una especie de apoyo en el tímido sobresalto de su sorpresa.

—Usted viene a buscarme para ir a la iglesia, claro, pero no puedo ir.

—¿Ha ocurrido algo?

—Sí. Ahora debe saberlo. ¿Tengo un aspecto muy raro?

—¿Vista por la ventana? ¡Terrorífico!

—Pues bien —dije—, me he asustado. —Los ojos de la señora Grose indicaron claramente que ella no deseaba entrometerse y, al mismo tiempo, que sabía muy bien que su sitio no estaba en compartir conmigo las grandes dificultades. ¡Pero yo tenía completamente decidido que debía compartirlas!—. El resultado ha sido lo que usted acaba de ver desde el comedor hace un minuto. Lo que yo vi, un momento antes, fue mucho peor.

Su mano me apretó.

—¿Qué vio?

—Un hombre fuera de lo normal, mirando adentro.

—¿Qué hombre fuera de lo normal?

—No tengo la menor idea.

La señora Grose escrutó en vano a todo nuestro alrededor.

—¿Dónde se ha metido?

—Aún lo sé menos.

—¿Le había visto antes?

—Sí, una vez. En la torre vieja.

No pudo por menos que mirarme con mayor insistencia.

—¿Quiere decir que es extraño?

—¡Oh, sí, muy extraño!

—Sin embargo, no me lo contó.

—No. Por varias razones. Pero ahora que usted lo ha adivinado... Los ojos redondos de la señora Grose rechazaban la acusación.

—¡Yo no he adivinado nada! —dijo con la mayor simplicidad—. ¿Cómo podría adivinarlo si usted no le conoce?

—Ni lo más mínimo.

—¿Sólo le ha visto en la torre?

—Y donde estamos ahora mismo.

La señora Grose miró de nuevo a todo su alrededor.

—¿Qué hacía en la torre?

—Estaba allí de pie, sencillamente, y me miraba a mí aquí abajo. Pensó un minuto.

—¿Era un caballero?

No creí necesario pensarlo.

—No.

—¿Y no era nadie de por aquí? ¿Nadie del pueblo?

—Nadie, nadie... No se lo dije, pero me aseguré.

Suspiró vagamente aliviada: curiosamente, parecía preferible que fuese así. En realidad fue un breve instante.

—Pero, si no es un caballero...

—¿Qué es? ¡Un horror!

—¿Un horror?

Una vez más, la señora Grose miró a todo alrededor, detuvo los ojos en la oscurecida lejanía y, luego, recuperando la postura, se dirigió a mí con abrupta incoherencia:

—Es hora de que vayamos a la iglesia.

—¡No estoy como para ir a la iglesia!

—¿No le sentaría bien?

—¡No quiero que les haga nada!

Con un cabezazo, señalé hacia la casa.

—¿A los niños?

—No puedo abandonarlos en este momento.

—¿Tiene miedo de que... Hablé con vehemencia:

—Tengo miedo de él.

La gran cara de la señora Grose me dejó entrever, por vez primera, el leve y lejano brillo de una conciencia más aguda: como fuera, percibí la primera luz de una idea que yo no le había inculcado y que, de momento, me era totalmente impenetrable. Ahora me viene a las mientes que de inmediato se me ocurrió que podría sonsacárselo; y tuve la sensación de que guardaba relación con su deseo, que en seguida manifestó, de querer saber más cosas.

—¿Cuándo fue... lo de la torre?

—A mediados de mes. A esta misma hora.

—Casi de noche —dijo la señora Grose.

—No, no tanto. Lo vi como la veo a usted.

—Entonces, ¿cómo entró?

—¿Y cómo salió? —Me reí—. ¡No he tenido ocasión de preguntárselo! Ya ve —proseguí—, esta tarde no ha podido entrar.

—¿Sólo mira?

—¡Espero que se limite a eso!

La señora Grose me había soltado la mano y se giró un poco. Esperé un instante; luego le espeté:

—Vaya a la iglesia. Adiós. Yo tengo que vigilar. Despacio, volvió a mirarme.

—¿Teme por ellos?

Nos encontramos en otra nueva mutua y larga mirada.

—¿Usted no? —En lugar de responder, se acercó a la ventana y estuvo cierto tiempo con la cara junto al cristal—. Ya ve lo que pudo ver —proseguí entre tanto.

Ella no se movió.

—¿Cuánto rato estuvo aquí?

—Hasta que salí. Salí a su encuentro.

Al fin terminó la señora Grose de darse la vuelta y su cara aún contenía más cosas.

—Yo no habría podido salir.

—¡Ni yo podría! —volví a reír—. Pero sí que salí. Era mi deber.

—También el mío —replicó; para añadir—: ¿Cómo era?

—Me estaba muriendo de ganas de decírselo. Pero no se parece a nadie.

—¿A nadie? —repitió.

—No lleva sombrero. —Luego, viendo en su cara que, con hondo espanto, encontraba en lo dicho un rasgo gráfico, agregué rápidamente, trazo a trazo—: Era pelirrojo, muy pelirrojo, con el pelo muy rizado, y el rostro pálido, alargado, correcto de rasgos, con unas patillas pequeñas, un poco raras, tan pelirrojas como el pelo. Las cejas, sin embargo, resultaban más oscuras; eran especialmente arqueadas; como si tuvieran bastante movilidad. Tenía los ojos penetrantes y extraños... terribles. Pero lo único que sé seguro es que eran pequeños y miraban fijamente. La boca era ancha y los labios delgados y, exceptuando las cortas patillas, iba bastante bien afeitado. Me dio un poco la sensación de tener aspecto de actor.

—¡De actor!

Era imposible que nadie pareciera menos actor que la señora Grose, al menos en aquel momento.

—Nunca he conocido ningún actor, pero me los imagino. Es alto, activo, erguido —continué—, pero no, ¡eso de ninguna manera!, un caballero.

La cara de mi compañera había palidecido conforme yo hablaba; sus ojos redondos estaban espantados y tenía la boca entreabierta.

—¿Un caballero? —tartamudeó confundida, estupefacta—. ¿Ese, un caballero?

—¿Lo conoce, pues?

Visiblemente trataba de contenerse.

—¿Y es guapo?

Vi la forma de ayudarla.

—Llamativamente guapo.

—¿Y vestía...?

—Las ropas de otro. Elegantes, pero no suyas. Estalló en un entrecortado gruñido aseverativo.

—¡Son las del amo! Me di por enterada.

—¿Le conoce? Titubeó un segundo.

—¡Quint! —gritó.

—¿Quint?

—¡Peter Quint, el criado del señor, su ayuda de cámara cuando el señor estaba aquí!

—¿Cuando estaba el amo?

Todavía con la boca abierta, pero descubriéndoseme, reunió las piezas.

—Nunca llevaba sombrero, pero llevaba... Bueno, ¡se perdieron los chalecos! Estaban aquí el año pasado, los dos. Luego el amo se fue y Quint se quedó solo.

Iba siguiéndola, pero la detuve:

—¿Solo?

—Solo, con nosotros. —Luego, como si hablara desde más hondo, agregó—: De encargado.

—¿Y qué fue de él?

Se retuvo tanto tiempo que aumentó mi confusión.

—También se fue —soltó al cabo.

—¿Adónde se fue?

Entonces su expresión se tornó muy rara.

—¡Dios sabe adónde! Murió.

—¿Murió? —casi chillé.

Ella parecía cuadrarse, plantarse en el suelo con mayor firmeza, para pronunciar lo más asombroso de todo.

—Sí, el señor Quint ha muerto.

6

Desde luego, necesitamos más ocasiones que este concreto episodio para situarnos conjuntamente en presencia de aquello con lo que ahora tendríamos que convivir como pudiéramos: mi terrible debilidad a las impresiones del tipo que tan vivamente se habían ejemplificado y el hecho de que, a partir de este momento, mi compañera estaba enterada, con consternación y compasión, de semejante debilidad. Aquella tarde, después de la revelación que tan postrada me dejó durante una hora, ninguna de nosotras había asistido a ningún servicio religioso, sino al servicio de lágrimas y juramentos, de rogativas y promesas, un clímax de mutuos ruegos y desafíos que ocurrió inmediatamente a continuación de retirarnos al cuarto donde daba las clases y encerrarnos a levantar todas las cartas. El resultado de levantar todas nuestras cartas consistió, sencillamente, en reducir nuestra situación al rigor último de sus elementos. Ella no había visto nada, ni siquiera la sombra de una sombra, y nadie en la casa excepto la institutriz estaba implicado en el asunto; no obstante, sin cuestionar directamente mi salud mental, aceptaba como cierto lo que yo le había presentado y, en este sentido, acabó demostrándome una conmovedora ternura, expresión de su reconocimiento de mi más que discutible privilegio, cuya misma existencia ha permanecido conmigo como ejemplo de uno de los más dulces sentimientos humanos.

En consecuencia, lo que quedó establecido aquella noche entre nosotras fue que nos creíamos capaces de afrontar las cosas juntas, y yo ni siquiera estuve segura de que, pese a su inmunidad, no fuera a ser ella quien soportara lo peor de la carga. En aquellos momentos sabía, creo, como lo supe más tarde, que era capaz de servir de protección a mis alumnos; pero me llevó algún tiempo convencerme completamente de hasta qué punto estaba preparada mi honrada compañera para mantener las cláusulas de tan comprometido trato. Yo era una compañía rara, casi tan rara como la compañía con que contaba; pero, al repasar lo que pasamos juntas, comprendo cuánto debimos encontrar en común en la única idea que, por suerte, pudo afirmarnos. Fue aquella idea, aquel segundo impulso, lo que me hizo salir de mi cámara de terror interior, como podría denominarse. Al menos podía tomar el aire en el patio y allí me era posible estar con la señora Grose. Recuerdo ahora perfectamente cómo recobré las fuerzas aquella noche antes de despedirnos. Habíamos repasado una y otra vez todos los detalles de lo que yo había visto.

—¿Buscaba a otra persona, dice usted, a alguien que no era usted?

—Buscaba al pequeño Miles. —Ahora me poseía una prodigiosa clarividencia—. Eso era lo que buscaba.

—Pero ¿cómo lo sabe?

—¡Lo sé, lo sé! ¡Lo sé! —Mi exaltación crecía—. ¡Y usted también lo sabe, querida!

Ella no lo negó, pero tuve la sensación de que ni siquiera era necesario decirlo. De todos modos, ella prosiguió en seguida:

—¿Qué habría pasado de verlo?

—¿Al pequeño Miles? ¡Eso es lo que quiere! Volvió a parecer enormemente amedrentada.

—¿El niño?

—¡Dios nos libre! ¡El hombre! Quiere aparecerse a los niños.

Que pudiera hacerlo era una idea terrorífica, pero, sin embargo, yo podría mantener las distancias; sobre todo, eso fue prácticamente lo que conseguí demostrar en el tiempo que pasamos hablando. Tenía la absoluta certeza de que volvería a ver lo que había visto pero algo en mi interior me decía que ofreciéndome valientemente como protagonista única de la experiencia, aceptándola, incitándola y superándola, serviría de víctima expiatoria y protegería la tranquilidad de mis compañeros. Sobre todo, lo evitaría a los niños y los mantendría absolutamente a salvo. Recuerdo una de las últimas cosas que dije a la señora Grose:

—Me llama la atención que mis alumnos nunca hayan mencionado a... Me miró inquieta mientras agregaba pensativa:

—¿Su estancia aquí y el tiempo que estuvieron con él?

—El tiempo que estuvieron con él y su nombre, su aspecto, su historia, cualquier cosa.

—La señorita no puede acordarse. Nunca oyó ni supo nada.

—¿De las circunstancias de su muerte? —Meditaba reconcentradamente—. Quizás no. Pero Miles sí debe acordarse... Miles debe saberlo.

—¡No lo ponga a prueba! —exclamó la señora Grose. Le devolví su mirada.

—No se asuste. —Seguí reflexionando—. Es bastante raro.

—¿Que el niño no hable de él?

—Ni la menor alusión, nunca. Y usted me ha dicho que eran grandes amigos...

—¡Ay, entonces no era él! —subrayó la señora Grose—. Eran las fantasías de Quint. Jugaba con él... lo malcriaba, quiero decir.

—Hizo una pausa momentánea; luego añadió—: Quint era demasiado atrevido.

Junto con la visión de la cara de Quint —¡qué cara!—, esto me produjo un súbito malestar y disgusto.

—¿Era demasiado atrevido con mi muchacho?

—¡Era demasiado atrevido con todo el mundo!

De momento, me abstuve de analizar esta descripción, si bien reflexioné que, en parte, era aplicable a varios miembros de la casa, a la media docena de criados y criadas que componían nuestra pequeña colonia. Pero todo estaba contra nuestras aprensiones, pues afortunadamente la antigua y agradable posesión no contaba con ninguna leyenda desagradable ni nadie recordaba que hubiese habido nunca complicaciones con el servicio. Nunca había tenido mala fama y, a todas luces, la señora Grose sólo pretendía aferrarse a mí y temblar en silencio. Aún le formulé la ultimísima pregunta del interrogatorio. Fue a la medianoche, cuando estaba en la puerta de la sala de estudio, dispuesta a salir.

—¿Debo entender por lo que ha dicho, y esto es muy importante, que era clara y deliberadamente malo?

era clara y deliberadamente malo?

—¡Deliberadamente! Yo lo sabía, pero el amo no.

—¿Y usted, no se lo dijo nunca?

—Bueno, a él no le gustaba que le fueran con chismes. Era muy cortante para esta clase de cosas, y si a él le caía bien una persona...

—¿...No se preocupaba de más? —Esto cuadraba bastante bien con la impresión que me había causado: no era un caballero que gustase de complicaciones ni quizás tampoco muy mirado respecto a sus servidores. Aun así, recalqué a mi interlocutor—: ¡Le juro que yo se lo hubiera dicho!

Ella encajó mi reproche.

—Me atrevo a decir que me equivoqué. Pero en realidad estaba asustada.

—¿De qué estaba asustada?

—De lo que pudiese hacer aquel hombre. Quint era muy inteligente, muy perspicaz. Probablemente entendí lo dicho más de lo que quise reconocerle.

—¿No tenía miedo de otra cosa? ¿No tenía miedo de sus efectos sobre...?

—¿Sus efectos? —repitió con cara de angustia, esperando mientras yo balbuceaba.

—Sus efectos sobre las preciosas vidas de los inocentes que usted tenía a su cargo.

—¡No, no estaban a mi cargo! —respondió rotunda y acongojadamente—. El amo tenía confianza en él y lo puso aquí porque no se encontraba bien, al parecer, y le convenía el aire del campo. Así que él tenía la última palabra. Sí —especificó—, incluso sobre los niños.

—¿Sobre los niños, esa criatura? —Tuve que ahogar una especie de aullido—. ¿Y podía soportarlo?

—No, no podía. ¡Ni puedo ahora! —Y la pobre mujer rompió a llorar.

Como he dicho, desde el día siguiente fueron rígidamente vigilados; sin embargo, a lo largo de la semana, ¡cuántas veces y con cuánta vehemencia volvimos sobre la cuestión! Pese a todo lo que habíamos hablado la noche del domingo, seguí obsesionada por la sombra de algo que la señora Grose no me había dicho, sobre todo en las horas siguientes, de modo que es fácil imaginarse cómo dormí. Yo no me había guardado nada, pero la señora Grose se había guardado una palabra. Además, por la mañana estaba segura de que no había sido por falta de franqueza, sino porque el miedo se colaba por todas partes. De hecho, retrospectivamente, me parece que para cuando el sol matinal llegó a estar alto había desentrañado todos los sentidos que los hechos que teníamos ante nosotros adquirirían como resultas de los posteriores y más crueles acontecimientos. Lo que me proporcionaron, antes que nada, era la siniestra figura del hombre vivo —¡el muerto bien podía esperar un rato!— y de los meses que había pasado en Bly, en conjunto, una larga temporada. El final de aquella diabólica época no llegó hasta que, un amanecer invernal, un jornalero que iba a su temprana faena lo encontró muerto como una piedra en el camino de la aldea: una catástrofe que explicaba, al menos aparentemente, una visible herida en la cabeza; tal herida podía haber sido causada —y fue causada, según la conclusión final de la investigación— por un fatal resbalón en la oscuridad, después de haber salido de la taberna, en una pendiente pronunciada y helada, adonde fue al equivocar el camino y en cuyo fondo yacía. La pendiente helada, el paso en falso en medio de la noche y el alcohol, lo explicaban en buena medida y prácticamente todo una vez terminada la investigación y acabados los innumerables chismorreos; pero había cosas en la vida de Quint —extraños pasajes y trances, desórdenes secretos, vicios más que sospechosos— que hubieran podido explicar bastante más.

No sé muy bien cómo referir mi historia con palabras que configuren un cuadro verosímil de mi estado de ánimo; pero en aquellos días era capaz de sentir regocijo en el extraordinario heroísmo que me exigían las circunstancias. Entonces comprendí que había sido llamada a realizar una tarea admirable y difícil, y que tendría su grandeza demostrar —¡ay, sí, en el lugar adecuado!— que podía tener éxito donde otras muchas jóvenes habían fracasado. Concebir mi función de un modo tan grandioso y tan simple supuso una inmensa ayuda, ¡y confieso que casi me aplaudo cuando vuelvo la vista atrás! Estaba allí para proteger y defender a las criaturitas más adorables y abandonadas del mundo, el atractivo de cuya indefensión se había vuelto de pronto demasiado manifiesto, produciéndome un dolor profundo y constante en mi entregado corazón. Estábamos verdaderamente aislados y juntos; estábamos unidos ante el peligro. Ellos sólo me tenían a mí y yo..., bueno, yo los tenía a ellos. En resumen, era una magnífica oportunidad. Esta oportunidad se me presentaba en forma de una clara imagen material. Yo era la pantalla, yo debía situarme delante de ellos. Cuanto más viera yo, menos verían ellos. Comencé a observarlos con sofocada tensión, con un nerviosismo disimulado que, de prolongarse demasiado tiempo, bien podría convertirse en algo similar a la locura. Lo que me salvó, según comprendo ahora, fue que se transformara en algo completamente distinto. No duró como tensión, sino que fue sustituida por horribles pruebas. Sí, digo pruebas porque realmente tuve que superarlas.

Este hecho data de una tarde en que paseaba por el parque con la menor de mis alumnos. Habíamos dejado a Miles en casa, encima del cojín rojo de un profundo asiento adosado a la ventana; él quería acabar un libro y me había complacido fomentar un propósito tan laudable para un joven cuyo único defecto eran los ocasionales excesos de impaciencia. Por el contrario, la hermana había estado pendiente de salir, y estuve paseando con ella media hora, buscando la sombra, pues el sol aún estaba alto y el día era excepcionalmente caluroso. De nuevo pude percibir, mientras iba con ella, cómo se las arreglaba, al igual que su hermano —lo que era encantador en ambos niños—, para dejarme sola sin dar la sensación de abandonarme y para acompañarme sin dar la sensación de asediarme. Nunca eran insistentes y, sin embargo, tampoco resultaban nunca desatentos. En realidad, mi actitud hacia ellos tendía a ser la de verlos divertirse a lo grande sin contar conmigo: tal espectáculo parecía conscientemente preparado y me hacía participar como admiradora activa. Yo me movía por un mundo de su invención y ellos no tuvieron oportunidad de entrar en el mío. De tal forma que gastaba mi tiempo en ser para ellos un personaje u objeto de relieve necesario para el juego de cada momento, lo cual, gracias a mi superioridad y entusiasmo, se convertía en una sinecura feliz y distinguida. No recuerdo de qué hacía en la presente ocasión, sólo recuerdo que era algo muy importante y muy quieto y que Flora estaba muy concentrada en el juego. Estábamos al borde del lago y, como hacía poco que habíamos iniciado la geografía, el lago era el mar de Azov.

En estas circunstancias, de repente me di cuenta de que, al otro lado del mar de Azov, teníamos un atento espectador. La manera en que se me hizo presente este conocimiento fue de lo más extraña; es decir, la más extraña del mundo, de no ser aún más extraña la manera en que de pronto se corporizó. Me había sentado con la costura —pues en el juego hacía de algo o de alguien que podía sentarse— en el viejo banco de piedra que dominaba el estanque; y en esta posición comencé a tener la certeza, aunque sin verla directamente, de la lejana presencia de una tercera persona. Los viejos árboles y el espeso matorral daban una sombra amplia y agradable, pero todo estaba inmerso en el resplandor de la hora apacible y calurosa. Pero no había posibilidad de error; no la había, por lo menos, en la certeza que tuve de repente sobre lo que vería enfrente de mí y al otro lado del lago en cuanto levantara los ojos. Tenía la vista puesta en el pespunte del que me ocupaba y, una vez más, sentí el espasmo fruto del esfuerzo por no apartarla hasta estar calmada y haber decidido qué iba a hacer. Había a la vista un objeto extraño, una figura cuyo derecho a estar presente puse inmediata y apasionadamente en cuestión. Recuerdo que pasé lista a las distintas posibilidades, acordándome de que nada era tan natural como, por ejemplo, la aparición de una persona en el lugar, del cartero o del chico de la tienda de la aldea. El mismo escaso efecto tuvieron las demás posibilidades sobre mi consciente certeza, sin aún haber mirado, de cuáles eran la actitud y la personalidad del visitante. Nada más natural que el hecho de que estas cosas fueran completamente distintas de lo que parecían ser.

De la verdadera identidad de la aparición me aseguraría en cuanto el relojito de mi valor marcara el segundo adecuado; mientras tanto, haciendo un esfuerzo que se iba haciendo bastante intenso, trasladé la mirada a la pequeña Flora, en aquellos momentos a unas diez yardas de mí. Mi corazón se había detenido un instante ante el asombro y el terror de preguntarme si ella también lo veía; contuve la respiración mientras aguardaba a que me lo dijera con un grito o con cualquier otra repentina señal inocente de interés o de alarma. Esperé, pero no ocurrió nada; entonces, en un primer momento —y tengo la sensación de que esto es más espantoso que cuanto he relatado— llegué al convencimiento de que, en los últimos instantes, habían cesado todos sus anteriores ruidos; y en segundo lugar me pareció que, también desde unos instantes antes, se había vuelto hacia el agua sin interrumpir el juego. Tal era su actitud cuando finalmente la miré, con la firme convicción de que ambas seguíamos estando sometidas a la observación directa de una tercera persona.

Ella había cogido un trocito plano de madera que parecía tener un agujero, lo cual sin duda le había sugerido la idea de clavarle otro trozo que hiciera de mástil y convertir el conjunto en un barquito. Mientras yo la observaba, estaba muy atenta y aparentemente concentrada en sujetar en su sitio la segunda pieza. Me retuvo mi atención por lo que hacía, de modo que hasta unos segundos después, no me atreví a mirar otra cosa. Entonces moví de nuevo los ojos: encaré lo que debía encarar.

7

Después de esto, cogí a la señora Grose en cuanto pude. Me es imposible hacer una descripción inteligible de cómo soporté el intermedio. Sin embargo, todavía me oigo gritar mientras me lanzaba de buenas a primeras a sus brazos:

—¡Lo saben! ¡Es demasiado monstruoso, pero lo saben, lo saben!

—¿Qué es lo que saben? —Percibí su incredulidad en cuanto me tocó.

—¡Pues todo lo que sabemos nosotras y Dios sabrá qué más! —Luego, cuando me soltó, se lo expliqué, alcanzando quizá a explicármelo por fin a mí misma con absoluta coherencia—. Hace dos horas, en el jardín... — Escasamente podía hablar. Flora lo vio.

La señora Grose encajó como hubiera encajado un golpe en el estómago.

—¿Se lo ha dicho ella? —murmuró.

—Ni una palabra, eso es lo horroroso. ¡Se lo ha guardado! ¡Una niña de ocho años, esa niña! —El pasmo seguía dejándome sin palabras.

Desde luego, la señora Grose abrió aún más la boca.

—Entonces, ¿cómo lo sabe?

—Yo estaba allí, lo vi con mis ojos: vi que ella se daba perfectamente cuenta.

—¿Quiere decir que se daba cuenta de la presencia de él?

—No; de ella. —Mientras hablaba era consciente de que afrontaba cosas prodigiosas, pues percibí un leve reflejo de ellas en el rostro de mi compañera—. Era otra persona esta vez; una figura de inconfundible maldad y terror, una mujer vestida de negro, pálida y terrorífica, ¡con un aspecto y una cara!, que estaba al otro lado del lago. Yo estaba allí con la niña, tranquilamente, y de pronto surgió.

—¿Cómo surgió, de dónde surgió?

—¡De dónde surgen! Sencillamente, apareció y se estuvo allí, pero no muy cerca.

—¿Y sin acercarse?

—Daba la sensación de que estuviese tan cerca como está usted. Con un curioso impulso, mi amiga dio un paso atrás.

—¿Era una persona que usted no había visto nunca?

110

—Sí. Pero la niña sí la conocía. Era alguien que usted sí ha conocido. —Luego, para demostrar que lo tenía bien pensado, dije—: Mi predecesora, la que murió.

—¿La señorita Jessel?

—La señorita Jessel. ¿No me cree? —presioné. Angustiada, se volvió a izquierda y derecha.

—¿Cómo está tan segura?

En mi estado de nervios, aquello me produjo un estallido de impaciencia.

—Entonces, pregunte a Flora... ¡Ella sí está segura! —Pero no había terminado de hablar cuando me recuperé—. ¡No, por Dios, no! ¡Dirá que no, mentirá!

La señora Grose no estaba tan descompuesta como para no protestar instintivamente.

—¿Cómo se atreve a...

—Porque lo veo claro. Flora no quiere que yo lo sepa.

—Para ahorrárselo, pues, a usted.

—No, no... ¡Hay que ahondar más! Cuantas más vueltas le doy más cosas comprendo, y cuantas más cosas comprendo más miedo me da. ¡No sé qué es lo que no veo, qué es lo que no temo!

La señora Grose trataba de seguirme.

—¿Quiere usted decir que tiene miedo de volver a verla?

—¡Oh, no! Ahora eso no es nada. —Luego me expliqué—: El problema sería no verla. Pero mi compañera sólo parecía palidecer.

—No la comprendo.

—Pues que la niña podría seguir viéndola, y es seguro que la niña la verá sin que yo lo sepa.

Al pensar en esta posibilidad, la señora Grose desfalleció momentáneamente, pero en seguida se repuso, como si sacara fuerzas de saber hasta dónde tendríamos que ceder caso de retroceder una pulgada.

—Querida, querida, no debemos perder la cabeza. Después de todo, si a ella no le importa... —Incluso esbozó una fea sonrisa—. Tal vez le guste.

—¡Gustar semejantes cosas, a una niña tan pequeña!

—¿No sería una especie de demostración de su bendita inocencia? —preguntó valientemente mi amiga. Por un instante casi me convenció.

—¡Ay, debemos agarrarnos a eso, debemos aferrarnos a eso! Si no es una prueba de lo que usted dice, es una prueba de que... ¡Dios sabe de qué! Porque esa mujer es el horror de los horrores.

Ante esto, la señora Grose estuvo mirando al suelo durante unos instantes; luego levantó la mirada.

—Dígame cómo lo sabe usted —dijo.

—Entonces, ¿admite que era eso? —grité.

—Dígame cómo lo sabe —se limitó a repetir mi amiga.

—¿Cómo? ¡Viéndola! Por su forma de mirar.

—¿Por la manera perversa de mirarla a usted?

—No; querida mía, eso lo hubiera soportado. En ningún momento me puso la vista encima. Sólo se fijaba en la niña.

La señora Grose trató de entenderlo.

—¿Se fijaba en la niña?

—¡Con unos ojos espantosos!

Me miró fijamente a los míos como si realmente pudieran parecerse a aquellos otros.

—¿Quiere decir de contrariedad?

—No, Dios nos salve. De algo mucho peor.

—¿Peor que la contrariedad?

Este hecho la dejaba verdaderamente perpleja.

—Con una decisión indescriptible. Con una especie de furia intencionada. La hice empalidecer.

—¿Intencionada?

—De apoderarse de ella.

La señora Grose —con sus ojos en los míos— tuvo un estremecimiento y anduvo hacia la ventana; y mientras estaba mirando el exterior, concluí mi exposición:

—Eso es lo que sabe Flora. Al poco se dio la vuelta.

—Esa persona iba de negro, dice usted.

—De luto... y bastante pobremente vestida, casi andrajosa. Pero, eso sí, era de una extraordinaria belleza. —Ahora reconozco hasta dónde había llevado, golpe a golpe, a la víctima de mis confidencias, pues casi era visible cómo sopesaba mis palabras—. Guapa..., muy, muy guapa —insistí—, maravillosamente guapa. Pero infame.

Se me acercó despacio.

—La señorita Jessel era infame—. Una vez más, me cogió la mano con las dos suyas, apretándola con fuerza, como fortaleciéndome contra el creciente peligro que pudiera deducir de este descubrimiento—. Los dos eran infames —dijo por último.

Así que, durante un rato, volvimos a examinar el problema juntas; y desde luego encontrar una cierta ayuda en poder verlo con tanta claridad.

—Aprecio —dije— su gran honradez de no haber hablado hasta ahora; pero es evidente que ha llegado el momento de contármelo todo.

—Parecía asentir, pero sólo en silencio; viendo lo cual, agregué—: Debo saberlo ahora. ¿De qué murió? Vamos, entre ellos había algo.

—Lo había todo.

—¿A pesar de la diferencia de...

—Ah, de rango; de condición... —dejó escapar lastimeramente—. Ella era una dama. Dándole vueltas al asunto volví a comprender.

—Sí..., era una dama.

—Y él absolutamente plebeyo —dijo la señora Grose. Comprendí que, en semejante compañía, no era necesario incidir demasiado sobre el lugar que los criados ocupan en la escala social; pero nada se oponía a aceptar la valoración hecha por mi compañera del envilecimiento de mi predecesora. Había una forma de abordar el asunto, y lo abordé; la forma más fácil de hacerse una idea global, con datos, de la personalidad del difunto, inteligente y bien parecido hombre de confianza de nuestro patrón: impúdico, seguro de sí mismo, vicioso y depravado.

—Aquel tipo era un villano.

La señora Grose reflexionó sobre lo dicho por si quizá quedase una sombra de duda.

—Nunca he visto a nadie como él. Hacía lo que quería.

—¿Con ella?

—Con todos ellos.

Era como si la señorita Jessel hubiese vuelto a presentarse ante los ojos de mi amiga. En cualquier caso, hubo un instante en que me pareció ver la evocación de ella con tanta claridad como la había visto junto al estanque; y afirmé con decisión:

—¡Ella también debía querer!

El rostro de la señora Grose manifestó que así había sido, pero al mismo tiempo dijo:

—Pobre mujer... ¡Lo pagó!

—¿Luego sabe usted de qué murió? —pregunté.

—No, no sé nada. No quise saber; me alegré mucho de no saberlo. ¡Y di gracias al cielo de que fuera bien lejos de aquí!

—Pero usted tiene, pues, su propia idea de...

—¿De la verdadera razón por la que se fue? Ay, sí, eso sí. No podía quedarse. ¡Imagínesela aquí, siendo la institutriz! Y después yo me imaginaba cosas, y sigo imaginándomelas. Y lo que me imagino es horroroso.

—No tan horroroso como lo que me imagino yo —repliqué; con lo cual debí mostrarle, de lo que era en realidad muy consciente, una faz de verdadera derrota. Y eso hizo brotar de nuevo toda su compasión por mí y, ante el renovado toque de amabilidad, se derrumbó mi resistencia. Como otra vez había provocado en ella, ahora fui yo quien rompió a llorar; me acogió en su pecho maternal y mis lamentaciones se desbordaron—. ¡No quiero hacerlo! —sollocé desesperada—. No quiero salvarlos ni protegerlos. Es mucho peor de lo que me imaginaba... ¡Están perdidos!

8

Lo que había dicho a la señora Grose era bien cierto: en la situación que le había planteado existían posibilidades y profundidades que yo no tenía fuerza para analizar; de modo que, de nuevo ante la duda, estuvimos de acuerdo en que nuestra obligación consistía en resistir a las fantasías extravagantes. Debíamos no perder la cabeza, aunque fuese lo único que mantuviéramos firme, por difícil que eso pudiera resultar al hacer frente a lo menos discutible de nuestras prodigiosas experiencias. Más tarde, aquella noche, mientras la casa dormía, tuvimos otra conversación en mi cuarto; entonces me acompañó por todo mi periplo hasta quedar fuera de dudas que yo había visto lo que había visto. Para tenerla bien cogida, se me ocurrió que bastaba preguntarle cómo, de haberme inventado las apariciones, hubiese podido hacer un retrato detallado y con todos los rasgos definitorios de cada una de las personas que se me habían aparecido, un retrato ante el cual ella los había reconocido y nombrado inmediatamente.

Desde luego, ella deseaba —¡poco se la puede culpar!— enterrar todo el asunto y yo me apresuré a asegurarle que mi personal interés se había decantado repentinamente por buscar el procedimiento de eludirlo. Le opuse el argumento de que ante la repetición —pues dábamos por seguro la repetición—, me acostumbraría al peligro, afirmando con claridad que de pronto mi riesgo personal se había convertido en la menor de mis preocupaciones. Lo insufrible era mi nueva sospecha y, sin embargo, esta complicación se había ido aliviando en las últimas horas del día.

Al marcharse ella, luego de un primer desmoronamiento, me volqué de nuevo sobre mis alumnos, confundiendo el adecuado remedio a mi desmayo con la percepción de su encanto, que ya había yo descubierto como algo que estaba en mis mano cultivar y que aún no me había fallado nunca. En otras palabras, sencillamente me lancé de nuevo al especial mundo de Flora y entonces me di cuenta —¡era casi un lujo!— de que ella era capaz de poner conscientemente su manita en el preciso punto dolorido. Me había estado mirando, meditativa y dulce, y luego me había acusado a la cara de haber llorado. Yo creía que había logrado borrar las feas huellas, pero en aquellos momentos pude, de todos modos, regocijarme literalmente, sometida a su inescrutable piedad, de que no hubieran desaparecido del todo. Observar la profundidad de los ojos azules de la niña y sentenciar su amabilidad como una trampa de precoz malicia, era pecar de cinismo; y antes que eso prefería abjurar de mi juicio y, dentro de lo posible, de mi agitación. No podía abjurar con simplemente desearlo, pero sí pude repetir a la señora Grose —como hice una y otra vez a altas horas de la madrugada— que, con sus voces en el aire, su presencia en el corazón y sus fragantes rostros contra la mejilla de una, todo se hacía trizas excepto su debilidad y belleza. Fue lamentable que, para dejar esto sentado de una vez por todas, tuviese igualmente que volver a enumerar los sutiles síntomas que, aquella tarde junto al lago, habían realizado el milagro de demostrar mi autodominio. Era lamentable estar obligada a volver a investigar la certeza de aquel momento y a repetir cómo había llegado, en forma de revelación, a comprender que la inconcebible comunión que entonces sorprendí era algo habitual entre ambas partes.

Era lamentable tener que volver a balbucir las razones por las que, en mi desilusión, había llegado a no dudar de que la pequeña vio a nuestra visitante tal como realmente yo veía a la propia señora Grose, y que la niña, con todo lo que ella había visto, pretendía hacerme creer lo contrario y, al mismo tiempo, sin ella descubrirme nada, llegar a vislumbrar si yo lo sabía. Era lamentable que fuese necesario describir una vez más las portentosas menudencias con que trataba de distraer mi atención, el perceptible aumento del movimiento, la mayor intensidad del juego, las canciones, el parloteo sin sentido y la invitación a retozar.

Sin embargo, si no me hubiera recreado en esta revisión, que no suponía demostración de ninguna clase, hubiera perdido los dos o tres vagos consuelos que me quedaban. Por ejemplo, no hubiese podido aseverar a mi amiga que estaba segura —lo cual era una gran suerte— de por lo menos no estar engañándome. No me hubiera visto impulsada por la fuerza de la necesidad, por la desesperación mental —no sé muy bien cómo decirlo—, a invocar la mayor ayuda de mi inteligencia que podía brotar de poner a mi colega entre la espada y la pared. Presionada, poco a poco me contó muchas cosas; pero seguía habiendo un punto desencajado que a veces me rozaba la frente como el ala de un murciélago; y recuerdo cómo en esta ocasión —pues tanto la casa dormida como nuestra concentración en el peligro y en nuestra observación parecían ayudarnos— percibí la importancia de dar el último tirón a la cortina.

—No creo en nada tan horrible —recuerdo que dije—; no, digámoslo de una vez, querida, no lo creo. Pero si lo creyera, ahora le exigiría a usted una cosa, sin ahorrarle ninguna dificultad, ¡ni la más mínima migaja, vamos!

¿En qué estaba usted pensando cuando, en nuestra aflicción, antes del regreso de Miles, hablando de la carta recibida del colegio, ante mi insistencia dijo usted que no pretendía afirmar literalmente que nunca hubiera sido "malo"? Literalmente no ha sido malo "nunca" en las semanas que llevo con él, durante las que lo he observado con gran atención; ha sido un pequeño prodigio imperturbable de exquisita y adorable bondad. Por lo tanto, usted hubiera podido afirmarlo así de no tener en cuenta, como tuvo, alguna excepción. ¿Cuál fue la excepción y a qué episodio personalmente presenciado se remitía?

Era una pregunta terriblemente grave, pero nuestro tono no era de ligereza; en cualquier caso, antes de que el gris amanecer nos obligara a separarnos, obtuve mi respuesta. Lo que había tenido presente mi amiga resultó ser enormemente pertinente. No era ni más ni menos que la circunstancia de que, durante un período de varios meses, Quint y el muchacho habían estado constantemente juntos. De hecho, la estricta verdad era que ella se había atrevido a criticar, a insinuar ante el amo, la incongruencia de tal intimidad e incluso llegó tan lejos sobre este particular como a franquearse con la señorita Jessel. Del modo más extraño, la señorita Jessel le rogó que se ocupara de sus asuntos y, ante esto, la buena mujer se dirigió directamente al pequeño Miles. Lo que le dijo, le sonsaqué insistiéndole, fue que a ella le gustaba ver que los caballeritos no se olvidaban de su posición. Ante esto, volví a insistir:

—¿Le recordó usted que Quint no era más que un vulgar criado?

—¡Bien puede usted decirlo! Y fue su respuesta, por una parte, lo que estuvo mal.

—¿Y por otra parte? —Esperé—. ¿Repitió él sus palabras delante de Quint?

—No, eso no. ¡Eso es precisamente lo que él no haría! —Aún me causaron impresión sus palabras—. De todas formas —añadió—, estaba segura de que eso no lo haría. Pero negaba ciertas cosas.

—¿Qué cosas?

—Que salían juntos, como si Quint fuera su tutor, un tutor muy ilustre, y que la señorita Jessel sólo estuviera para la damita. Que salía con ese individuo, quiero decir, y que pasaban horas juntos.

—¿Tergiversaba entonces los hechos, negaba haber estado? —Su asentimienio fue lo bastante claro como para hacerme agregar en seguida: —Comprendo. Mentía.

—¡Oh! —refunfuñó entonces la señora Grose. Lo cual daba a entender que eso no tenía importancia, y lo reafirmó con una posterior observación—. Mire, después de todo, a la señorita Jessel no le importaba. Ella no se lo prohibió. Reflexioné:

—¿Le dijo eso usted para justificarse? Ante esto volvió a vacilar.

—No, nunca hablaba de eso.

—¿Nunca la mencionó a propósito de Quint?

Poniéndose visiblemente encarnada, comprendió lo que yo iba descubriendo.

—Bueno, él nunca dejó ver nada. Negaba, negaba —repitió.

¡Señor, cómo la presioné entonces!

—¿Así que usted se dio cuenta de lo que había entre aquellos dos miserables?

—¡Yo no lo sé, yo no lo sé! —gimió la pobre mujer.

—Usted lo sabe, querida mía —repliqué—. Sólo que usted no tiene mi terrible audacia mental y se retrae, por timidez, modestia y delicadeza, e incluso calla que en el pasado, cuando hubo de desenvolverse en silencio, sin mi ayuda, la mayor parte de las cosas la hicieron sentirse desgraciada. ¡Pero yo voy a sacárselo! Había algo en el niño —proseguí— que le hizo sospechar a usted que encubría y ocultaba su relación con Quint.

—¡Oh!, él no podía evitar...

—¿Que usted supiera la verdad? ¡Me atrevo a decirlo! Pero ¡cielos! —exclamé con vehemencia y sin pensarlo—, eso demuestra hasta qué punto había conseguido dominarlo.

—¡Oh, nada de aquello le impide estar ahora bien! —intercedió lúgubremente la señora Grose.

—No me extraña que reaccionara de un modo tan raro —insistí—, cuando le mencioné la carta del colegio.

—¡Dudo que me portara de un modo más raro que usted! —replicó con fiero orgullo—. Y si hubiera sido tan malo como usted da a entender, ¿cómo puede ser ahora ese ángel?

—Desde luego que sí... ¡Y también pudo ser un diablo en el colegio! Bueno —dije en medio de mi tormenta—, usted debe volver a contármelo, pero yo no podré hablarle en varios días. ¡Vuelva a contármelo tan sólo! —grité de tal forma que hice abrir mucho los ojos a mi amiga—. Hay ciertas cosas que no quiero sacar a colación de momento. —Luego volví sobre su primer ejemplo, al que se había referido antes, de la feliz capacidad del muchacho para cometer ocasionales deslices—. Si Quint era un vulgar criado, según lo calificó usted en la época a que nos referimos, una de las cosas que Miles le dijo a usted, me estoy temiendo, fue que también usted lo era. De nuevo su asentimiento fue tan convincente que proseguí—: ¿Y usted se lo perdonó?

—¿Usted no se lo hubiera perdonado?

—Sí, claro. —Y en medio del silencio intercambiamos una señal de extraordinario regocijo. Luego continué—: De todas formas, mientras estaba con aquel hombre...

—La señorita Flora estaba con la mujer. ¡Eso les unía a todos!

También para mí unía, sentí, sólo que demasiado bien; con lo cual quiero decir que encajaba exactamente con la concreta e insoportable idea que me hice al mismo tiempo que me prohibía tenerla en cuenta. Pero cómo conseguí contener toda manifestación de esta idea, en este momento no arrojaré mayor luz sobre el asunto que la simple mención de mi último comentario a la señora Grose:

—Confieso que el haber mentido y el ser descarado son acusaciones menos comprometedoras de lo que esperaba obtener de usted sobre las eclosiones del hombrecito que late dentro de Miles. Sin embargo —medité—, deben tenerse en cuenta, pues me hacen sentir más que nunca que debo vigilar.

Al instante siguiente me sonrojé al ver en el rostro de mi amiga hasta qué punto ella lo había perdonado sin reservas; la anécdota me afectó haciéndome buscar la ocasión para poner de manifiesto mi propia ternura. Esta se presentó en la puerta de la sala de estudio, cuando ella me dejaba.

—¿No irá usted a acusarlo...?

—¿De tener una relación que me oculta? Recuerde que mientras no haya más pruebas yo no acuso a nadie. —Y luego, antes de que cerrara desde fuera para irse a su habitación por otro pasillo, rematé—: Debo esperar.

9

Esperé y esperé, y los días, al pasar, se llevaron parte de mi consternación. En realidad, teniendo siempre mis alumnos a la vista y sin nuevos incidentes, muy pocos días bastaron para, como si fueran una especie de cepillo, borrar los penosos fantasmas e incluso los odiosos recuerdos. He hablado del abandono a su extraordinaria gracia infantil como algo que podía cultivar, y fácil es imaginarse si me negaría ahora a dirigirme a esta fuente en busca de cuanto pudiera dar de sí. Más extraño de todo lo que yo pueda decir fue, desde luego, el esfuerzo por luchar contra mis nuevas intuiciones; no obstante, sin duda la tensión hubiera sido mayor de no haber sido tantas veces victoriosa. Solía preguntarme si los pequeños a mi cuidado no sospecharían de que yo pensaba cosas raras sobre ellos; y la circunstancia de que esas cosas sólo los hiciesen más interesantes no suponía en sí una ayuda para mantener ocultos mis pensamientos. Temblaba de pensar que pudieran comprender que de esta forma resultaban mucho más interesantes. No obstante, en el peor de los casos, como tantas veces me dije en mis meditaciones, toda duda acerca de su inocencia sólo era —siendo ellos intachables y predestinados— una razón adicional para correr riesgos. Hubo momentos en que, por un irresistible impulso, me encontré cogiéndolos y estrujándolos contra mi pecho. Una vez lo había hecho, solía decirme: "¿Qué pensarán de esto? ¿No me estaré traicionando demasiado". Sería fácil embrollarme, triste y desmedidamente, sobre cuánto pude traicionarme; pero el verdadero cuadro, creo, de las horas de paz que aún pude disfrutar fue fruto de que el encanto de mis compañeros seguía siendo seductor, incluso cuando lo ensombrecía la posibilidad de estar bajo observación. Así como en ocasiones podían albergar sospechas como consecuencia de los estallidos de mi intensa pasión por ellos, también me recuerdo preguntándome si no había algo raro en el perceptible aumento de sus propias manifestaciones.

En este período fueron extraordinaria y extravagantemente cariñosos conmigo; lo cual, después de todo, se podía conjeturar, no era sino la graciosa respuesta de unos niños objeto constantemente de saludos y reverencias. Estos homenajes que tanto prodigaban en verdad tenían tanto éxito, sobre mis nervios, como si yo nunca me viera a mí misma o, digámoslo así; como si literalmente nunca les buscara su intencionalidad. Creo que jamás habían querido hacer tantas cosas por su pobre protectora. Aunque cada vez aprendían mejor las lecciones, lo que naturalmente la complacía en sumo grado, me refiero a la forma de divertirla, entretenerla y sorprenderla; le leían episodios, le contaban historias, le representaban charadas, se abalanzaban sobre ella disfrazados de animales y de personajes históricos, y sobre todo la asombraban con las «piezas» que habían aprendido de memoria en secreto y que eran capaces de recitar interminablemente. Nunca llegaría a describir, ni siquiera ahora, la prodigiosa interpretación íntima, sometida a una censura aún más íntima, con que en aquellos días desmenuzaba sus horas. Desde el principio me habían demostrado su facilidad para todo, una capacidad general con la que, partiendo cada vez de cero, alcanzaban alturas notables. Se ocupaban de sus pequeños deberes como si les gustasen y, por la misma exuberancia de su talento, se complacían en realizar pequeños milagros memorísticos en absoluto impuestos.

No sólo me asaltaban vestidos de tigres y de romanos, sino de personajes de Shakespeare, de astrónomos y de navegantes. Tan así era el caso que presumiblemente tenía mucho que ver con un hecho para el que, hasta el día de hoy, carezco de otra explicación: me refiero a mi antinatural componenda sobre el nuevo colegio de Miles. Lo que recuerdo es que por entonces estaba contenta de no plantear el problema y que el contento debió brotar de su siempre sorprendente exhibición de inteligencia. Era demasiado inteligente para una pobre institutriz, para la hija de un párroco; y el hilo más extraño, si no el más brillante del rico bordado que acabo de mencionar, era la sensación que yo debía tener, si me hubiera atrevido a descubrirla, de que actuaba bajo alguna influencia que suponía un tremendo estímulo para su vida intelectual.

No obstante, si bien era fácil pensar que semejante niño bien podía retrasar su vuelta al colegio, resultaba inconcebible pensar que semejante niño hubiera sido expulsado por un maestro. Permítaseme agregar que ahora, estando en su compañía —y bien me cuidaba de no perderla casi nunca—, no era capaz de seguir muy lejos ninguna pista. Vivíamos en medio de una atmósfera de música y cariño, de éxitos y representaciones teatrales. El sentido musical de los dos niños era agudísimo, pero sobre todo el mayor tenía un maravilloso don para captarla y repetirla. El piano de la sala de estudio prorrumpía en toda clase de fantásticos arpegios y cuando eso fallaba, conspirábamos en los rincones, con la secuela de que uno de ellos salía con el mejor humor para "entrar" luego como algo nuevo. Yo había tenido hermanos y no era para mí ninguna revelación ver que las muchachitas jóvenes idolatran como esclavas a los niños. Lo que sobresalía por encima de todo era que hubiese en el mundo un muchacho capaz de sentir tan delicada consideración por una persona de edad, sexo e inteligencia inferiores.

Estaban extraordinariamente compenetrados y decir que nunca discutían ni se hacían reproches sería una burda alabanza de la dulzura en que se desenvolvían sus relaciones. De hecho, a veces, cuando caía en la rutina, quizá percibía signos de pequeños sobreentendidos entre ellos mediante los cuales uno me distraía mientras el otro huía. En toda diplomacia, imagino, hay un aspecto naïf; pero si mis alumnos la ejercían conmigo, lo hacían desde luego de la forma menos grosera posible. Fue en otra parte donde, después de la tregua, estalló la grosería.

En realidad me siento dubitativa, pero debo lanzarme. Al proseguir dando cuenta de lo que se ocultaba en Bly, no sólo desafío a la credulidad menos prejuiciosa —lo cual poco me importa—, sino que —y esto es otra cosa— reavivo mis propios sufrimientos y de nuevo recorro mi camino hasta el final. De pronto llegó un momento tras el cual, según lo veo ahora, tengo la sensación de que por mi parte todo fueron sufrimientos; pero al menos he llegado al fondo del problema y, sin duda, el mejor camino es seguir. Una noche, sin que nada lo anunciara, tuve la misma fría sensación que había percibido la noche de mi llegada y que, mucho más leve entonces, como ya he dicho, habría dejado poca huella en mi memoria de haber sido menos agitada mi anterior estancia en Bly. No me había acostado; leía sentada junto a un par de velas. Había en Bly toda una habitación de libros antiguos —novelas del siglo pasado— y entre ellas títulos de lamentable fama, pero en ningún caso obras descarriadas, que habían sonado hasta en mi remoto hogar y despertado mi curiosidad infantil.

Recuerdo el libro que tenía en las manos, la Amelia de Fielding; también que estaba completamente despierta. Además, recuerdo el vago convencimiento de que era terriblemente tarde así como una especial renuencia a consultar el reloj. Por último, supongo que la cortina blanca que cubría la cabecera de la camita de Flora, según la moda de la época, protegía el perfecto reposo de la niña, como me habría asegurado mucho antes. Recuerdo, en suma, que aunque estaba profundamente sumida en mi lectura, al volver una página, pese a estar presa del hechizo del autor, me sorprendí elevando los ojos y mirando fijamente la puerta del cuarto. Durante un momento permanecí atenta, acordándome de la sutil sensación vivida la primera noche de que había en la casa algo indefinible y activo, y noté que la suave brisa del ventanal abierto acababa de mover el velo semicorrido de la cama. Luego, con todos los requisitos de una voluntariedad que hubiera parecido magnífica a quien la hubiese presenciado, dejé caer el libro, me puse en pie y, cogiendo una vela, salí decididamente de la habitación, y ya en el pasillo, donde mi luz destacaba poco, cerré la puerta sin hacer ruido y le di una vuelta.

Ahora no sabría decir qué me decidió ni qué me guió, pero avancé por el pasillo, sosteniendo la vela en alto, hasta divisar la alta ventana que presidía el gran arco de la escalera. Entonces, de pronto me di cuenta de tres cosas. Prácticamente fueron simultáneas, pero ocurrieron sucesivamente. Un audaz soplo de aire me había apagado la vela y, por la ventana abierta descubrí que la creciente luz del amanecer la hacía innecesaria. Sin su ayuda, al momento siguiente vi que había alguien en la escalera. Hablo de sucesión, pero no fue menester que pasaran segundos para aprestarme a mi tercer encuentro con Quint. La aparición se erguía en mitad de la escalera y, por tanto, lo más cerca posible de la ventana, donde, al verme, se detuvo en seco y se quedó mirándome exactamente igual que había hecho en la torre y en el jardín. Me conocía tan bien como yo lo conocía a él; y por eso, en la fría y tenue luz del amanecer, al resplandor del alto ventanal y el otro resplandor del roble pulimentado de la escalera, nos miramos mutuamente con idéntica intensidad. En esta ocasión era una figura absolutamente viva, detestable y peligrosa. Pero no era el horror de los horrores; me reservo este calificativo para otras circunstancias muy distintas, unas circunstancias en que indiscutiblemente el pavor me había abandonado y todo mi ser, sin excepción, le hizo frente y le desafió.

Sentí una gran angustia después de aquel momento extraordinario, pero, gracias a Dios, ningún terror. Y al cabo de un segundo me di cuenta de que él lo sabía. Con un furioso arrebato, tuve la intuición de que si me mantenía un minuto en mi lugar, al menos esta vez, dejaría de tener que hacerle frente; en consecuencia, durante un minuto la cosa fue tan humana y repugnante como una entrevista real: era repugnante porque era humana, tan repugnante como encontrarme a solas, de madrugada, en una casa dormida, con un enemigo, con un aventurero, con un criminal. El enorme silencio de nuestra larga observación en aquellas posiciones tan cercanas fue lo que aportó al horror, aun siendo tan grande, su única nota sobrenatural. Si me hubiera encontrado con un asesino en semejante lugar y a semejante hora, al menos hubiéramos hablado. En vida algo habría ocurrido entre nosotros; de no haber pasado nada, alguno se hubiera movido. El momento se prolongó tanto que poco me faltó para dudar de si estaba viva. No sé explicar lo que siguió, a no ser diciendo que el mismo silencio —en realidad, una forma de demostrar mis fuerzas— se convirtió en el elemento en que vi desaparecer la figura; en que la vi darse definitivamente la vuelta, como lo hubiera hecho después de recibir una orden del miserable al que perteneció en un tiempo, y con mis ojos sobre su vil espalda, más desfigurada que la de un jorobado, descender las escaleras y sumergirse en la oscuridad en la que se perdía el siguiente tramo.

10

Permanecí un tiempo en lo alto de la escalera, pero con el resultado de comprender en seguida que, cuando mi visitante se había ido, lo había hecho definitivamente; entonces regresé a mi cuarto. Lo primero que vi en él, a la luz vela que había dejado encendida, fue que la camita de Flora estaba vacía y ante esto me quedé sin aliento con todo el terror que cinco minutos antes había sido capaz de reprimir. Me lancé sobre el lugar donde la había dejado durmiendo y donde estaban desordenadas las sábanas y la colcha de seda y aparecían descuidadamente corridas las cortinas blancas. Luego, para mi indescriptible alivio, mis pasos despertaron una respuesta: percibí que se agitaba la cortina de la ventana y, en la parte exterior y con la cabeza agachada, surgió la niña. Estaba allí con todo su candor y tan pequeñita dentro de la camisa de dormir, con los sonrosados pies desnudos y el brillo dorado de sus tirabuzones. Parecía muy seria y yo nunca había tenido aquella sensación de estar perdiendo una ventaja ganada (con tan prodigioso estremecimiento) así como la conciencia de que me trataba con reproche.

"Malvada. ¿Dónde ha ido?" En lugar de acusarla por su falta, me encontré siendo acusada y justificándome. Por su parte, ella se explicó con la más encantadora y vehemente sencillez. Estando acostada, de repente se había percatado de que yo había salido del dormitorio y se había levantado para saber qué me pasaba. Con la alegría de su reaparición me había dejado yo caer en el sillón, sintiéndome entonces, y sólo entonces, un poco mareada; y ella se había acercado a mí, se había arrojado sobre mis rodillas, dejando que la llama de la vela cayera de plano sobre su hermosa carita todavía sonrosada por el sueño. Recuerdo que cerré los ojos un instante, consciente y satisfecha, ante la excesiva belleza con que resplandecía su melancolía.

—¿Me buscabas por la ventana? —dije—. ¿Pensabas que podía estar paseándome por el parque?

—Bueno, ya sabe, pensé que había alguien...

Nunca había palidecido tanto como al sonreírme ahora.

¡Y cómo la miré entonces!

—¿Y has visto a alguien?

—¡Ah, no! —respondió casi con resentimiento, utilizando el privilegio de la incoherencia infantil, bien que con gran dulzura en la forma de balbucir su negativa.

En aquel momento, en mi estado de nervios, estaba completamente convencida de que mentía; y si volví a cerrar los ojos fue deslumbrada por las tres o cuatro posibles interpretaciones de los hechos. Momentáneamente, una de ellas me tentó con tal intensidad que, para superarla, hube de apretar a mi pequeña con un espasmo que, asombrosamente, ella soportó sin un grito ni la menor muestra de temor. ¿Por qué no abrirse a ella en el acto y ponerlo todo al descubierto? ¿O lanzárselo a su carita adorable y radiante? "Mira, mira, tú sabes lo que haces y sospechas lo que yo opino; luego, ¿por qué no confesármelo francamente, de forma que por lo menos podamos vivir juntas con eso y quizás aprender, pese a la extravagancia de nuestro sino, dónde estamos y qué significa?".

Esta tentativa se desvaneció, ay, del mismo modo como se me había ocurrido: si hubiera sucumbido de inmediato a ella, podría haberme ahorrado... en fin, ya se verá qué. En lugar de sucumbir, me puse en pie de nuevo, miré la cama de Flora e irremediablemente opté por un inútil término medio.

—¿Por qué has corrido la cortina sobre la cabecera para hacerme creer que seguías dentro? Flora pensó visiblemente; tras lo cual, con su divina sonrisa, dijo:

—¡Porque no quería asustarla!

—Pero si yo había salido, como tú creías...

Se negó absolutamente a dejarse embrollar; dirigió la mirada hacia la llama de la vela, coma si la pregunta no tuviera importancia o, por lo menos, fuera tan impersonal como un trabalenguas.

—Pero, sabe —respondió con absoluta corrección—, podía volver, querida, ¡y eso es lo que ha hecho!

Y al poco, cuando estuvo en la cama y conmigo a su lado, cogiéndole la mano largo rato, tuve que demostrar que reconocía la oportunidad de haber regresado.

Es fácil imaginar cómo transcurrieron mis noches a partir de aquélla. Repetidas veces permanecí en vela hasta perder la noción de la hora; cuando creía que mi compañerita de habitación dormía con toda seguridad, me escapaba a dar silenciosos paseos por el pasillo e incluso avanzaba hasta donde había encontrado a Quint la última vez. Pero nunca volví a encontrarlo en aquel sitio; y ya podría decir que nunca volví a verlo dentro de la casa. Por otra parte, precisamente en la escalera malogré otra aventura distinta. Mirando hacia la planta baja, reconocí en una ocasión la presencia de una mujer sentada en los escalones inferiores, dándome la espalda, con el cuerpo semidoblado y la cabeza entre las manos, en actitud pesarosa. Sin embargo, sólo llevaba allí unos instantes cuando se desvaneció sin volverme la cara. Pese a lo cual, supe exactamente cómo era la pavorosa cara que hubiera mostrado; y me pregunté si, de haber estado abajo en lugar de arriba, habría tenido la misma serenidad para ascender que poco antes había demostrado delante de Quint. En fin, que no faltaron ocasiones para templar los nervios.

La undécima noche después de mi postrer encuentro con aquel caballero —ahora las numeraba—, ocurrió un incidente que realmente, por su carácter inesperado, fue el que más me impresionó. Ocurrió precisamente la primera noche de esta serie en que, preocupada por vigilar, había tenido la sensación de que de nuevo podía acostarme, sin pecar de dejadez, según mi antiguo horario. En seguida me dormí, hasta la una, como luego supe; pero cuando desperté fue para sentarme derecha, tan despabilada como si una mano me hubiese abofeteado. Había dejado una luz encendida, pero estaba apagada, y al instante tuve la certidumbre de que había sido Flora quien la había apagado. Eso me hizo ponerme en pie y dirigirme a su cama, en medio de la oscuridad, que encontré vacía. Una mirada a la ventana me iluminó algo más y la cerilla que encendí completó el cuadro.

La niña había vuelto a levantarse, esta vez apagando la candela, y de nuevo con objeto de observar o responder, se apretujaba detrás de los visillos y escudriñaba la noche. Que algo veía —la vez anterior me había felicitado de que no fuera así— lo demostraba el hecho de no distraerla mi nueva iluminación ni mi precipitación al ponerme las zapatillas y la bata. Escondida, protegida, absorta, sin duda descansando en el antepecho —la ventana abría hacia el exterior—, estaba entregada. Una gran luna llena la ayudaba y eso pesó en mi rápida decisión. Ella estaba cara a cara con la aparición que habíamos encontrado en el lago y ahora mantenía la comunicación que entonces no le había sido posible. Por mi parte, de lo que yo tenía que ocuparme era de, sin interrumpirla, llegar por el pasillo a otra ventana de la misma fachada. Alcancé la puerta sin que me oyera; salí, la cerré y, desde el otro lado, escuché sus ruidos. En cuanto estuve en el pasillo mis ojos se clavaron en la puerta del hermano, que sólo estaba a unos diez pasos de distancia y que me reavivó de una forma indescriptible un extraño impulso que últimamente denominaba mi tentación. ¿Qué pasaría si fuese directamente a la ventana de él? ¿Qué si, arriesgándome a provocar su infantil atolondramiento al revelarle mis motivos, atajara el resto del misterio mediante una gran osadía?

Este pensamiento me dominó hasta hacerme cruzar el umbral de su puerta y detenerme de nuevo. Inexplicablemente me quedé escuchando; me inventé una explicación del prodigio que podía estar sucediendo; me pregunté si también su cama estaría vacía y si también él observaría en secreto. Fue un instante profundo y silencioso tras el que me abandonaron las fuerzas. Él estaba tranquilo, podía ser inocente; el riesgo era terrible; y retrocedí. Por el parque había una figura, una figura que merodeaba, el visitante con quien se relacionaba Flora, pero no el visitante más interesado por mi muchacho. De nuevo dudé, pero por otras razones y sólo unos segundos; luego tomé una decisión. En Bly había habitaciones vacías y sólo era cuestión de elegir la adecuada. De pronto tuve la idea de que la adecuada era la situada en la planta baja —aunque algo elevada sobre el jardín— de la esquina de la casa a que me he referido con el nombre de la torre vieja. Era una sala grande y cuadrada, dispuesta con cierto lujo como dormitorio, pero cuyo tamaño fuera de lo normal la hacía tan inadecuada que, pese a mantener la señora Grose un orden ejemplar, no se había utilizado en años.

Muchas veces había entrado a verla y conocía el camino; luego de vacilar en el primer contacto con las frías tinieblas del abandono, sólo tuve que atravesarla y abrir, lo más silenciosamente posible, uno de los postigos. Hecho esto, descubrí el cristal sin hacer ruido, pegué la cara y, no siendo la oscuridad mucho menor que en el interior, comprobé que había acertado con el emplazamiento. Luego vi algo más. La luna hacía que la noche fuera extraordinariamente penetrable y me permitió ver a una persona en el prado, desvaída por la distancia, que no se movía y que, como fascinada, miraba hacia donde yo me había asomado. Es decir, no tanto hacia mí como hacia algo situado ligeramente por encima de mí. Sin duda, había otra persona arriba, en la torre; pero quien estaba en el prado no tenía nada que ver con lo que yo había imaginado y a cuyo encuentro me había apresurado a dirigirme. Quien estaba en el prado —me sentí mal al darme cuenta— era el pobre y pequeño Miles en persona.

11

Hasta el día siguiente no hablé con la señora Grose; el rigor con que mantenía a mis alumnos al alcance de mi vista solía dificultarme conversar con ella en privado, y mucho más conforme apreciamos la conveniencia de no despertar —ni en el servicio ni en los niños— la menor sospecha de alarma por nuestra parte ni de conversaciones misteriosas. En este sentido, su placidez me daba gran seguridad. Nada en la frescura de su cara podía traspasar a los demás mis horribles confidencias. Ella me creía, de eso estaba absolutamente convencida; de no ser así, no sé qué habría ocurrido, pues no hubiera sabido desenvolverme sola. Pero ella constituía un magnífico monumento a la santa falta de imaginación, y si en nuestros pupilos sólo veía su belleza y amabilidad, su felicidad e inteligencia, tampoco tenía comunicación directa con los motivos de mi angustia. De haber padecido ellos un daño visible o de haber sido maltratados, sin duda se hubiera crecido como un halcón, hasta ponerse a su altura; sin embargo, tal como estaban las cosas, cuando vigilaba a los niños con sus grandes brazos blancos cruzados y la habitual serenidad de su mirada, la sentía dar gracias a la bondad de Dios porque, aunque en ruinas, sus piezas aún sirvieran. En su mente, los vuelos de la imaginación daban lugar a un frío calor sin llama, y yo estaba comenzando a percibir cómo, al crecer el convencimiento de que —conforme pasaba el tiempo sin incidentes manifiestos— nuestros jóvenes podían cuidarse solos, después de todo, ella podía dedicar la mayor parte de su atención al triste caso de la institutriz. Para mí, esto simplificaba las cosas: podía comprometerme a que mi rostro no delatara lo que ocurría al exterior, pero en aquellas condiciones hubiera sido una enorme tensión adicional estar pendiente de que ella tampoco las contara.

En la ocasión a que me refiero, la señora Grose me acompañaba, a petición mía, en la terraza donde, con el cambio de estación, ahora era agradable el sol de la tarde; y estábamos sentadas allí mientras, delante de nosotras, a cierta distancia, pero al alcance de la voz, los niños corrían de un lado a otro con un humor de lo más dócil. Se movían lentamente y al unísono bajo nuestra mirada; el niño leía un libro de cuentos y pasaba el brazo alrededor de la hermana para mantenerla atenta. La señora Grose los observaba evidentemente complacida; luego sorprendí el sofocado gruñido con que conscientemente se volvió hacia mí para que le enseñara la otra cara de la moneda.

Yo la había convertido en un receptáculo de ignominias, pero había un obvio reconocimiento de mi superioridad —de mis capacidades y de mi función— en su paciencia para con mi dolor. Ofrecía su inteligencia a mis revelaciones como hubiera sostenido una cacerola grande y limpia si yo hubiese querido preparar un brebaje de bruja y se lo hubiese solicitado con firmeza. Esta exactamente era su actitud en el momento en que, a mitad del relato de los sucesos de la noche, llegué al punto de lo que me dijo Miles, después de haberlo visto a tan monstruosa hora casi en el mismo lugar donde ahora estaba y después de haber salido a recogerlo, solución que preferí desde mi observatorio de la ventana teniendo en cuenta la necesidad de no alarmar a la casa. Y la había dejado con la pequeña duda de si conseguiría describir adecuadamente, incluso contando con su auténtica simpatía, la verdadera y esplendorosa inspiración con que el pequeño, una vez dentro de casa, hizo frente a mi último y claro desafío. En cuanto aparecí en la terraza iluminada por la luna, se dirigió hacia mí; así que, cogiéndolo de la mano y sin decirle una palabra, lo conduje por entre la oscuridad hasta lo alto de la escalera, donde con tanta insistencia lo había buscado Quint, y por el pasillo donde yo había escuchado y temblado, hasta dejarlo en su dormitorio.

En el trayecto no intercambiamos ni una palabra y yo me pregunté —¡cómo me lo preguntaba!— si su pequeña inteligencia no estaría tramando algo plausible y no demasiado grotesco. Lo cual, sin duda, ponía a prueba su inventiva, y esta vez sentí su auténtico embarazo con un escalofrío triunfal. ¡Era una severa trampa contra lo inescrutable! Ya no podría seguir fingiendo inocencia, así que ¿cómo diantre iba a salir de aquel lío? También en mi interior, con el apasionado pulso de esta pregunta, latía idéntica y muda pregunta sobre cómo debía yo comportarme. Al fin me enfrentaba, como nunca hasta entonces, a todos los riesgos que conllevaba pronunciar en voz alta mis terrores. De hecho, recuerdo que conforme entramos en su pequeña alcoba, en cuya cama nadie había dormido, y cuya ventana abierta a la luz de la luna iluminaba hasta no haber necesidad de encender una cerilla, recuerdo cómo de pronto me desmoroné, caí al borde de la cama, ante la opresiva idea de que él sabía verdaderamente cómo "quedarse" conmigo, que se dice. Podía hacer lo que quisiera, con toda su inteligencia a su favor, mientras que yo debía seguir dependiendo de esa antigua tradición criminalista de los guardianes de los jóvenes que los dominan mediante supersticiones y miedos. En realidad, se había «quedado» conmigo y me tenía bien cogida; pues ¿quién me absolvería, quién consentiría en que saliera libre si, con la más leve insinuación, era yo la primera en introducir en nuestras intachables relaciones un elemento tan espantoso? No, no; era inútil tratar de comunicar a la señora Grose, como poco menos lo es el tratar de sugerirlo aquí, como en nuestra breve y torpe escaramuza a oscuras casi me hizo temblar de admiración. Por supuesto, estuve escrupulosamente amable y bondadosa; nunca antes había puesto sobre sus pequeños hombros unas manos tan tiernas como las que lo sostenían frente al fuego mientras yo me apoyaba en la cama. No tenía más alternativa que, al menos formalmente, descubrirme.

—Ahora debes contármelo y contarme toda la verdad. ¿A qué has salido? ¿Qué hacías ahí fuera?

Todavía veo su hermosa sonrisa, el blanco de sus hermosos ojos y sus dientecitos descubiertos y brillando en la oscuridad.

—Si le digo el porqué, ¿lo comprenderá? —Ante esto, el corazón se me subió a la boca. ¿Me contaría el porqué? Mis labios no encontraban las palabras para presionarlo y me di cuenta de que sólo le contestaba con una mueca de vago y repetido asentimiento. Él era la mismísima caballerosidad y, mientras yo cabeceaba, se mantenía allí de pie, más príncipe azul que nunca. En realidad, su agudeza me concedió un respiro. ¿Podía ser algo tan importante si de verdad iba a decírmelo?—. Bueno dijo al fin—, precisamente para que usted tuviera que hacer esto.

—Para hacer ¿qué?

—¡Para que creyera, para variar, que soy malo!

Nunca olvidaré la dulzura y alegría con que pronunció la palabra ni cómo, en el momento cumbre de la escena, se inclinó hacia adelante y me besó. Prácticamente fue el final de todo aquello. Recibí su beso y mientras lo tuve cogido entre mis brazos durante un minuto, hube de hacer un inmenso esfuerzo para no gritar. La suya era exactamente el tipo de explicación que más me cortaba, y sólo a modo de confirmación, una vez hube mirado alrededor de todo el cuarto, dije:

—Entonces, ¿no te has desnudado? Casi resplandecía en las tinieblas.

—En absoluto. Me senté y he estado leyendo.

—¿Y cuándo has bajado?

—A medianoche. ¡Cuando soy malo, soy malo, de verdad!

—Ya veo, ya veo... Es fascinante. Pero ¿por qué estabas seguro de que yo iba a enterarme?

—Me puse de acuerdo con Flora. —¡Su respuesta surgió pronta!—. Ella tenía que levantarse y mirar por la ventana.

—Que es lo que ha hecho.

¡Ahora era yo la que caía en la trampa!

—Así usted se inquietaría y, para ver qué miraba, también miraría... y miró.

—¡Mientras tú —interumpí—, te exponías a pescar un resfriado en el aire frío de la noche! Estaba, literalmente, tan ufano de la hazaña que convino radiante:

—¿Cómo si no hubiera sido verdaderamente malo?

Luego, después de otro abrazo, el incidente y nuestra conversación concluyeron con mi reconocimiento de todas las reservas de bondad que, con su broma, había conseguido extraer de él.

12

A la luz del atardecer, la especial impresión que yo había recibido no afectó de modo particular a la señora Grose, repito, aunque la reforcé mencionando otra observación que me hiciera el niño antes de separarnos.

—Todo radica en media docena de palabras —dije a la señora Grose, palabras que verdaderamente aclaran el asunto. ¡Piense en lo que podría hacer! Me lanzó eso para demostrarme lo bueno que es. Él sabe perfectamente lo que «podría» hacer. Eso es lo que debió demostrar en el colegio.

—¡Por Dios, usted desvaría! —gritó mi amiga.

—¡No desvarío! Simplemente me explico. Los cuatro implicados se encuentran constantemente. Si usted hubiera estado con alguno de los niños cualquiera de estas última noches, lo comprendería con toda claridad. Cuanto más he vigilado y esperado, más he tenido la sensación de que no hace falta nada más para estar segura del sistemático silencio de los niños. Nunca, ni por un desliz, han hecho ni siquiera alusión a sus antiguos amigos, lo mismo que Miles no ha aludido a su expulsión. Ay, sí, podemos sentarnos aquí y mirarlos, y ellos pueden exhibírsenos a sus anchas; pero aunque simulen estar perdidos en sus cuentos de hadas, están inmersos en la visión de los muertos que regresan. Él no está leyendo para ella —afirmó—, sino que están hablando de ellos, ¡están hablando de cosas horrorosas! Me comporto como si estuviera loca y es un milagro que no lo esté. Lo que he visto la hubiera enloquecido a usted; pero a mí sólo me ha hecho más lúcida, sólo me ha hecho percatarme de otras cosas.

Mi lucidez debía parecer horrible, pero las encantadoras criaturas que eran sus víctimas, pasando una y otra vez con su armoniosa dulzura, proporcionaban un agarradero a mi colega; y yo percibía con cuánta fuerza se agarraba ella, cómo, sin dejarse agitar por el aliento de mi pasión, los protegía en silencio con sus ojos.

—¿De qué otras cosas se ha dado usted cuenta?

—Pues de muchas cosas que me han deleitado, que me han fascinado y que, no obstante, en el fondo, como ahora comprendo con suma extrañeza, me han engañado y compungido. Su belleza más que natural, su bondad absolutamente extraterrena. ¡Es un juego —proseguí—, una táctica y un fraude!

—¿Por parte de los encantadores niños?

—¿Aún siguen siendo encantadores? ¡Sí, por absurdo que pueda parecer! —El mismo hecho de ponerlo de manifiesto me ayudó a rastrearlo, a retroceder en los recuerdos y a atar los distintos cabos—. No han sido buenos... simplemente estaban ausentes. Ha sido fácil vivir con ellos, sencillamente debido a que los dos llevan su propia vida aparte. No son míos, no son nuestros. El niño es de él y la niña es de ella. ¡Los niños son de él y de ella!

—¿De Quint y de la mujer?

—De Quint y de la mujer. Quieren dominarlos.

¡Ay, cómo los escrutó la señora Grose al oír estas palabras!

—Pero ¿para qué?

—Por el amor a todo lo malo que, en aquellos terroríficos días, les inculcó la pareja. Y para seguir inculcándoles el mal, para perseverar en su obra demoníaca. Para eso vuelven.

—¡Por Dios! —dijo mi amiga, perdiendo el aliento. Esta exclamación era habitual en ella, pero revelaba una verdadera aceptación de mi última tesis, de lo que en las malas épocas —¡pues las hubo peores que éstas! —debió ocurrir. No hubiera podido disponer de mejor justificación que el claro asentimiento de su experiencia respecto a la profundidad de la depravación que yo creía concebible en el caso de nuestro par de golfantes. Lo que dijo un momento después fue un evidente triunfo de la memoria:

—¡Eran unos golfos! Pero ¿qué pueden hacer ahora? —agregó.

—¿Hacer? —repetí tan fuerte que Miles y Flora, que pasaban a cierta distancia, se detuvieron un instante y nos miraron—. ¿No basta con lo que hacen? —inquirí en voz baja mientras los niños, que nos habían sonreído, hecho asentimientos y enviado besos con la mano, reanudaron sus juegos. Durante unos instantes estuvimos pendientes de ellos; luego respondí—. ¡Pueden destruirlos! —Ante lo cual mi compañera se revolvió, pero su pregunta fue silenciosa y tuvo como efecto el obligarme a ser más explícita—. Aún no saben bien cómo, pero lo persiguen con todas sus fuerzas. Sólo se dejan ver a distancia, como si dijéramos, en sitios extraños y elevados, en lo alto de las torres, en los tejados de la casa, al otro lado de las ventanas, en la otra orilla del estanque; pero hay un verdadero propósito por ambas partes de acortar distancias y superar los obstáculos; y el que lo consigan sólo es cuestión de tiempo. Tan sólo tienen que mantener sus peligrosas insinuaciones.

—¿Para que acudan los niños?

—¡Y perezcan en el intento! —La señora Grose se levantó lentamente y yo agregué llena de escrúpulos—: A menos que podamos impedirlo, claro está.

Delante de mí, de pie, en tanto yo seguía sentada, daba visiblemente vueltas a la idea.

—Su tío debería evitarlo. Debería llevárselos.

—¿Y quién va a decírselo a él?

La señora Grose había guardado las distancias, pero ahora se me echó encima.

—Usted, señorita.

—¿Escribiéndole que la casa está emponzoñada y sus sobrinitos locos?

—Pero ¿lo están, señorita?

—¿Quiere decir que puedo estarlo yo? Son unas encantadoras noticias para recibirlas de una institutriz cuya principal obligación es no molestarlo.

La señora Grose meditó, siguiendo de nuevo a los niños con la mirada.

—Sí, odia las complicaciones. Esa fue la razón de peso...

—¿De que aquellos demonios lo tuvieran tanto tiempo engañado? Sin duda, aunque su indiferencia debe haber sido terrible. Como yo no soy un demonio, en ningún caso debería engañarlo.

Por toda respuesta, al cabo de un instante mi compañera volvió a sentarse y me cogió la mano.

—Haga de todas formas que venga con usted. La miré fijamente.

—¿Conmigo? —Sentí un repentino miedo de lo que ella pudiera hacer. ¿A él?

—Debe estar aquí. Debe ayudar.

Me levanté de prisa y creo que debí mostrarle la expresión más rara que nunca me había visto.

—¿Me imagina usted pidiéndole visita? No, con sus ojos puestos en mi cara evidentemente le resultaba imposible. En lugar de eso, vería —como una mujer ve en otra— lo que veía yo: su mofa, su diversión, su desprecio por la quiebra de mi resignación al quedarme sola y por el ingenioso mecanismo que había puesto en marcha para merecer su interés por mis escasos encantos. Ella no sabía —no lo sabía nadie— lo orgullosa que estaba yo de servirle y de cumplir nuestro pacto; sin embargo, supo apreciar, supongo, la advertencia que le hice:

—Si usted perdiera la cabeza hasta apelar en mi nombre... Ella estaba verdaderamente asustada.

—¿Sí, señorita?

—En ese momento los dejaría, a usted y a él.

13

Era muy fácil unirse a ellos, pero hablarles resultó, como siempre lo había sido, algo que estaba por encima de mis fuerzas y que, dentro de casa, presentaba dificultades insuperables. Esta situación se prolongó un mes, con nuevos agravantes y especiales características, sobre todo con las cada vez más agudizadas pequeñas ironías por parte de mis alumnos. No eran cosas de —estoy tan segura como lo estaba entonces— mi infernal imaginación; era completamente evidente que se daban cuenta de mi malestar y que desde hacía tiempo esta extraña relación creaba, en cierto sentido, la atmósfera donde nos movíamos. No quiero decir que me sacaran la lengua ni que hicieran vulgaridades de ninguna clase, pues no eran esos sus peligros; quiero decir, por el contrario, que fue creciendo entre nosotros lo innombrable e intocable, y que tanta contención no hubiera podido mantenerse sin un acuerdo tácito.

En algunos momentos era como si siempre estuviéramos viendo cosas que debíamos atajar, saliendo apresuradamente de vías que sabíamos sin salida, cerrando con pequeños portazos las puertas que habíamos abierto, con golpes que nos hacían mirarnos, pues como ocurre con todo los golpes eran mayores de lo que hubiéramos deseado. Todos los caminos conducen a Roma y hubo veces en que debería habernos sorprendido que todos los temas de estudio o de conversación orillaran el terreno prohibido. El terreno prohibido eran la cuestión del retorno de los muertos en general y, en especial de todo lo que pudiera sobrevivir en el recuerdo de los amigos que habían perdido los pequeños. Hubo días en que podría haber jurado que, con un leve codazo invisible, uno había dicho al otro: "Se cree que esta vez lo hará, pero no lo hará".

"Hacerlo", habría consistido en tolerar, por ejemplo, y de una vez, alguna referencia directa a la señora que los había preparado para mortificarme. Sentían un delicioso e insaciable interés por todas las anécdotas de mi vida, con las que los había obsequiado una y otra vez; disponían de todo cuanto me había ocurrido, tenían la relación de mis más pequeñas aventuras, con todos sus detalles, y de las aventuras del perro y del gato de mi casa, y de las aventuras de mis hermanos y hermanas, así como de muchas particularidades sobre el excéntrico carácter de mi padre, de los muebles y de la disposición de nuestra casa y de las conversaciones de las viejas de nuestro pueblo. Entre unas y otras, había suficientes cosas para charlar, si se iba muy de prisa y se sabía instintivamente dónde detenerse. Con la habilidad que les era propia, tiraban de las cuerdas de mi imaginación y de mi memoria; y cuando pensaba más tarde en tales ocasiones, ninguna otra cosa quizá me despertaba tanto la sospecha de estar siendo observada. En cualquier caso, únicamente hablábamos cómodamente si hablábamos sobre mi vida, mi pasado y mis amigos; una situación que a veces los llevaba, sin venir a cuento en absoluto, a entrometerse en los recuerdos de mi vida social. Me invitaban —sin que tuviera relación con nada— a repetir la famosa frase de un Juan Lanas o a confirmar detalles antes mencionados sobre la inteligencia del caballo de la parroquia.

Con el sesgo que habían ido tomando las cosas, mi malestar, como antes lo he llamado, creció ante incidentes como éstos, por una parte, y por otra muy distintos. El hecho de que los días transcurrieran sin nuevos encuentros debería haber contribuido, aparentemente, a tranquilizarme los nervios. Desde el ligero sobresalto, aquella noche en la planta alta, sufrido ante la presencia de la mujer al pie de la escalera, nada había visto dentro ni fuera de la casa que mejor hubiera sido no ver. Había muchos recodos donde esperaba tropezar con Quint y muchas situaciones en que, por su siniestra naturaleza, hubieran debido favorecer las apariciones de la señorita Jessel. El verano había terminado, el verano había desaparecido; el otoño había caído sobre Bly y había apagado la mitad de nuestras luces. Con su cielo gris y sus guirnaldas marchitas, sus espacios desnudos y las hojas muertas desparramadas, el lugar era como un teatro después de la representación, con los programas arrugados esparcidos por el suelo.

Había determinadas condiciones meteorológicas, de sonido y quietud, indecibles sensaciones similares a momentos litúrgicos, que me devolvían, con suficiente intensidad para captarla, la atmósfera de aquella tarde de junio al aire libre en que había visto por primera vez a Quint, visión que había tenido, además, después de verlo por la ventana, en el instante en que lo había buscado en vano por el círculo de la maleza. Reconocía las señales, los presagios; reconocía la hora, el lugar. Pero seguían estando solitarios y vacíos, y yo continuaba sin ser importunada, si de no importunada puede calificarse a una joven cuya sensibilidad no había decrecido, sino que se había agudizado del modo más extraordinario. En la conversación con la señora Grose sobre aquella horrible escena de Flora junto al lago había dicho, y la dejé perpleja, que desde aquel momento me preocupaba mucho más perder mi poder que retenerlo. Entonces había expresado lo que estaba de forma tan viva en mis pensamientos: la verdad de que, tanto si los niños los veían realmente como si no —puesto que eso no estaba terminantemente probado—, prefería con mucho mi propia exposición a modo de salvaguarda. Estaba dispuesta a conocer lo peor que se pudiera saber. Lo que yo no había vislumbrado entonces era que mis ojos podían quedar sellados mientras los de ellos estaban completamente abiertos. Pues bien, al parecer mis ojos estaban de momento sellados: una pérdida por la que parecía blasfemo no dar gracias a Dios. Había, ay, una dificultad en medio de todo aquello: hubiera dado gracias con toda mi alma de no estar firmemente convencida del secreto de mis alumnos.

¿Cómo podría repetir hoy los extraños pasos de mi obsesión? Había ocasiones en nuestra convivencia, en que hubiera estado dispuesta a jurar que, literalmente en mi presencia, pero con mi percepción disminuida, los niños recibían visitantes que conocían y que recibían de buena gana. Entonces, de no haber estado acobardada por la posibilidad de que el daño de evitarlo fuera mayor que el daño evitado, mi exaltación hubiera estallado. "¡Están aquí, están aquí! ¡Sois unos miserables —hubiese gritado—, y ahora no podéis negarlo!". Los pequeños miserables lo negaban con todo el peso adicional de su sociabilidad y de su ternura, precisamente cuando, en sus cristalinas profundidades, como el resplandor del pez en el arroyo, atisbaba su burlona superioridad. En verdad, el sobresalto se había grabado en mi interior más profundamente aún de lo que imaginara aquella noche cuando, buscando por la ventana a Quint o a la señorita Jessel bajo las estrellas, había encontrado al muchacho por cuyo reposo yo velaba y que inmediatamente sacó a relucir su encantadora sonrisa, volviéndose hacia mí, para quien había representado la terrorífica aparición de Quint en las almenas situadas sobre mi cabeza. Si el problema hubiera sido el miedo, mi descubrimiento de aquella ocasión me habría asustado más que todo lo demás, y fue del estado nervioso en que me sumió de donde extraje mis auténticas conclusiones. Me acosaban tanto que, en algunos momentos, me encerraba para ensayar en voz alta —lo que al tiempo era un alivio fantástico y una renovada desesperación— la forma de abordar el asunto. Lo afrontaba de una u otra forma mientras divagaba en mi cuarto, pero siempre me desmoronaba al pronunciar sus monstruosos nombres. Al desvanecerse en mis labios, me decía que podía colaborar a representar algo infame si, al pronunciarlos, violaba una instintiva delicadeza tan extraña como probablemente nunca haya existido en un aula. Cuando me decía: "¡Ellos han logrado permanecer callados y tú, que los tienes a tu cargo, has caído en la bajeza de hablar!", me sentía enrojecer y me cubría el rostro con las manos.

Después de estas escenas secretas, hablaba más que nunca, con suma volubilidad, hasta que sucedía uno de nuestros prodigiosos y palpables silencios —no sé decirlo de otra forma—, un raro y vertiginoso salto o zambullida —¡busco la palabra!— en la quietud, en la detención de toda vida, lo cual nada tenía que ver con el mayor o menor ruido que pudiéramos hacer en aquellos momentos y que era capaz de percibir en medio de una carcajada profunda, de un rápido recitado o de un rasgueo malo y fuerte del piano. Entonces sabía que los otros, los extraños, estaban presentes. Aunque no eran ángeles, "pasaban", como se dice, haciéndome temblar mientras permanecían, con miedo de que dirigiesen a sus jóvenes víctimas un mensaje más infernal o una imagen más vívida de lo que habían considerado suficiente para mí.

Lo que más imposible me resultaba de quitarme de la cabeza era la cruel idea de que, por mucho que yo hubiera visto, Miles y Flora veían más: cosas horribles e inimaginables que surgían del seno horrible de sus anteriores relaciones. Naturalmente, cuando acaecían, semejantes cosas producían un escalofrío que negábamos sentir a voces; y con las repeticiones, los tres estábamos tan entrenados que, cada vez, de forma casi automática, señalábamos el final del incidente con los mismísimos movimientos. Era sorprendente que los niños, aun así, me besaran inveteradamente con una especie de brutal incoherencia y nunca omitieran —uno ni otro— la preciosa pregunta que nos había ayudado a salvar muchos peligros: "¿Cuándo cree usted que vendrá? ¿Cree que debemos escribirle?". Sabíamos por experiencia que no había nada como este interrogatorio para deshacernos del embarazo. Se referían, por supuesto, a su tío de Harley Street; y vivíamos en tal irrealidad que en cualquier momento hubiera podido llegar a incorporarse a nuestro círculo.

Era imposible haber desalentado el entusiasmo menos de lo que él lo había hecho, pero si no hubiéramos contado con aquel recurso para apoyarnos, nos habríamos privado mutuamente de parte de nuestros mejores espectáculos. Nunca les escribía, lo cual tal vez parezca egoísta, pero formaba parte de su aduladora confianza en mí; pues una de las formas de rendir un hombre homenaje a una mujer consiste en consagrarla a las sagradas leyes de su bienestar; y yo sostenía que estaba cumpliendo con el espíritu de la promesa dada de no recurrir a él cuando daba a entender a mis alumnos que sus cartas sólo eran encantadores ejercicios de estilo. Eran demasiado bellas para ser echadas al correo; me las quedaba yo; todavía las tengo todas a estas alturas. De hecho, era una regla que sólo aumentaba el efecto satírico de mi suposición de que en cualquier momento podía estar entre nosotros. Era exactamente como si mis alumnos supieran que eso me enojaba más que casi ninguna otra cosa. Además, cuando miro hacia atrás, me parece que lo más extraordinario de todo es el simple hecho de que, a pesar de mi tensión y de su triunfo, nunca me hicieran perder la paciencia. ¡En verdad debían ser adorables, me digo ahora, para no odiarlos en aquellos días! No obstante, ¿me habría traicionado la desesperación si el alivio se hubiera demorado demasiado? Poco importa, pues llegó el alivio. Lo llamo alivio, aunque sólo fue el alivio que procura una bofetada a la histeria o el estallido de la tormenta en un día sofocante. Por lo menos fue un cambio y llegó como una exhalación.

14

Un domingo por la mañana, yendo hacia la iglesia, llevaba al pequeño Miles a mi lado y su hermana, delante de nosotros y al lado de la señora Grose, a la vista. Era un día fresco y claro, el primero de esta clase desde hacía cierto tiempo; la noche había dejado un poco de escarcha y la atmósfera otoñal, brillante y cortante, hacía casi alegres las campanadas de la iglesia. Fue una curiosa casualidad que en aquel concreto momento me sorprendiera, de forma muy especial y satisfactoria, la obediencia de mis pupilos. ¿Por qué no se quejaban nunca de mi perpetua e inexorable compañía? Una u otra cosa me trajo a las mientes que llevaba al muchacho pegado a mis faldas y que, tal como nuestros acompañantes iban delante, estaba en condiciones de atajar cualquier peligro de rebelión. Era una especie de carcelero, con un ojo puesto en las posibles sorpresas y fugas. Pero todo esto —me refiero a su magnífica entrega— formaba precisamente parte del especial orden de unos hechos más insondables. Vestido de domingo por el sastre de su tío, hombre de mano hábil y con gusto para las chaquetas bonitas y para la pose de los pequeños aristócratas, Miles llevaba tan estampados en él todos los derechos propios de su sexo y condición que, si de repente hubiese reclamado su libertad, yo no hubiera tenido nada que decir. Curiosamente, estaba reflexionando sobre cómo reaccionaría ante semejante coyuntura, cuando la revolución estalló de modo inequívoco. Lo llamo revolución porque ahora comprendo cómo con la palabra que dijo, se levantó el telón del último acto de mi pavoroso drama y se precipitó la catástrofe.

—Escuche, querida —dijo con tono encantador—, ¿sabe usted cuándo voy a volver por fin al colegio?

Transcritas aquí, las palabras suenan bastante inofensivas, dado que fueron pronunciadas en el tono dulzón, alto y casual que empleaba con todos sus interlocutores, pero sobre todo con su eterna institutriz, como si estuviera obsequiándola con rosas. Siempre contenían algo que se debía "captar", o bien que yo capté entonces hasta tal punto que me detuve en seco como si algún árbol del parque estuviera caído sobre el sendero. Inmediatamente sucedió algo nuevo entre nosotros y él se daba cabal cuenta de que yo lo reconocía, si bien no por eso tuvo necesidad de mostrarse ni una pizca más cándido y encantador que de costumbre. Me daba cuenta de que él consideraba como ventaja el hecho de que, en un principio, yo no hubiese encontrado nada qué contestar. Fui tan lenta en dar con algo que él tuvo sobrado tiempo, al cabo de un instante, para continuar su sonrisa sugerente, pero indeterminada.

—Usted sabe, querida, que para un chico estar siempre con una dama...

El "querida" lo tenía constantemente en la boca cuando me hablaba y nada expresaba de modo tan exacto el sentimiento que yo deseaba inspirar a mis alumnos que su cariñosa familiaridad. Así de fácil y respetuoso era.

¡Pero, ay, cómo me hubiera gustado en aquel momento recoger mis propias expresiones! Recuerdo que, para ganar tiempo, intenté reír y me pareció ver en la hermosa faz que él me mostraba cuán fea y rara estaría yo.

—¿Y siempre con la misma dama? —respondí.

Ni retrocedió ni pestañeó. Virtualmente todo había terminado entre nosotros.

—¡Ah, por supuesto que es una dama airosa y «perfecta»! Pero, después de todo, yo soy un chico, ¿no me entiende?... que, en fin, está creciendo.

Me demoré con él un instante tan agradable como nunca lo había tenido.

—Sí, creces. —Pero, ¡ay!, me sentía desfallecer.

Conservo de aquel día la desalentadora idea de que él parecía saberlo y jugar conmigo.

—Y usted no puede decir que yo no me haya portado perfectamente bien, ¿verdad que no?

Le eché la mano por el hombro, aunque sabía que hubiera sido mejor seguir andando, porque aún no era capaz de andar.

—No, no puedo decir eso, Miles.

—¡Excepto aquella noche, ya sabe!

—¿Aquella noche? —No podía mirarle tan a los ojos como él me miraba a mí.

—La que bajé las escaleras y salí de la casa.

—Ah, sí. Pero se me ha olvidado por qué lo hiciste.

—¿Lo ha olvidado? —dijo con dulce extravagancia o infantil reproche—. ¡Pues fue para demostrarle de lo que era capaz!

—Ah, sí, que eras capaz.

—Y puedo volver a hacerlo.

Tenía la sensación de que quizás, después de todo, conseguiría reservarme mis fantasías.

—Claro que sí. Pero no lo volverás a hacer.

—Aquello otra vez, no. Aquello no fue nada.

—No fue nada —dije—. Pero debemos seguir andando. Prosiguió a mi lado, llevándome del brazo.

—Entonces, ¿cuándo voy a volver?

Al responder adopté mi aire más responsable.

—¿Estabas muy contento en el colegio? Lo pensó.

—Yo estoy muy contento en todas partes.

—Pues entonces —balbucí—, si estás tan contento aquí...

—¡Ah, pero eso no es todo! Por supuesto, usted sabe muchas cosas...

—Pero tú crees que las sabes casi todas —me arriesgué a decir al mismo tiempo que él se detenía.

—¡Ni la mitad de las que me gustaría saber! —declaró honradamente Miles—. Pero no se trata sólo de eso.

—¿De qué, entonces?

—Bueno... quiero conocer más cosas de la vida.

—Comprendo, comprendo...

Estábamos a la vista de la iglesia y de varias personas, entre ellas varios criados de Bly que iban hacia allí y se arracimaban alrededor de la puerta para vernos entrar. Apresuré el paso; quería llegar antes de que el tema surgido entre nosotros fuera más lejos; reflexionaba, deseándolo, que durante una hora larga Miles permanecería en silencio; y pensaba, complacida, en la relativa oscuridad del reclinatorio y en la ayuda casi espiritual del cojín sobre el que doblaría las rodillas. Tenía la impresión de estar literalmente corriendo una carrera contra la confusión a que él intentaba reducirme, y sentí que lo conseguía cuando, antes de entrar en el atrio, exclamó:

—¡Quiero estar con los que son como yo! Aquello me hizo dar un salto.

—¡No hay muchos como tú, Miles! —Reí—. A no ser, quizás, la pequeña Flora.

—¿Me está comparando en serio con una niña pequeña? Aquello me cogió muy especialmente por sorpresa.

—¿Es que no quieres a nuestra dulce Flora?

—Si no la quisiera... ni tampoco a usted... si no la quisiera... —repitió como si retrocediese para tomar carrerilla, dejando la idea tan sin acabar que, una vez traspasada la cancela se hizo inevitable otro alto, que él me impuso apretándome el brazo.

La señora Grose y Flora habían entrado en la iglesia, los demás feligreses las habían seguido y estuvimos un momento solos entre las viejas y grandes tumbas. Nos habíamos detenido en el sendero interior a la cancela, junto a una tumba baja y oblonga como una mesa.

—Sí, ¿si no la quisieras...?

Aguardé mientras él repasaba las tumbas.

—Bueno, ¡usted ya lo sabe! —Pero no se movió y en seguida dijo una cosa que me hizo derrumbarme sobre la lápida, como si súbitamente necesitara descansar—. ¿Piensa mi tío lo mismo que usted?

Tardé bastante en responder.

—¿Cómo sabes tú lo que yo pienso?

—Ah, bueno, claro que no lo sé; me sorprende que nunca me lo diga. Pero me refiero a si él lo sabe.

—Saber, ¿qué, Miles?

—Pues que voy creciendo.

Me di cuenta a tiempo que no debía responder a este interrogatorio de ninguna manera que supusiera un descrédito para mi patrón. Sin embargo me parecía que todos estábamos bastante sacrificados en Bly para que eso no fuera grave.

—No creo que tu tío se preocupe demasiado de eso. Ante lo cual, Miles se quedó mirándome.

—Entonces, ¿no cree que se puede hacer algo para que le preocupe?

—¿De qué modo?

—Pues haciéndole venir.

—Pero ¿quién le hará venir?

—¡Yo le haré venir! —dijo el muchacho con extraordinario énfasis. Me echó otra mirada cargada de una extraña expresión y luego entró él solo en la iglesia.

15

La cuestión estaba prácticamente zanjada desde el momento en que yo no le seguí. Era lamentable rendirse a la agitación, pero el ser consciente me daba fuerzas para sobreponerme. Simplemente me quedé sentada sobre la tumba y traté de interpretar en toda su intencionalidad lo que había querido decirme mi joven amigo; y para cuando hube comprendido todo su sentido, también había aceptado, por inhibición, el pretexto de que me avergonzaba dar a mi alumno y al resto de la congregación aquel ejemplo de retraso. Lo que me dije fue, sobre todo, que Miles me había sonsacado y que, para él, la prueba era precisamente este embarazoso desmayo. Me había sonsacado que había algo de lo que estaba muy asustada y que probablemente sería capaz de utilizar mi miedo en su favor para ganar mayor libertad. Mi miedo se refería a tratar el insoportable problema de las razones de su expulsión del colegio, pues eso no era más que el problema de los horrores que se ocultaban tras la expulsión. Que viniera su tío para hablar conmigo de estas cosas era una solución que, rigurosamente hablando, ahora hubiera debido desear; pero yo era tan incapaz de afrontar la fealdad y lo penoso de todo aquello que me limitaba a darle largas y vivir al día. Para mi profunda confusión, el muchacho tenía razón y estaba en condiciones de decirme: "O bien aclara usted con mi tutor el misterio de la interrupción de mis estudios o bien deja de contar con que lleve con usted una vida tan anormal para un muchacho". Lo que me resultaba anormal en él era esta súbita revelación de su conciencia del problema y de sus planes.

Eso era lo que realmente me superaba, lo que me impedía entrar en la iglesia. Anduve alrededor de la iglesia, dudando, dándole vueltas al asunto; me decía que, con él, me había molestado más allá de lo reparable. Por tanto, nada podía reparar y apretujarme detrás de él en el reclinatorio suponía un esfuerzo excesivo: estaría mucho más seguro que nunca cuando me cogiera del brazo y me hiciera sentarme durante una hora, en estrecho y silencioso contacto, con su comentario sobre nuestra charla. Desde el primer momento de su llegada quise estar alejada de él. Al detenerme delante del gran ventanal orientado hacia oriente y escuchar el murmullo del culto, sentí un impulso que me hubiera dominado por completo, comprendí, si le concedía la menor beligerancia. Fácilmente podía poner término a mis tribulaciones yéndome de inmediato. Ahí estaba mi oportunidad; nadie me detendría; podía dar por acabado todo el asunto, dar media vuelta y retroceder. Bastaría con volver pronto, para hacer los preparativos, a la casa que estaría prácticamente vacía por estar buena parte de los criados en la iglesia. En resumen, nadie podría reprocharme que escapara a la desesperada. ¿Qué iba a pasar si huía sólo hasta la comida? Serían un par de horas, al cabo de las cuales —tenía el firme convencimiento— mis pequeños alumnos jugarían a hacer inocentes preguntas sobre mi no comparecencia en su grupo.

"¿Qué ha hecho, perversa, malvada? ¿Por qué, para preocuparnos (para ridiculizar nuestros pensamientos, ¿no lo sabe?) nos ha abandonado en la misma puerta?" No podría responder a estas preguntas ni, tal como las harían, a sus pequeños ojos, falsos y adorables. Sin embargo, sería exactamente a eso a lo que tendría que enfrentarme, la perspectiva fue haciéndose más nítida y acabé por irme.

En aquel mismo momento me alejé; salí inmediatamente del patio de la iglesia y, reconcentrada en mis pensamientos, volví sobre mis pasos, atravesando el parque. Me parecía que cuando llegara a la casa estaría decidida a salir huyendo. La quietud dominical, tanto de las cercanías como del interior de la casa, donde no encontré a nadie, me enervaron con la sensación de que aquélla era la oportunidad. Si escapaba de prisa, en estas circunstancias, me iría sin una escena ni una mala palabra. No obstante, la rapidez tendría que ser notable y el principal problema a resolver era el transporte. En el vestíbulo, atormentada por las dificultades y los obstáculos, me recuerdo profundamente postrada al pie de las escaleras, cayéndome súbitamente en el escalón inferior y luego, con repulsión, acordándome que había sido precisamente allí donde, hacía más de un mes, en la oscuridad de la noche y lleno de maldad, había visto al espectro de la más horrible de las mujeres. Ante lo cual, pude enderezarme; ascendí el resto de las escaleras; en mi desasosiego me dirigí a la sala de estudio, donde había objetos personales que debía recoger. Pero al abrir la puerta volví a encontrarme, instantáneamente, sin el velo ante los ojos. En presencia de lo que vieron, vacilé, retrocediendo a pesar de mi resistencia.

Sentada en mi propia mesa, a la clara luz del mediodía, una persona que sin las anteriores experiencias hubiera tomado, en un primer vistazo, por una criada que hubiese permanecido en casa para cuidar del lugar y que, aprovechando la ocasión de no ser observada y de la mesa de la sala de estudio, y de mis plumas, tinta y papel, se aplicaba con gran esfuerzo a escribir una carta a su enamorado. Se notaba el esfuerzo en la forma en que las manos, con los brazos apoyados sobre la mesa sostenían la cabeza con evidente cansancio; pero para cuando tuve esto en cuenta ya era consciente de que, pese a mi intromisión, su actitud persistía de forma harto extraña. Fue entonces cuando, para mí, resplandeció su identidad al modificar la postura. Se levantó, no como si me hubiera oído, sino con la indescriptible y grandiosa melancolía de la indiferencia y el despego, y a menos de doce pies de mí se detuvo mi vil predecesora. Deshonrada y trágica, estaba delante de mí; pero mientras la miraba fijamente e intentaba asegurarme de sus rasgos para recordarlos, la horrorosa figura pasó de largo. Oscura como la media noche dentro de su vestido negro, su desfigurada belleza y su indecible aflicción, me había mirado lo bastante para querer decir que tenía tanto derecho como yo a sentarse en mi mesa como yo a sentarme en la suya. En realidad, mientras duraron estos instantes me recorrió un extraordinario escalofrío al sentir que yo era la intrusa. En violenta protesta contra esto, en realidad dirigiéndome a ella, oí que le gritaba:

"«¡Mujer terrible y miserable!", que a través de la puerta abierta, resonó en el largo pasillo y en la casa vacía. Ella me miró como si me oyera, pero yo me había recuperado y el ambiente se iba despejando. Al minuto siguiente no había en la habitación más que la luz del sol y la sensación de que debía quedarme.

<h2 style="text-align:center">16</h2>

Había esperado el regreso de mis alumnos con tal seguridad de que sería estruendoso que de nuevo sentí un sobresalto al darme cuenta de que no decían nada sobre mi ausencia. En lugar de denunciarme y reprochármelo alegremente, no mencionaron que les había fallado y tuve tiempo para percatarme de que tampoco ella había dicho nada mientras estudiaba el extravagante rostro de la señora Grose. Lo hice con la intención de asegurarme de que, como fuera, se las habían ingeniado para que guardase silencio; un silencio que, sin embargo, me prometía romper en la primera ocasión a solas. Esa oportunidad se presentó antes del té: conseguí cinco minutos con ella en la portería donde a la luz del crepúsculo y entre la fragancia del pan recién cocido, con todo limpio y bien ordenado, la encontré sentada delante del fuego con acongojada placidez. Así la veo todavía, así es como mejor la veo: mirando las llamas desde su silla estrecha, en medio del cuarto oscuro y resplandeciente, una imagen clara de lo «arrinconado», de armarios cerrados con llave y de paz sin sobresaltos.

—¡Oh, sí que me pidieron que no dijese nada!; y por darles gusto, mientras estaban delante, claro que se los prometí. Pero ¿qué le ocurre a usted?

—Sólo fui con ustedes por dar el paseo —dije—. Tenía que volver para encontrarme con una amiga. Dejó ver su sorpresa.

—¿Usted... con una amiga?

—Oh, sí, tengo mi pareja. —Reí—. Pero ¿le han dado los niños alguna razón?

—¿Para no hacer alusión a la escapada de usted? Sí, dijeron que usted lo preferiría. ¿Lo prefiere usted? Mi cara le había hecho entristecerse.

—¡No, lo encuentro peor! —Pero al cabo de un instante agregué—. ¿Le han dicho por qué lo preferiría yo?

—No, el señorito Miles sólo dijo: "No debemos hacer sino lo que a ella le gusta".

—¡Eso me gustaría que hiciera! ¿Y Flora?

—La señorita Flora también estuvo amable. Dijo: «Claro, claro», y lo mismo dije yo. Pensé un momento.

—Usted también ha sido muy amable. Me los imagino a todos. No obstante, entre Miles y yo todo ha terminado.

—¿Todo ha terminado? —Mi compañera se quedó mirándome—. —¿Qué ha terminado, señorita?

—Todo. Eso no importa. He tomado una decisión. Volví a casa, querida —proseguí—, para conversar con la señorita Jessel.

Para entonces había adquirido ya la costumbre de mantener a la señora Grose en vilo con mis desconcertantes sorpresas; así que ahora, aunque guiñó los ojos ante el aviso de mis palabras, se mantuvo relativamente firme.

—¡A conversar! ¿Quiere usted decir que habla?

—A eso vine. Al llegar la encontré en la sala de estudio.

—¿Y qué dijo? —Aún puedo oír a la buena mujer y ver el candor de su estupefacción.

—¡Que sufría tormento!

Fue esto, en verdad, lo que la hizo abrir la boca mientras se imaginaba mi cuadro.

—¿Quiere decir —tartamudeó— los tormentos de los condenados?

—De los condenados. De los malditos. Y ésa es la razón para compartirlos... Pero mi compañera, con menos imaginación, prosiguió:

—¿De compartirlos con...?

—Quiere a Flora. —Al decirle esto, bien pudo la señora Grose haberse alejado de mí corriendo, si yo no hubiese estado preparada. Seguí reteniéndola, para demostrarle quién era yo—. No obstante, como ya le he dicho, eso no tiene importancia.

—¿Porque usted ha tomado una decisión? Pero ¿sobre qué?

—Sobre todo.

—¿Y a qué llama usted todo?

—Pues a mandar recado al tío.

—¡Oh, señorita, hágalo, por favor! —exclamó mi amiga.

—¡Pues lo haré, lo haré! No veo otra solución. Lo que ha terminado con Miles es que, si él cree que yo tengo miedo, y está convencido de que eso le beneficia, va a ver que se ha equivocado. Sí, sí; su tío se enterara por mí, aquí mismo y delante del muchacho si hace falta, de lo que se me puede reprochar por no haber hecho nada más para que regrese al colegio...

—Sí, señorita —me apremió mi compañera.

—Bueno, ésa es la terrible razón.

Evidentemente, para mi pobre colega había tantas razones que es excusable su vaguedad.

—Pero... ¿cuál?

—Pues la carta del antiguo colegio.

—¿Se la enseñará al amo?

—Debí enseñársela en cuanto llegó.

—¡Oh, no! —dijo decididamente la señora Grose.

—Le plantearé —proseguí yo inexorable— que no puedo encargarme de resolver el problema de un muchacho que ha sido expulsado...

—¡Nunca hemos tenido la menor idea de por qué! —protestó la señora Grose.

—Por malvado. ¿Por qué otra cosa podría ser siendo tan inteligente, tan guapo y tan perfecto como es? ¿Es tonto? ¿Es desaseado? ¿Es débil? ¿Es enfermizo? Es exquisito; así que sólo puede ser por eso y eso descubrirá todo el asunto. Después de todo —dije—, la culpa es de su tío. Si dejaba aquí a esas personas...

—En realidad, él no las conocía. Yo tengo la culpa. —Se había puesto bastante pálida.

—Bueno, usted no debe sufrir —respondí.

—¡Los niños son los que no deben sufrir! —replicó enfáticamente. Guardé un momento de silencio; nos miramos la una a la otra.

—Entonces, ¿qué voy a decirle?

—No hace falta que usted le diga nada. Yo se lo diré. Sopesé sus palabras.

—¿Quiere decir que le escribirá? —Recordando que no sabía escribir, me corregí—: ¿Cómo se lo comunicará?

—Se lo diré al mayordomo. Él sabe escribir.

Mi pregunta contenía un elemento irónico que yo no había empleado conscientemente, y eso hizo que, un momento después, ella se derrumbara imprevisiblemente. De nuevo tenía lágrimas en los ojos.

—¡Ay, señorita, usted le escribirá!

—Muy bien... Esta noche —respondí al fin; y con esto nos despedimos.

<h2 style="text-align:center">17</h2>

Aquella tarde llegué a escribir el comienzo. El tiempo había cambiado, fuera soplaba un fuerte viento y bajo la lámpara de mi cuarto, con Flora tranquila a mi lado, pasé largo rato sentada ante la hoja de papel en blanco, oyendo el repiqueteo de la lluvia y el azote de la ventolera. Al final, salí con una vela; crucé el pasillo y escuché un momento en la puerta de Miles. Dominada por mi persistente obsesión, me sentía impelida a buscar algo que delatara que no estaba descansando, y en seguida percibí algo, pero no lo que yo esperaba. Su voz tintineó:

—Sé que está ahí fuera. Entre.

Fue una alegría en medio de las tinieblas.

Entré con mi luz y lo encontré en la cama, bien despierto, pero muy a sus anchas.

—Bueno, ¿para qué se ha levantado? —preguntó con graciosa cordialidad, en la que la señora Grose, de haber estado presente, hubiera buscado en vano la prueba de que algo había «terminado».

Me incliné sobre él con mi vela.

—¿Cómo sabías que estaba ahí fuera?

—Pues, claro está, porque la he oído. ¿Es que se imagina que no hace ruido? ¡Es como un escuadrón de caballería! —dijo y se rió alegremente.

—Luego, no dormías.

—¡No mucho! Estaba despierto y pensaba.

Había dejado la vela un momento, a propósito, y entonces me alargó amistosamente la mano y se sentó al borde de la cama.

—¿En qué —pregunté— estabas pensando?

—¿En qué sino en usted?

—Ay, me siento orgullosa de tu aprecio. Pero de momento, preferiría que durmieras.

—Bueno, también pienso, ya sabe, en ese asunto raro que hay entre nosotros. Constaté la frialdad de su mano pequeña y firme.

—¿Qué asunto raro, Miles?

—Pues cómo usted me educa. ¡Y todo lo demás!

Casi durante un minuto contuve la respiración e incluso a la luz desvaída de la candela lo vi reírse de mí desde la almohada.

—¿Qué quieres decir con todo lo demás?

—¡Ya lo sabe usted, ya lo sabe!

No pude decir nada durante un minuto, aunque, mientras sujetaba su mano y nuestros ojos seguían encontrándose, sentí que mi silencio era un modo de admitir su acusación y que quizá nada del mundo real era en aquellos momentos tan increíble como nuestra verdadera relación.

—Desde luego que volverás al colegio —dije—, si es eso lo que te preocupa. Pero no al mismo; tendremos que buscar otro, otro mejor. ¿Cómo iba yo a saber que este problema te preocupaba si nunca lo has dicho ni nunca has hablado de nada de eso? —Su cara despejada y atenta, enmarcada en la blancura de la almohada, lo hizo parecer por un momento tan desvalido como un enfermo cabizbajo de un hospital infantil; y conforme se me ocurrió esta comparación, hubiera dado realmente todo cuanto poseía en el mundo por ser la enfermera o la hermanita de la caridad encargada de curarlo. ¡Bueno, quizá pudiera ayudarlo incluso siendo lo que era!—. ¿Sabes que nunca me has dicho una palabra sobre el colegio, me refiero al viejo, que ni siquiera lo has mencionado para nada?

Pareció sorprenderse; sonrió con la misma dulzura. Pero a todas luces ganaba tiempo; esperaba, pedía consejo.

—¿No?

No era yo quien debía ayudarle sino aquello con que me había enfrentado.

Conforme le saqué lo anterior, algo en su tono y en la expresión de su rostro me causó un dolor en mi corazón de una intensidad hasta entonces desconocida; tal afección indescriptible me producía ver su pequeño cerebro desconcertado y sus pequeños recursos obligados a representar, bajo el encantamiento impuesto, un papel inocente y coherente.

—No, nunca desde que regresaste. Nunca has nombrado a ninguno de los profesores ni de los compañeros, ni la más mínima cosa ocurrida en el colegio. Nunca, pequeño Miles, nunca me has hecho ni una sola insinuación sobre nada que haya ocurrido en el colegio. Por lo tanto, ya puedes imaginarte hasta qué punto estoy a oscuras. Hasta tu salida de esta mañana, escasamente has hecho referencia, desde que te conozco, a nada de tu vida anterior. Parecías aceptar absolutamente el presente. —Fue extraordinario ver cómo mi total convencimiento de su secreta precocidad (o como quiera llamarse al veneno de la influencia que sólo me atrevía a aludir), pese al leve latido de su congoja interior, le hacía parecer tan accesible como una persona mayor, lo convertía casi en un igual intelectualmente—. Yo creía que le gustaría seguir como hasta ahora. Me sorprendió que se ruborizase un poco. De todas formas, lo mismo que un convaleciente algo fatigado, dio un ligero cabezazo.

—No, no. Quiero irme.

—¿Te has cansado de Bly?

—Oh, no, me gusta Bly.

—Pues entonces...

—¡Usted ya sabe lo que quiere un muchacho!

Comprendí que yo no lo sabía tan bien como Miles y recurrí a un subterfugio momentáneo.

—¿Quieres irte con tu tío?

Ante esto, de nuevo se rebulló sobre la almohada, asumiendo un gesto de leve ironía.

—¡No puede librarse de eso!

Callé un momento y ahora fui yo, creo, quien mudó de color.

—Querido, yo no quiero librarme de eso.

—No podría, aunque quisiera. ¡No puede, no puede! —Se tendió con la mirada alegre y fija—. Mi tío debe venir y usted debe arreglar las cosas.

—Si lo hacemos —reemprendí con más ánimos—, puedes estar seguro de que se te llevará muy lejos.

—Bueno. ¿No comprende que es precisamente eso lo que pretendo? Tendrá que contárselo... todo lo que ha callado, tendrá que contarle muchas cosas.

El alborozo con que había hablado me ayudó en aquel momento a enfrentarme con él.

—¿Y cuántas no tendrás que contarle tú, Miles? ¡Hay cosas que él te preguntará! Se revolvió.

—Es muy probable. Pero ¿qué cosas?

—Las cosas que nunca me has contado a mí. Para poder decidir lo que hacer contigo. No puede devolverte adonde antes...

—¡No quiero volver allí! —intercaló—. Quiero nuevos aires.

Lo dijo con admirable serenidad, con intachable ostentación; y sin duda fue esa nota lo que me evocó la angustia, la anormal tragedia infantil de su posible reaparición al cabo de tres meses con todas sus bravatas y aun con un mayor deshonor. Ahora me sobrecogía que fuera capaz de admitirlo y eso me permitió ceder a mis impulsos. Me arrojé sobre él y, en la ternura de mi piedad, lo abracé.

—Querido pequeño Miles, querido pequeño Miles...

Mi cara se apretaba contra la suya y me permitió besarlo, tomándoselo sencillamente con indulgente buen humor.

—¿Y bien, querida?

—¿No quieres contarme nada..., absolutamente nada?

Se giró un poco, volviendo la cara hacia la pared y levantando la mano para vérsela, como hacen los niños enfermos.

—Ya se lo he contado, se lo he contado esta mañana... ¡Ay, yo estaba triste por él!

—Que sólo quieres que no me preocupe por ti, ¿eh?

Ahora miró a todo mi alrededor, como reconociendo que le había entendido; luego, con mayor amabilidad todavía, replicó:

—Que me deje solo.

Incluso tenía su especial y pequeña dignidad, lo que me hizo soltarlo, aunque, una vez me hube erguido lentamente, me desmoroné a su lado. Sabe Dios que nunca quise acosarlo, pero tuve la sensación de que entonces el simple hecho de darle la espalda era abandonarlo o, dicho más exactamente, perderlo.

—Acabo de empezar una carta para tu tío —dije.

—Muy bien. ¡Pues acábela! Aguardé un instante.

—¿Qué pasó antes? Volvió a escrutarme.

—¿Antes de qué?

—Antes de que volvieras. Y antes de que te fueras.

Estuvo un tiempo en silencio, pero seguía aguantándome la mirada.

—¿Qué pasó?

El sonido de sus palabras, en el que me pareció captar por primera vez una débil vibración de inseguridad, me hizo caer de rodillas junto a la cama y tratar una vez más de poseerlo.

—¡Querido pequeño Miles, querido pequeño Miles, si supieras cómo deseo ayudarte! Sólo eso, nada más que eso, y antes de causarte un dolor o hacerte daño, moriría, moriría antes de tocarte siquiera un cabello. ¡Mi querido y pequeño Miles —y ahora lo solté, aunque fuese ir demasiado lejos—, sólo quiero que me ayudes a salvarte!

Pero al instante siguiente comprendí que había ido demasiado lejos. La respuesta a mi súplica fue inmediata, pero llegó en forma de una ráfaga y un escalofrío extraños, una corriente de aire helado y un temblor de la habitación tan fuerte que parecía que aquella corriente de viento hubiera derribado el ventanal. El muchacho dio un chillido agudo y fuerte, que en medio de los demás ruidos y aun estando yo tan cerca, tanto podía ser una exclamación de júbilo como de terror. Volví a ponerme en pie, consciente de la oscuridad. Momentáneamente permanecimos así, mientras yo escrutaba a mi alrededor y vi que las cortinas no estaban echadas y la ventana seguía cerrada.

—¡He sido yo quien la ha apagado, querida! —dijo Miles.

18

Al día siguiente, después de las lecciones, la señora Grose encontró un momento para decirme en voz baja:

—¿Ha escrito usted la carta, señorita?

—Sí, la he escrito.

Pero no añadí —de momento— que mi carta, cerrada y con la dirección puesta, seguía en mi bolsillo. Tiempo habría para enviarla antes de que el mensajero fuese a la aldea. En tanto había transcurrido una semana brillante y ejemplar por parte de mis alumnos. Era como si ambos estuvieran decididos a paliar todas las pequeñas fricciones recientes. Resolvieron los más audaces ejercicios de aritmética, elevándose muy por encima de mis escasos conocimientos, y llevaron a cabo, con mejor humor que nunca, parodias sobre geografía e historia. Fue absolutamente notable, sobre todo en el caso de Miles, que parecía querer demostrar con cuánta facilidad podía sobrepasarme. En mi memoria, este niño realmente pervive en un escenario de belleza y dolor que las palabras no pueden describir; poseía una distinción que se manifestaba en cada uno de sus impulsos; nunca ha existido una criatura tan natural, tan franca e inteligente para los ojos no iniciados, un caballerito más ingenioso y extraordinario. Constantemente tenía que prevenirme contra el arrobo con que me traicionaba su mera contemplación; para dominar la mirada y los suspiros de desánimo con que constantemente, a la vez, asaltaba y renunciaba al enigma de lo que semejante caballerito podía haber hecho que fuera merecedor de castigo. Digamos que por un oscuro prodigio, que yo conocía, se le había despertado la imaginación hacia todo lo malo; pero mi sentido interior de la justicia padecía mientras buscaba la prueba de que eso se hubiera concretado en hechos.

De todas formas, nunca había sido tan caballeroso como cuando, después de la temprana comida de aquel pavoroso día, dio la vuelta alrededor de la mesa hasta donde yo estaba y me preguntó si no me gustaría que tocara para mí durante una hora. Ni David interpretando para Saúl debió demostrar un mayor sentido de la oportunidad. Fue, literalmente, una encantadora demostración de tacto, de magnanimidad, la que se permitió al decirme:

—Los verdaderos caballeros, sobre los que nos gusta leer, nunca se aprovechan demasiado de las ventajas. Ahora sé lo que usted quiere decir: usted quiere decir que, para que la dejen sola y no ser perseguida, dejará de preocuparse por mí y de espiarme, dejará de tenerme a su lado me dejará ir y venir por mi cuenta. Pues bien, yo "vengo", ¡pero no me voy! Tiempo habrá de sobra para eso. Verdaderamente estoy encantado con su compañía y sólo quiero demostrarle que sólo he luchado por una cuestión de principios.

Es fácil imaginarse si resistí a esta súplica o si dejé de acompañarle, de la mano, a la sala de estudio. Él se sentó delante del viejo piano y tocó como nunca había tocado; y si hay quienes piensen que mejor hubiera hecho dándole patadas a una pelota, sólo puedo responder que estoy completamente de acuerdo. Pues al cabo de un cierto tiempo durante el cual, bajo su influencia, casi perdí por completo el sentido de la realidad, desperté con la extraña sensación de haberme quedado literalmente dormida en mi sitio. Habíamos terminado de comer, estaba junto al hogar de la sala de estudio y, sin embargo, no me había dormido lo más mínimo: sólo que había hecho algo mucho peor: me había olvidado. ¿Dónde había estado Flora durante aquel tiempo? Cuando se lo pregunté a Miles, él siguió tocando un instante antes de responder, y sólo dijo:

—Pero, querida, ¿cómo voy a saberlo? —estallando en seguida, además, en una alegre carcajada, cual si fuese un acompañamiento vocal, que prolongó con una canción extravagante e incoherente.

Fui derecha a mi dormitorio, pero la hermana no estaba allí; luego, antes de descender a la planta baja, miré en otros varios cuartos. Como no estaba en ninguna parte, seguramente estaría con la señora Grose, a quien, en consecuencia y confortada por la hipótesis, procedí a buscar. La encontré allí mismo donde la había encontrado la tarde anterior, pero replicó a mi rápida demanda con una ignorancia total y amedrentada. Se había limitado a suponer que después de la comida yo me había llevado a los dos niños; a lo que le asistía todo su derecho, pues era la primera vez que había permitido a la pequeña perderse de mi vista sin ninguna precaución. Por supuesto, ahora bien podía estar con las criadas, de manera que lo más urgente era buscarla sin dar muestras de alarma. Así lo convinimos entre ambas; pero diez minutos después, cuando nos reunimos en el vestíbulo según habíamos acordado, fue para dar cuenta por ambas partes de que, realizadas las discretas pesquisas, no habíamos descubierto el menor rastro. Aparte de observarnos, por un instante intercambiamos nuestras mudas miradas de inquietud; yo pude percibir con cuán grande interés me devolvía mi amiga la que yo antes le había transmitido.

—Estará arriba —dijo a continuación—, en algún cuarto que usted no haya mirado.

—No; está lejos. —Había tomado una decisión—. Ha salido. La señora Grose se quedó mirándome.

—¿Sin sombrero?

Desde luego, también yo miraba al bulto.

—¿No va esa mujer siempre sin sombrero?

—¿Está con ella?

—¡Está con ella! —afirmé—. Tenemos que encontrarlas.

Tenía la mano en el brazo de mi amiga, pero de momento, ante un planteamiento tal del problema, ella no respondió a mi presión. Por el contrario, en el acto reflexionó con su característica dificultad: —¿Y dónde está Miles?

—¡Ay, está con Quint! Están en la sala de estudio.

—¡Por Dios, señorita!

Me daba cuenta de que mi aspecto y, supongo, mi tono no habían sido nunca tan seguros y serenos.

—El truco ha dado sus frutos —proseguí—. Han conseguido llevar a cabo su plan. El dio con el más divino procedimiento para tenerme tranquila mientras ella escapaba.

—¿Procedimiento divino? —repitió la señora Grose desconcertada.

—¡Digamos infernal, pues! —repliqué casi con alegría—. También él se las ha arreglado con esto. ¡Pero vamos! Ella alzó los ojos tristemente hacia lo alto de la casa.

—¿Lo ha dejado...?

—¿Tanto rato con Quint? Sí, eso no me preocupa ahora.

En esas ocasiones, la señora Grose siempre acababa cogiéndome de la mano y de esa manera pudo ahora retenerme a su lado. Pero luego de suspirar ante mi súbita resignación, me preguntó con vehemencia:

—¿A consecuencia de la carta?

A modo de respuesta, eché rápidamente mano a mi carta, la saqué y la sostuve en alto, y luego, soltándome, fui y la dejé sobre la gran mesa del vestíbulo.

—Luke la cogerá —dije volviéndome. Alcancé la puerta de la calle y la abrí; ya estaba en la escalera.

Mi compañera aún vacilaba: la tormenta de la noche y del amanecer había escampado, pero la tarde era húmeda y gris. Descendí los escalones mientras ella seguía en el umbral.

—¿No se va a poner nada?

—¿Cómo voy a preocuparme de eso mientras la niña no lleva nada? No tengo tiempo para vestirme —grité—; y si usted tiene que vestirse no la esperaré. Busque usted, mientras tanto, arriba.

—¿Estando ellos?

Diciendo lo cual la pobre mujer se unió a mí a toda prisa.

19

Fuimos directamente al lago, como lo llamaban en Bly, y me atrevo a decir que lo llamaban, aunque creo que bien podía ser, en realidad, una extensión de agua menos llamativa de lo que resultaba a mis ojos inexpertos. Poco familiarizada estaba con extensiones de agua, y el estanque de Bly, en las pocas ocasiones en que, con la protección de mis alumnos, había consentido en recorrer su superficie en el bote de poco calado fondeado allí para nuestro uso, me había impresionado tanto por su amplitud como por su agitación. El embarcadero habitual estaba a media milla de la casa, pero yo tenía la íntima convicción de que, dondequiera que estuviese Flora, no sería cerca de la casa. Había escapado para una pequeña aventura, y desde el día de la verdadera gran aventura que compartimos junto al estanque, me había fijado durante nuestros paseos en los sitios más de su agrado. Esta era la razón de que ahora hubiera marcado un rumbo tan preciso a los pasos de la señora Grose, un rumbo al que, cuando se percató, opuso una resistencia que de nuevo demostraba su gran ofuscación.

—¿Se dirige hacia el agua, señorita? ¿Cree usted que se ha caído?

—Puede ser, aunque creo que la profundidad no es muy grande. Pero creo más probable que esté en el sitio desde donde, el otro día, vimos juntas lo que ya le conté a usted.

—¿Cuando simulaba no ver nada?

—¡Con ese asombroso autodominio! Siempre he estado segura de que le gustaría volver sola. Y hoy su hermano le ha proporcionado la oportunidad.

La señora Grose seguía donde se había detenido.

—¿Cree usted que verdaderamente hablan de ellos? Le respondí con tono confidencial:

—Dicen cosas que, si las oyéramos, sencillamente nos espantarían.

—¿Y si ella está allí?

—Sí, ¿qué?

—¿Entonces está la señorita Jessel?

—Sin la menor duda. Ya lo verá.

—¡Oh, gracias! —gritó mi amiga, plantándose tan firme que, teniéndolo en cuenta, continué sin ella.

Sin embargo, cuando llegué al estanque estaba detrás de mí y muy cerca, y comprendí que, fueran cuales fuesen sus aprensiones sobre lo que podía ocurrirme, el contar con mi compañía le parecía una garantía contra el peligro. Exhaló un suspiro de alivio cuando finalmente llegamos a dominar la mayor parte del agua sin divisar a la niña. No había rastro de Flora cerca de la orilla donde había tenido aquella sobrecogedora experiencia, ni tampoco en la ribera opuesta oculta, salvo una zona de unas treinta yardas, por un espeso matorral que descendía hasta el agua. El estanque, de forma oblonga, era tan estrecho en comparación con la longitud que, no viendo los extremos, podía tomarse por un río de poco caudal. Miramos la extensión vacía y luego advertí una sugerencia en los ojos de mi amiga. Comprendí lo que quería decir y repliqué con un movimiento de cabeza denegatorio.

—¡No, no, espere! Se ha llevado el bote.

Mi compañera se quedó mirando el embarcadero vacío y luego, de nuevo, la otra orilla del lago.

—El que no la veamos es la mejor de las pruebas. Lo ha utilizado para ir adonde sea y luego lo ha escondido.

—¿Ella sola, esa niña?

—No está sola, ni en estos momentos es una niña: es una mujer vieja.

Escudriñé toda la ribera visible mientras la señora Grose, impresionada por los extraños hechos que yo le presentaba, volvió de nuevo a someterse a mi voluntad; luego sugerí que el bote podía estar perfectamente en la pequeña ensenada formada por una de las entradas del estanque, una irregularidad enmascarada, desde este lado, por un saliente de la orilla y un grupo de árboles que nacían muy cerca del agua.

—Pero si el bote está allí, ¿dónde puede estar ella? —preguntó nerviosamente mi colega.

—Eso es exactamente lo que tenemos que averiguar. —Y eché a andar.

—¿Vamos a dar toda la vuelta?

—Sin duda, por lejos que esté. Nos llevará unos diez minutos, pero está lo bastante lejos como para que la niña haya preferido no andar. Ella ha ido en línea recta.

—¡Por Dios! —volvió a gritar mi amiga; la ilación de mi lógica siempre era demasiado para ella.

Ahora la llevaba pegada a los talones y cuando habíamos recorrido la mitad del camino —una operación tortuosa y cansada, sobre un camino muy accidentado y cortado por la frondosidad vegetal— me detuve para permitirle respirar. La sostuve del brazo, agradecida, asegurándole que podía serme de mucha ayuda; y eso nos hizo arrancar de nuevo, de modo que en pocos minutos alcanzamos un punto desde donde descubrimos al bote en el sitio previsto. Estaba tan escondido como era posible y amarrado a una de las estacas de la valla que, allí, descendía hasta la orilla y había servido de ayuda para desembarcar. Tan pronto vi el par de remos cortos y gruesos, perfectamente recogidos, reconocí que, para ser obra de una niña, era una hazaña prodigiosa; pero para entonces ya había visto demasiadas maravillas y había perdido el aliento en presencia de hechos mucho más asombrosos. La valla tenía una puerta, por la que pasamos, y que nos condujo, tras un insignificante intervalo, a un terreno más despejado. Entonces ambas exclamamos al unísono:

—¡Allí está!

A poca distancia, teníamos a Flora ante nosotras, sentada en la hierba y sonriendo como si su hazaña hubiera terminado. Sin embargo, lo siguiente que hizo fue agacharse y arrancar un manojo grande y feo de helechos marchitos, como si aquello fuera el motivo por el que estaba allí. Inmediatamente estuve segura de que acababa de salir del matorral. Nos esperó, sin dar un solo paso, y me llamó la atención la extraña solemnidad con que nos acercamos a ella. Sonreía y sonreía, pero todo sucedía en medio de un ominoso silencio. La señora Grose fue la primera en romper el hechizo: se dejó caer de rodillas y, atrayendo a la niña contra su pecho, ciñó en un largo abrazo el cuerpecito suave y dócil. Mientras duró aquella muda efusión, no pude sino observarlas, lo que hice con mayor atención cuando la cara de Flora me miró por encima del hombro de nuestra compañera. Ahora la cosa era seria; la vacilación había desaparecido; envidié en ese momento, dolorosamente, la sencillez de la relación que la señora Grose podía establecer. Pero durante todo ese rato no ocurrió nada nuevo entre nosotras, salvo que Flora había vuelto a dejar caer al suelo el marchito helecho. Lo que ella y yo nos dijimos virtualmente fue que ahora los pretextos eran inútiles. Cuando al fin la señora Grose se levantó, retuvo la mano de la niña, de modo que seguía teniendo a las dos delante, y la especial reticencia de nuestra comunión quedó aún más marcada en la mirada que me lanzó.

—¡Que me cuelguen —decía— si hablo!

Fue Flora quien, mirándome de arriba abajo con cándido asombro, habló la primera. Estaba sorprendida de que fuéramos con la cabeza descubierta.

—Pero ¿y sus sombreros?

—¿Dónde está el tuyo, querida? —repliqué al instante.

Había reconocido su alegría y pareció tomarse lo dicho como una respuesta suficiente.

—¿Y dónde está Miles? —prosiguió.

Su aplomo tenía algo que casi acabó conmigo: sus cuatro palabras, relampagueando como una hoja desenvainada, fueron la última gota que desbordó la copa rebosante que mis manos habían sostenido en alto durante semanas y semanas, y que ahora, incluso antes de hablar, sentía derramarse como un diluvio.

—Te lo contaré si tú me lo cuentas a mí —me oí decir; luego percibí el temblor que me interrumpía.

—Pero ¿qué quiere que le diga?

La expresión de la señora Grose me impresionó, pero ya era demasiado tarde, por lo que descubrí todo el asunto con la mayor suavidad.

—Pequeña, ¿dónde está la señorita Jessel?

20

Al igual que en el cementerio de la iglesia con Miles, todo el asunto se nos vino encima. Como para mí tenía su importancia el hecho de que aquel nombre nunca hubiera sido pronunciado entre nosotras, la rápida y vengativa mirada con que lo encajó la cara de la niña hizo que mi violación del silencio sonara como la rotura del vidrio de una ventana. Se sumó el grito, como de intentar contener el golpe, que profirió la señora Grose en el mismo instante de mi violencia, un grito de animal asustado, o más bien herido, que a su vez, un segundo después, fue seguido de mi propio suspiro. Cogí el brazo de mi colega.

—¡Está allí, está allí!

La señorita Jessel estaba delante de nosotras en la otra orilla, exactamente igual que la otra vez, y es curioso que recuerde mi primera impresión, un escalofrío de alegría por tener, por fin, una prueba. Estaba allí y yo tenía razón, estaba allí y yo no era cruel ni estaba loca. Estaba allí para la pobre y asustada señora Grose, pero estaba allí, sobre todo, para Flora; y quizá ningún otro momento de aquella monstruosa temporada fue tan extraordinario como aquel en que, conscientemente, le envié un inarticulado mensaje de gratitud, con la sensación de que, siendo como era un demonio pálido y famélico, lo captaría y lo entendería. Se erguía tiesa en el lugar que mi amiga y yo acabábamos de dejar y en toda aquella aparición no había ni una pulgada en que no brillara su maldad. Aquella primera y vívida impresión duró pocos segundos, durante los cuales interpreté los guiños de la señora Grose hacia donde yo señalaba como la confirmación de que también ella veía al fin, hasta que mis ojos fueron precipitadamente arrastrados hacia la niña. Entonces la revelación de cómo afectaba a Flora, me asustó mucho más de lo que me hubiera sobresaltado descubrirla también simplemente nerviosa, aunque, desde luego, tampoco esperaba una súbita consternación. Preparada y en guardia, como la había puesto nuestra persecución, reprimiría cuanto la traicionara; y por eso me conmovió en seguida, en la primera mirada, por lo inesperado. Verla sin la menor agitación en su carita sonrosada, ni siquiera simulando mirar hacia el prodigio, sino, en lugar de eso, tan sólo mostrándome una expresión seria, dura y serena, una expresión absolutamente nueva y sin precedentes, y que parecía interpretar y acusar y juzgarme, fue una especie de toque mágico que de alguna forma convertía a la propia niña en la mismísima presencia capaz de acobardarme. Me acobardé, aun cuando nunca había sido mayor que en aquel instante mi certeza de comprenderlo absolutamente todo, y ante la inmediata necesidad de defenderme, reclamé vehementemente su testimonio.

—¡Está allí, pequeña desgraciada! ¡Allí, allí, allí, y la estás viendo tan bien como yo!

Poco antes había dicho a la señora Grose que en aquellos momentos Flora no era una niña sino una vieja, y esta definición no pudo ser mejor confirmada que por cómo, por toda respuesta, sin la menor concesión ni admisión, me demostró con los ojos un desprecio cada vez más profundo, una verdadera, repentina y absoluta reprobación. En aquel momento —si es que puedo aunarlo todo— estaba más espantada por lo que bien podría llamar sus maneras que por todo lo demás, aunque, al mismo tiempo, me iba dando cuenta de que también la señora Grose iba a darme un motivo de disgusto, y de qué manera. Efectivamente, al momento siguiente, mi compañera, con la cara congestionada y un tono de irritada protesta, me gritó recriminatoriamente:

—¡Qué ocurrencia más espantosa, señorita! ¿Dónde ve usted algo?

Sólo pude agarrarla con mayor fuerza todavía, pues mientras hablaba la terrible y clara presencia permaneció impasible. Ya había durado un minuto y duró mientras continué sujetando a mi colega, casi empujándola hacia ella y mostrándosela, insistiendo con la mano extendida:

—¿No la ve usted como nos vemos nosotras? ¿Es que no la está viendo ahora..., ahora mismo? ¡Es tan grande como una hoguera! ¡Limítese a mirar, buena mujer! ¡Mire!

Ella miraba lo mismo que yo, y con su gruñido denegatorio, de repulsión, de compasión —una mezcla de piedad y de alivio por estar eximida—, me procuraba la sensación, perceptible incluso en aquel mismo momento, de que me hubiera respaldado de haber podido. Bien me hubiera venido, pues, junto al duro golpe de comprobar que sus ojos estaban sellados sin remedio, sentí que mi situación era terriblemente frágil, sentí —vi— a mi lívida predecesora presionando desde su posición en pro de mi fracaso, y me di cuenta, más que nada, de aquello a lo que tendría que enfrentarme a partir de este instante, gracias a la asombrosa actitud de la pequeña Flora. Entonces intervino la señora

Grose, de forma brusca y violenta, haciendo trizas un milagroso triunfo personal, del que ya sólo quedaba mi propio sentimiento de desastre.

—¡No está allí, señorita! ¡Allí no hay nadie y tú nunca has visto nada, mi amor! ¿Cómo podría ser la señorita Jessel si la señorita Jessel murió y está enterrada? Nosotras lo sabemos. ¿verdad, mi amor? —Y apelaba a la niña, ofuscándola—. Todo esto es un error, un fastidio y una broma. ¡Y vamos a irnos a casa lo más de prisa que podamos!

Nuestra compañera había respondido con una rara y petulante formalidad, y de nuevo tenía a la señora Grose a sus pies, unidas las dos en una muda oposición contra mí, por así decirlo. Flora seguía mirándome fijamente, con su pequeña máscara acusatoria, e incluso entonces rogué a Dios que me perdonara por apreciar, mientras se agarraba fuerte al vestido de nuestra común amiga, que su incomparable belleza infantil se había repentinamente marchitado, se había desvanecido por completo. Ya lo he dicho antes: se mostraba tal cual era, horrorosamente dura; se había vuelto vulgar y casi fea.

—No sé a qué se refiere. No veo a nadie. No veo nada. Nunca he visto nada. Creo que usted es cruel. ¡No la quiero! —Luego, después de lo dicho, que podría haber salido de la boca de cualquier niña descarada de la calle, se abrazó más estrechamente a la señora Grose y enterró entre sus faldas la aterrorizada carita. En esta posición emitió un lamento casi furioso—. ¡Lléveme de aquí, lléveme lejos! ¡Lléveme lejos de ella!

—¿De mí? —jadeé.

—¡Lejos de usted, de usted! —gritó ella.

Hasta la señora Grose me miró con espanto; de modo que no pude hacer otra cosa que volver a mirar la figura que, en la orilla opuesta, sin un solo movimiento, tan rígidamente inmóvil como si captara nuestras voces, permanecía allí tan vívidamente para presenciar mi ruina que no para mi bien. La desdichada niña había hablado exactamente como si sacara de otra fuente exterior cada una de sus hirientes palabras, y por tanto, en medio de la desesperación ante todo lo que debía aceptar, no pude por menos que cabecear tristemente mirándola.

—Si alguna vez hubiera tenido dudas, ahora mismo habrían desaparecido. He estado viviendo en la miserable verdad, que ahora simplemente me ha superado. Desde luego, te he perdido: he tratado de evitarlo y tú has comprendido, bajo su influencia —con la que de nuevo me enfrentaba por encima del estanque— la forma fácil y perfecta de resolverlo. Yo he hecho todo lo posible, pero te he perdido. Adiós.

A la señora Grose le dirigí un imperativo y casi furioso "¡Váyase, váyase!", ante el cual, con infinita angustia, pero tácitamente dominada por la niñita y evidentemente convencida, a pesar de su ceguera, de que algo horrible había ocurrido y que nos sumía en una especie de parálisis retrocedió por el mismo camino por donde habíamos llegado con toda la rapidez que sus piernas le permitían. No conservo ningún recuerdo de lo acaecido al quedarme sola. Sólo sé que, al cabo de un cuarto de hora, supongo, la olorosa humedad y la tormenta que me provocaban escalofríos y me aguijoneaban en medio de mi malestar, me hicieron comprender que debía haberme tirado boca abajo en el suelo y haber cedido al espasmo del dolor. Debía yacer allí desde hacía rato, llorando y sollozando, pues cuando levanté la cabeza el día comenzaba a declinar.

Me puse en pie y contemplé un momento, a la luz del crepúsculo, el estanque gris y su orilla vacía y encantada; luego emprendí el lúgubre y difícil camino de vuelta. Cuando llegué a la puerta de la valla, para mi sorpresa, no estaba el bote, así que de nuevo reflexioné sobre el extraordinario dominio que de la situación había tenido Flora. Ella pasó la noche con la señora Grose, según acuerdo sumamente tácito y debería agregar que feliz, si la palabra no sonara tan grotesca como una nota falsa. No vi a ninguna de las dos a mi regreso, pero, por otra parte, a modo de equívoca compensación, tuve que ver bastante a Miles. Ninguna de las noches pasadas en Bly había sido tan ominosa como ésta; a pesar de lo cual y a pesar también de la honda consternación que se había abierto bajo mis pies, había en la atmósfera del momento una extraordinaria y dulce tristeza. Al llegar a la casa nunca hubiera hecho nada parecido a buscar al muchacho; simplemente me dirigí a mi cuarto para cambiarme y, a simple vista, enterarme del alcance de mi ruptura con Flora. Sus pequeñas pertenencias habían sido retiradas. Cuando, más tarde, la criada de costumbre me sirvió el té junto al hogar de la sala de estudio, me complací en no hacer ninguna averiguación sobre mi otro alumno. Ahora disfrutaba de su libertad. ¡Que la disfrutara hasta el final! Bien que la tuvo, y consistió, al menos en parte, en presentarse a las ocho y sentarse a mi lado en silencio. Al retirar el servicio del té, había apagado las velas de un soplo y había acercado mi sillón al fuego: notaba un frío mortal y tenía la sensación de que nunca iba a calentarme. Por eso, cuando apareció Miles, estaba sentada junto al fuego y absorta en mis pensamientos. Se detuvo un momento en la puerta, como para mirarme; luego, cual si compartiera mis pensamientos, se acercó al otro lado de la chimenea y se hundió en un sillón. Guardamos absoluto silencio; no obstante, tuve la sensación de que él quería estar conmigo.

21

En mi cuarto, antes de que hubiera aclarado el nuevo día, mis ojos se abrieron a la presencia de la señora Grose, que se acercaba a mi cabecera con peores noticias. Flora tenía tanta fiebre que era de prever una enfermedad; había pasado la noche muy inquieta, una noche agitada, sobre todo por miedo no a su antigua institutriz, sino, por el contrario, a la actual. No se quejaba de la posible reaparición en escena de la señorita Jessel, sino consciente y vehementemente contra la mía. Por supuesto, me levanté de inmediato y con muchas preguntas que hacer; tantas más cuanto que, a todas luces, mi amiga se había guardado los flancos para hacerme frente una vez más. De lo cual me di cuenta tan pronto le pregunté su opinión sobre la sinceridad de la niña con respecto a la mía.

—¿Se empeña en negarle que veía algo o que alguna vez lo había visto? La turbación de mi visitante era verdaderamente mayúscula.

—¡Ay, señorita, yo no puedo insistirle sobre eso! Sin embargo, debo decir que tampoco siento la necesidad de hacerlo. Lo ocurrido la ha hecho envejecer a la pobre.

—La comprendo perfectamente. Está resentida, como si fuera un alto personaje al que se le ha puesto en duda su veracidad y, como si dijéramos, su respetabilidad. ¡La señorita Jessel, ella sí! ¡Ella sí es «respetable», la niñita! Le aseguro que la impresión de ayer fue más extraña que nunca; la cosa fue más lejos que las demás veces.

¡Metí la pata! Nunca volverá a hablarme.

Terrible y oscuro como era el asunto, la señora Grose se mantuvo un momento callada; luego dijo con una franqueza que tuve la seguridad, ocultaba otra cosa:

—Yo también creo, señorita, que no volverá a hablarle. ¡Se lo ha tomado muy a pecho!

—Y ahora, prácticamente, su problema se ha reducido al enfado —concluí yo.

¡Veía el disgusto en el rostro de mi visitante y en ninguna parte más!

—Cada pocos minutos me pregunta si se acerca usted.

—Comprendo, comprendo... —También yo, por mi parte, mantenía calladas más cosas de las que manifestaba—. Aparte de repudiar su familiaridad con algo tan horrible, ¿le ha dicho desde ayer alguna otra palabra sobre la señorita Jessel?

—Ni una, señorita. Y usted ya sabe —añadió mi amiga— que estuve de acuerdo con ella junto al lago en que, por lo menos allí y entonces, no había nadie.

—¡Muy bien! ¡Y por supuesto sigue estando de acuerdo!

—Yo no la contradigo. ¿Qué otra cosa puedo hacer?

—¡Absolutamente nada! ¡Usted tiene que tratar con la personita más inteligente del mundo!. Sus dos amigos, quiero decir, los han vuelto todavía más inteligentes de lo que los hizo la naturaleza. ¡Eran un maravilloso material para trabajarlo! Flora se siente ahora ofendida y explotará esa actitud hasta el final.

—Sí, señorita. Pero ¿hasta qué final?

—Pues hasta hacer que me dirija a su tío. ¡Me hará quedar como un ser de lo más rastrero!

Pestañeé al contemplar la divertida escena a través de la mirada de la señora Grose; por un instante pareció verlos juntos.

—¡Y él que tiene tan buena opinión de usted!

—¡Pues tiene una forma muy rara, se me ocurre ahora mismo, de demostrarlo! —Me reí—. Pero eso no importa. Por supuesto, lo que quiere Flora es deshacerse de mí.

Mi compañera estuvo de acuerdo.

—No quiere volver a verla nunca más.

—Así que, ¿usted ha venido aquí ahora —pregunté— para apresurar mi marcha? —No obstante, antes de darle tiempo a responder, la contuve—. Tengo una idea mejor, resultado de mis reflexiones. Mi marcha podría parecer lo correcto y a punto estuve de irme el domingo. Sin embargo, no me iré. Usted es quien debe irse. Debe llevarse a Flora.

Ante lo cual, mi visitante reflexionó.

—Pero ¿adónde?

—Lejos de aquí. Lejos de ellos. Ahora, sobre todo, lejos de mí. Directamente a ver a su tío.

—¿Sólo para hablarle de usted?

—¡No, no sólo para eso! Para dejarme, además, con mi remedio. Seguía desconcertada.

—¿Y cuál es su remedio?

—Su lealtad de usted, en primer lugar. Y luego la de Miles. Me miró con dureza.

—¿Cree usted que él...?

—¿Que recurrirá a mí, si se le presenta la oportunidad? Sí, todavía me atrevo a creerlo. En todo caso, lo quiero comprobar. Llévese a la hermana en cuanto pueda y déjeme sola con él. Estaba asombrada de los ánimos que aún me quedaban y, por lo tanto, quizás un poquitín desconcertada de más por la forma como ella dudaba, a pesar de mi hermoso ejemplo—. Desde luego, hay una cosa —proseguí—, los hermanos no deben verse ni un momento antes de que Flora se vaya. —Entonces me vino a las mientes que, pese al presumible secuestro de

Flora desde el regreso del estanque, podría ser demasiado tarde—. ¿O es que —pregunté muy nerviosa— ya se han encontrado?

Ante lo cual enrojeció.

—¡Ay, señorita, no soy tan tonta como para eso! Tres o cuatro veces que me he visto obligada a dejarla, siempre la he dejado con alguna criada, y ahora mismo, aunque está sola, está bien encerrada. Y, sin embargo, sin embargo...

Eran demasiadas cosas.

—Y sin embargo, ¿qué?

—Bueno, ¿está usted igual de segura con respecto al caballerito?

—Yo no estoy segura de nada, salvo de usted. Pero desde anoche tengo una buena esperanza. Creo que quiere darme una oportunidad. Creo que el pequeño y exquisito desgraciado quiere hablarme. Anoche a la luz del fuego, estuvo conmigo en silencio durante dos horas, como si fuera a ocurrir en cualquier momento.

La señora Grose miró atentamente, por la ventana, el día gris que iba naciendo.

—¿Y ocurrió?

—No, aunque esperé y esperé, confieso que no ocurrió, y finalmente nos despedimos con un beso sin romper el silencio ni hacer la más ligera alusión al estado y a la ausencia de su hermana. Igualmente —continué—, si su tío la ve, yo no puedo permitir que vea al hermano sin haberle dado al muchacho un poco más de tiempo, sobre todo teniendo en cuenta lo mal que han ido las cosas.

En este terreno mi amiga parecía más renuente de lo que me era posible comprender.

—¿Qué quiere decir con más tiempo?

—Bueno, uno o dos días, para realmente aclarar las cosas. Entonces se pondrá de mi lado; ya comprenderá usted lo importante que es eso. Si no ocurre nada, sólo habré fracasado y, en el peor de los casos, usted me ayudará haciendo todo lo posible cuando llegue a la ciudad. —Así se lo planteé, pero se mantuvo tan inescrutable que de nuevo le eché una mano—. A no ser, claro, que usted no quiera irse —la desafié.

Al fin pude leer con claridad en su rostro; me alargó la mano a modo de asentimiento.

—Me iré, me iré. Me iré esta misma mañana. Quería ser muy justa.

—Si usted quiere esperar un poco, tendré cuidado de que Flora no me vea.

—No, no. Es por el sitio. Ella debe irse. —Me observó un momento con sus ojos fatigados, luego prosiguió.—: Usted tiene razón, señorita. Yo misma...

—¿Qué?

—No puedo quedarme.

La mirada que me dirigió me hizo aceptar nuevas posibilidades.

—¿Quiere usted decir que a partir de ayer ha comprendido? Denegó con la cabeza.

—¡He oído!

—¿Qué ha oído?

—Por boca de la niña... ¡Cosas horrorosas! ¡Vaya que sí! —se lamentó con trágico alivio—. Por mi honor, señorita, dice unas cosas que...

Pero esta evocación la desmoronó; se dejó caer, con un repentino sollozo, sobre mi sofá y dio rienda suelta a toda su pesadumbre, como ya la había visto hacer antes.

Por mi parte, yo también me dejé llevar de un modo muy distinto.

—¡Gracias a Dios!

Ante lo cual ella se levantó de nuevo, secándose los ojos con un gruñido.

—¿Gracias a Dios?

—¡Eso me justifica!

—¡Eso sí que es verdad, señorita!

No hubiera podido pedir mayor emoción, pero tuve una duda.

—¿Es tan horrible?

Comprendí que mi colega no sabía cómo decirlo.

—Verdaderamente espantoso.

—¿Y sobre mí?

—Sobre usted, señorita... Puesto que debe saberlo... Supera todo, para ser una damita; y no se me ocurre de dónde puede haber sacado esas cosas...

—¿Las espantosas cosas que dice de mí? ¡Pues yo sí que lo sé! —Estallé en una carcajada, sin duda sobradamente significativa.

Eso sólo hizo que mi amiga se pusiera más seria.

—Bueno, quizá también debería saberlo yo, puesto que ya he oído algo antes. Sin embargo, no lo soporto

—prosiguió la pobre mujer mientras, con el mismo movimiento, miraba la esfera de mi reloj colocado sobre el tocador—. Pero he de volver.

No obstante, la retuve.

—¡Ah, si usted no puede soportarlo!

—¿Se refiere a estar con ella? Sí, precisamente para eso: para llevarla lejos. Lejos de esto —prosiguió—, lejos de ellos...

—¿Se volverá diferente? ¿Se liberará? —Yo la abracé con visible gozo—. Entonces, a pesar de lo ocurrido ayer, usted cree...

—¿En semejantes cosas? —Su sencilla manera de nombrarlas no necesitaba mayores precisiones a la luz de su expresión, y me lo dijo como nunca lo había hecho—: Yo sí creo.

Sí, fue una alegría; seguíamos hombro con hombro. Estando segura de eso, poco me importaba lo que pudiera ocurrir. En presencia del desastre, mi punto de apoyo sería el mismo que cuando surgió mi primera necesidad de confiarme; si mi amiga me respondía honestamente, yo respondería de todo lo demás. No obstante, me sentía acongojada en el momento de separarme de ella.

—Se me ocurre que debo recordarle una cosa. Mi carta en la que daba mi voz de alarma llegará a la ciudad antes que usted.

Ahora percibí aún mejor cómo había estado yéndose por las ramas y lo mucho que eso la había fatigado.

—Su carta no llegará. Su carta no ha salido.

—¿Qué ha sido de ella?

—¡Dios lo sabe! El señorito Miles...

—¿Quiere decir que la ha cogido él? —tartamudeé. Titubeó, pero terminó superando la aversión.

—Quiero decir que ayer, al regresar con la señorita Flora, vi que no estaba donde usted la había puesto. Más entrada la noche tuve ocasión de preguntar a Luke, quien me confirmó que no la había visto ni tocado. —Ante lo cual, sólo nos cupo intercambiar uno de nuestros mutuos y profundos sobreentendidos, y fue la señora Grose quien primero reaccionó con un aire casi triunfante—. ¡Fíjese!

—Sí, comprendo que Miles la cogiera; probablemente la habrá leído y destruido.

—¿Y sólo comprende eso?

La miré un instante con una triste sonrisa.

—Me llama la atención que a estas alturas tenga usted los ojos incluso más abiertos que yo. Así resultó ser de hecho, pero aún se puso ella colorada, casi, para demostrarlo.

—Ahora me explico lo que debió hacer en el colegio. —Hizo un gesto casi cómico para demostrar su desilusión ante mi falta de agudeza—. ¡Robó!

Repensé la idea y traté de ser más juiciosa.

—Bueno, quizá.

Puse cara de encontrarme inesperadamente tranquila.

—¡Robó cartas!

Ella no podía saber los motivos de mi tranquilidad, después de todo, bastante superficial; así que se los expuse como pude.

—¡Espero, entonces, que tuvieran más sentido que en este caso! De todas formas, la nota que dejé ayer sobre la mesa —proseguí— le habrá servido de tan poco, pues sólo contenía la escueta solicitud de una entrevista, que estará avergonzado de haber ido tan lejos por tan poca cosa, y lo que rumiaba anoche debía ser precisamente la necesidad de confesarlo. —Por un momento me pareció comprender la situación, dominarla—. Déjenos, déjenos...

—Estaba ya en la puerta, echándola—. Se lo sacaré. Vendrá conmigo y confesará. Si confiesa está salvado. Y si está salvado...

—¿Se habrá salvado usted también? —La buena mujer me besó y se despidió—. ¡Yo la salvaré sin él! —exclamó al irse.

22

Sin embargo, el verdadero tormento vino cuando la señora Grose se hubo ido e inmediatamente la eché de menos. De haber previsto cómo iba a sentirme al estar sola con Miles, comprendí en seguida, todo hubiera ido mejor. En realidad, ninguna hora de mi estancia en Bly fue tan propensa a las aprensiones como aquella en que descendí las escaleras para enterarme de que el carruaje con la señora Grose y mi alumna ya había salido del parque. Ahora, me dije, estaba cara a cara con los elementos, y durante buena parte del resto del día, mientras luchaba contra mi debilidad, llegué a sospechar que había sido sumamente imprudente. El lugar era mucho más hermético de lo que yo suponía; y mucho más cuando, por primera vez, aprecié en el aspecto de los demás un confuso reflejo de la crisis. Lo ocurrido les había despertado la curiosidad; la repentina medida de mi colega era bastante inexplicable, por mucho que quisiéramos explicarla. Criadas y sirvientes estaban desconcertados, lo que me estropeaba los nervios; luego comprendí que era necesario invertir el efecto. En resumen, que precisamente evité el naufragio total empuñando el timón; y me atrevo a decir que aquella mañana me comporté de un modo muy solemne y muy severo. Asumí de buena gana la conciencia de tener mucho que hacer e hice que se supiera; así como que, una vez abandonada a mis propias fuerzas, me sentía especialmente animosa. Durante una o dos horas anduve por todas partes con este estado de ánimo y, no me cabe duda, con el aspecto de estar al borde de un ataque de furia. Sin embargo, debo confesar que iba desfalleciente.

La persona que parecía estar menos preocupada resultó ser, hasta la hora de la comida, el propio pequeño Miles. Mientras tanto, mis pasos por la casa no me habían dado ocasión de ponerle el ojo encima, pero habían colaborado a poner de manifiesto el cambio que se estaba produciendo en nuestras relaciones como consecuencia de que su sesión de piano del día anterior me había retenido, seducido y entontecido, para que Flora escapara. La publicidad, desde luego, de que algo iba mal había comenzado con el encierro y la partida de Flora, y con la inobservancia de nuestro habitual horario de clases. Él ya había desaparecido cuando, al ir a bajar, abrí la puerta de su dormitorio, y abajo me enteré que había desayunado —en presencia de un par de sirvientas— con su hermana y la señora Grose. Luego había salido, según dijo, a dar un paseo; nada expresaba mejor que eso su clara conciencia del brusco cambio de mis funciones. Estaba por determinar qué iba él a permitirme que fueran esas funciones: de todas formas, constituía un extraño alivio, sobre todo para mí, poder renunciar al fingimiento.

Entre tantas cosas como salieron a la superficie, poco exagero diciendo que quizá la más sobresaliente fuese acabar con la absurda ficción de que yo tenía algo que enseñarle. Baste decir que, mediante pequeñas argucias tácitas, con las que él protegía mi dignidad aún más que yo, tenía que pedirle que me excusara el esfuerzo de ponerme al nivel de su verdadera capacidad. En cualquier caso, ahora gozaba de su libertad; y yo nunca volvería a restringírsela; sobre todo, además, ya lo había demostrado sobradamente cuando, al reunirse conmigo en la sala de estudio la noche anterior, yo no había formulado una pregunta ni una indirecta sobre el problema dominante del período recién concluido. Desde este momento tenía otras ideas. Sin embargo, cuando finalmente lo tuve en mi presencia, la dificultad de aplicarlas y mi cúmulo de problemas se me evidenciaron ante la hermosa figura del pequeño, en quien lo ocurrido no había dejado la menor sombra.

Para indicar dentro de la casa el tono de elegancia que quería implantar, ordené que nos sirvieran la comida, a mí y al muchacho, en la planta baja, como decíamos; así que había estado esperándolo entre la grave pompa del salón, junto a la ventana por la que había recibido de la señora Grose, el primer domingo de espanto, el vislumbre de algo que difícilmente puede denominarse luz. Allí sentada volví a sentir —pues lo había sentido una y otra vez— cómo mi equilibrio se basaba en el triunfo de mi rígida voluntad, la voluntad de cerrar los ojos con todas mis fuerzas a la verdad de que, aquello de que debía ocuparme, era algo repulsivamente antinatural. La única forma de proseguir era confiando en la "naturaleza" y contando con ella, considerando que mi monstruosa prueba era como una incursión en una dirección desacostumbrada, desde luego, y desagradable, pero que al fin y al cabo sólo exigía otra vuelta de tuerca de la virtud humana normal. No obstante, ningún proyecto requería más tacto que este concreto proyecto de aportar toda la naturaleza de mi propio ser. ¿Cómo podría poner un poco de ese tacto para suprimir toda clase de referencias a lo ocurrido? Por otra parte, ¿cómo podría hacer referencias sin lanzarme de nuevo a lo terrible y oscuro? Pues bien, al cabo de un rato se me ocurrió una especie de respuesta, que de momento se vio confirmada al encontrar algo indiscutiblemente raro en un primer repaso de mi pequeño compañero. En realidad, fue como si descubriera ahora —¡y lo había descubierto tantas veces en las lecciones! —otra delicada forma de facilitarme las cosas.

¿No había una cierta luz en la constatación, que surgió con un especial brillo todavía no completamente apagado mientras compartimos nuestra soledad, en la constatación de que (aprovechando la oportunidad, la preciosa oportunidad que ahora se presentaba) sería estúpido, tratándose de un niño tan bien dotado, renunciar a la ayuda que podía prestar su gran inteligencia? ¿Para qué le había sido dada esa inteligencia sino para salvarse? ¿No podría uno, con objeto de llegar a su entendimiento, arriesgarse a tender el brazo hacia su espíritu? Fue como si, cuando estábamos cara a cara en el comedor, me hubiera enseñado el camino. Sobre la mesa estaba el cordero asado y yo lo había troceado con meticulosidad. Miles, antes de sentarse, permaneció un momento con las manos en los bolsillos, mirando la carne, sobre la que parecía estar a punto de hacer algún comentario sarcástico. Pero lo que en seguida dijo fue:

—Escuche, querida, ¿está verdaderamente muy enferma?

—¿La pequeña Flora? No está muy mal, y mejorará en seguida. Londres le hará recuperarse. Bly ya no le convenía. Ven aquí y come tu cordero.

Me obedeció presto, llevándose el plato a su sitio con cuidado y, una vez sentado, prosiguió:

—¿Ha dejado de sentarle bien Bly de repente?

—No tan de repente como tú crees. Hay quien lo ha visto venir.

—Entonces, ¿por qué no la envió fuera antes?

—¿Antes de qué?

—Antes de que estuviera demasiado enferma para viajar. Me sentí inspirada, animosa.

—No está demasiado enferma para viajar; se hubiera puesto de quedarse. Era el momento indicado para tomar medidas. El viaje disipará las malas influencias —¡estaba sublime!— y las hará desaparecer.

—Ya entiendo, ya entiendo.

Miles también estuvo sublime. Se puso a comer con sus encantadoras "maneras de mesa" que me habían eximido de toda amonestación desde el día de mi llegada. Cualquiera que hubiese sido la razón de su expulsión del colegio, no había sido por comer mal. Hoy estuvo tan irreprochable como siempre, pero inequívocamente más meticuloso. Se veía que trataba de dar por supuestas más cosas de las que encontraba fáciles sin ninguna ayuda; y se sumió en un apacible silencio al hacerse cargo de la situación. Nuestra comida fue muy breve —la mía, un puro simulacro— e inmediatamente hice que retiraran el servicio. Mientras lo hacían, Miles volvió a quedarse de pie, con las manos en sus pequeños bolsillos y dándome la espalda, y estuvo mirando por la misma y amplia ventana por la que, aquel día, había yo visto algo que me sobrecogió. Estuvimos en silencio mientras nos acompañó la criada; tan silenciosos, tuve la ocurrencia de pensar, como si fuéramos una joven pareja en viaje de bodas que, en el hotel, se siente avergonzada ante la presencia del camarero. Él no se dio la vuelta hasta haberse ido la criada.

—Bueno, ¡al fin solos!

23

—Más o menos. —Me imagino que mi sonrisa fue minúscula—. No del todo. ¡Eso no nos gustaría! —agregué.

—No, supongo que no. Por supuesto, están los otros.

—Están los otros, claro que están los otros —convine.

—Sin embargo, aunque estén —prosiguió él, todavía con las manos en los bolsillos y plantado delante de mí—, no importan mucho, ¿no es verdad?

Hice todo lo posible por evitarlo, pero me sentí palidecer.

—Depende de lo que se entienda por mucho.

—Sí, todo depende —dijo conciliador.

No obstante, volvió a ponerse de cara a la ventana, y a continuación se aproximó con su paso inquieto, dubitativo y meditabundo. Estuvo un rato asomado, con la frente contra el cristal, contemplando los absurdos arbustos que yo conocía y la melancolía de noviembre. Siempre he dispuesto del recurso de las "labores de punto", con las cuales gané ahora el sofá. Instalándome allí con las labores, como reiteradamente había hecho en los momentos tormentosos que he descrito, momentos en que sabía que los niños se entregaban a algo que me estaba vedado, obedecía a mi costumbre de estar preparada para lo peor. Pero una sensación fuera de lo normal creció en mí mientras hallaba un significado en la encogida espalda del muchacho, precisamente la sensación de que ahora no me excluía. Esta idea se intensificó en los siguientes minutos y me llevó a la inmediata deducción de que quien estaba excluido era él. Los marcos y los paneles del gran ventanal eran, para él, una especie de imagen del fracaso. Tuve la sensación de verlo encerrado, bien fuera o bien dentro. Era admirable, pero no estaba cómodo. Lo interpreté como un brote de esperanza. ¿No estaba buscando a través de los paneles encantados, algo que no podía ver? ¿Y no era la primera vez, en todo aquel tiempo, que caía en semejante error? La primera vez, la primerísima: me pareció un maravilloso augurio. Aunque controlaba sus reacciones, aquello parecía ponerlo nervioso; había estado todo el día nervioso, y si bien se sentó a la mesa con su habitual delicadeza de modales, necesitó todo su pequeño talento para disimularlo. Cuando al fin se dio la vuelta para hacerme frente, era como si su talento hubiese desaparecido.

—Bueno, ¡creo que estoy contento de que a mí sí me convenga!

—Al parecer, has visto más en estas veinticuatro horas que en todo el tiempo anterior. Espero —proseguí con valentía— que te hayas divertido.

—Oh, sí, nunca había ido tan lejos; por todos los alrededores, a millas y millas de distancia. Nunca había sido tan libre.

Tenía unos modales muy suyos y a mí no me quedaba más remedio que tratar de seguirlo.

—Bien, ¿te gusta?

Él estaba de pie, sonriendo; luego, al fin, en tres palabras:

—¿Y a usted? —puso más énfasis del que yo nunca hubiera creído posible en tres palabras. No obstante, antes de darme tiempo a responder, continuó como si tuviera la sensación de que era una impertinencia y debía retractarse—: No puede haber nada más encantador que la forma como usted se lo toma, pues, desde luego, si ahora estamos juntos y solos, usted es quien está más sola. De todos modos —apostilló—, espero que no le importe demasiado.

—¿Tener que estar contigo? —pregunté—. Querido niño, ¿cómo podría importarme? Aunque he renunciado al derecho de tu compañía (tan por encima de mí estás), al menos la disfruto inmensamente. ¿Para qué otra cosa iba a quedarme?

Me miró más abiertamente y ahora la expresión de su rostro me sorprendió como la más bella que le había conocido.

—¿Se queda sólo por eso?

—Sin duda. Me quedo como amiga tuya y debido al tremendo interés que tengo por que estés lo mejor posible, al menos en lo que esté en mis manos. Eso no te debe sorprender. —Me temblaba la voz, de tal forma que me era imposible disimular la agitación—. ¿No te acuerdas de lo que te dije, cuando fui a sentarme a tu cabecera aquella noche de tormenta, de que no hay nada en el mundo que no hiciera yo por ti?

—¡Sí, sí! —Por su parte, se le notaba cada vez más nervioso y tenía que controlar la entonación; pero lo conseguía mucho mejor que yo, riéndose en medio de la seriedad, simulando que bromeábamos alegremente—. ¡Sólo que me parece que lo dijo para que yo hiciera algo por usted!

—En parte fue para que hicieras algo por mí —concedí—. Pero tú sabes que no lo has hecho.

—Ah, sí —dijo con la más brillante y superficial vehemencia—. Usted quería que le dijera algo.

—Eso es. Que me dijeras francamente lo que estabas pensando, ya lo sabes.

—Entonces, ¿se ha quedado para eso?

Hablaba con una alegría en que captaba un hálito de resentimiento; pero no sé explicar el afecto que me causaba aquel débil inicio de rendición. Era como si, para mi propio asombro, al fin se presentase aquello por lo que suspiraba.

—Bueno, sí, voy a confesarlo. Me he quedado precisamente para eso.

Dejó transcurrir tanto tiempo que supuso que lo hacía con el propósito de repudiar los motivos de mi conducta; pero lo que por último dijo fue:

—¿Quiere decir ahora y aquí?

—No hay mejor sitio ni mejor momento.

El miró a su alrededor, incómodo, y yo tuve la rara —o excéntrica— sensación de que era el primer síntoma que le había descubierto de la proximidad del miedo. Era como si de repente me tuviese miedo, lo que en realidad me sorprendió, pareciéndome lo mejor que le podía ocurrir. Sin embargo, con la tensión del esfuerzo, sentí que sería inútil tratar de ser dura, y al instante siguiente me oí diciendo, con tanta suavidad que debía resultar grotesca:

—¿Quieres, pues, volver a salir a pasear?

—¡Muchísimo!

Me sonreía heroicamente y este conmovedor valor infantil quedaba engrandecido por su auténtico rubor. Recogió el sombrero, con el que había entrado en el comedor, y le daba vueltas de una forma que, aun estando a punto de alcanzar mi meta, me despertaba un perverso horror por lo que yo misma estaba haciendo. Era por lo menos un acto de violencia, pues ¿en qué consistía si no en la intromisión de la idea de obscenidad y culpabilidad en una criatura pequeña e indefensa que había supuesto para mí la revelación de las posibilidades de una hermosa relación personal? ¿No era algo vil crear en un ser tan exquisito una desazón que le era ajena? Supongo que ahora interpreto nuestra situación con una claridad inexistente en aquellos momentos, pero me parece ver nuestros pobres ojos reluciendo con un destello premonitorio de la angustia que luego viviríamos. Así que dimos vueltas, uno alrededor del otro, con terrores y escrúpulos, como luchadores que no se atreven a acercarse. ¡Pero por quien temía cada uno de nosotros era por el otro! Eso prolongó otro rato el silencio y retrasó los golpes.

—Se lo contaré todo —dijo Miles—. Quiero decir que le contaré lo que usted quiera. Usted se quedará conmigo y los dos estaremos muy bien y yo se lo contaré, se lo contaré. Pero ahora, no.

—¿Por qué no ahora?

Mi insistencia le hizo darme la espalda y lo retuvo de nuevo junto al ventanal, en un silencio en el que se hubiera oído la caída de una pluma. Luego, otra vez, volvió delante de mí, con el aire de la persona que espera en otro sitio a alguien que merece su consideración.

—Tengo que ver a Luke.

Hasta entonces nunca le había obligado a decir una mentira tan zafia y, consecuentemente, me sentí avergonzada. Pero, aun siendo sus mentiras horribles, no hacían sino confiarme en mi verdad. Pensativa, hice unos cuantos puntos de mi labor.

—Bueno, vete con Luke y yo te esperaré para lo que me has prometido. A cambio, antes de irte, dame una mínima satisfacción.

Tenía la impresión de creer que había salido ganando con nuestro pacto.

—¿Muy, muy pequeña?

—Sí, poca cosa. Dime —¡estaba concentrada en la labor e improvisando!— si ayer por la tarde cogiste mi carta de la mesa del vestíbulo.

24

Como consecuencia de algo que sólo puedo describir como una feroz interrupción de la sensibilidad —un golpe que en un primer momento, al ponerme en pie de un salto, me redujo al ciego impulso de agarrarlo, atrayéndolo contra mí y manteniéndolo instintivamente de espaldas a la ventana, mientras buscaba apoyo en el mueble más cercano—, no pude advertir durante unos instantes el efecto que lo dicho tuvo sobre Miles. Teníamos ante nosotros la misma aparición a la que yo había tenido ya que enfrentarme en aquel sitio: Peter Quint había surgido ante mi vista como un centinela en la puerta de una prisión. Lo siguiente que vi fue que se acercaba a la ventana por fuera y luego que, cerca del cristal y brillando al través, ofrecía una vez más a la sala su lívido rostro de condenado. Decir que en un segundo tomé una decisión es un resumen muy burdo de lo acaecido en mi interior; no obstante, no creo que ninguna mujer hasta tal punto sobrecogida hubiera recuperado antes su capacidad de respuesta. En medio del horror de aquella inmediata presencia, se me ocurrió que la respuesta debía consistir en, viendo y encarando lo que yo veía y encaraba, conseguir que el muchacho no se diera cuenta. La inspiración —no encuentro otra forma de decirlo— consistió en comprender que tenía voluntad y fuerzas para hacerlo. Era como luchar contra un demonio por un alma humana; y cuando lo hube sopesado bien vi que aquella alma humana —en mis brazos y entre el temblor de mis manos— tenía un perfecto rocío de sudor sobre su adorable frente infantil. El rostro que tan cerca estaba del mío era tan blanco como el rostro pegado al cristal, y de él surgió en seguida un sonido, no bajo ni débil, sino como si procediera de mucho más lejos, que yo sorbí como una fragante ráfaga.

—Sí, yo la cogí.

Ante esto, con un gemido de placer, lo abracé y lo acerqué contra mí, y mientras lo apretaba contra mi pecho, donde sentía el tremendo pulso de su corazón mezclado con la repentina fiebre de su cuerpecito, mantuve los ojos sobre lo que había en la ventana y lo vi moverse y variar de postura. Lo he comparado con un centinela, pero su momentánea y lenta rotación fue por un instante muy similar al acecho de una fiera. Mi valor era tal que lo sentí surgir de mí como una llama. En tanto, de nuevo surgió en la ventana el rostro vidrioso, el canalla, que miraba fijamente como si vigilara y esperase. La misma seguridad de que ahora estaba en condiciones de desafiarlo, así como la positiva certeza, hasta entonces, de que el niño no se había dado cuenta, me hicieron proseguir:

—¿Por qué la cogiste?

—Para ver lo que usted decía de mí.

—¿Has abierto la carta?

—Sí la he abierto.

Ahora mis ojos estaban sobre la cara de Miles, mientras lo alejaba un poco, y la desaparición de la mueca burlona me demostró cuán total era su inquietud. Lo asombroso era que, por fin, gracias a mi triunfo, sus sentidos estaban sellados y la extraña comunicación había cesado: sabía que estaba en presencia de algo, pero no sabía de qué, y aún menos sospechaba que yo lo sabía. ¡Y cómo me emocionó este esfuerzo cuando al devolver la mirada a la ventana sólo vi que el aire estaba limpio de nuevo y que, gracias a mi triunfo personal, la presencia se había desvanecido. Allí no había nada. Sentí que yo era la causa de la desaparición y que era evidente que lo conseguiría todo.

—¡Y no encontraste nada! —exclamé jubilosa. Miles sacudió tristemente la cabeza.

—Nada.

—¡Nada de nada! —casi grité de alegría.

—Nada de nada —repitió él entristecido. Le besé en la frente; la tenía húmeda.

—¿Qué has hecho luego con la carta?

—La he quemado.

—¿La has quemado? —Ahora o nunca—. ¿Es eso lo que hiciste en el colegio?

¡Ay, lo que había provocado!

—¿En el colegio?

—¿Cogías cartas u otras cosas?

—¿Otras cosas?

Ahora parecía pensar en algo lejano y que sólo recordaba gracias a la opresión del nerviosismo. Pero lo logró.

—¿Si robaba?

Sentí enrojecer hasta las mismas raíces del cabello mientras me preguntaba si lo más extraño era hacer semejante pregunta a un caballero o si lo más extraño era ver aceptarla con una naturalidad que indicaba la profundidad en que había caído.

—¿Por eso no podías volver?

Sólo manifestó una pequeña y sombría sorpresa.

—¿Usted sabía que no puedo volver?

—Lo sé todo.

Me echó una larga y extraña mirada.

—¿Todo?

—Todo. De modo que, ¿has...?

—Pero no tuve fuerzas para repetirlo. Miles sí, con gran sencillez.

—No, no he robado.

Mi cara debió demostrarle que lo creía a pies juntillas; no obstante, mis manos lo bambolearon —pero fue de pura ternura— como preguntándole por qué, si no era nada, me había condenado a aquellos meses de tormento.

—¿Qué hiciste, pues?

Con una vaga expresión dolorida, miró en torno a la parte alta del salón y respiró dos o tres veces, como si tuviera cierta dificultad. Podía haber estado en el fondo del mar y haber levantado los ojos hacia la leve luz verde del anochecer.

—Bueno, dije cosas.

—¿Sólo eso?

—¡Les pareció suficiente!

—¿Te echaron por eso?

Verdaderamente, nunca un «expulsado» se había molestado tan poco para justificarse como aquella personilla. Parecía sopesar mi pregunta, pero de una forma distante y casi desmañada.

—Bueno, supongo que no debí hacerlo.

—Pero ¿a quién se lo dijiste?

Era evidente que intentaba recordar, pero se perdía; lo había olvidado.

—No lo sé.

Casi me sonreía en medio de la desolación de su derrota, que a estas alturas era prácticamente tan completa que yo hubiera debido dejar así las cosas. Pero estaba envalentonada, me cegaba el sentimiento victorioso, aunque para entonces el efecto que tanto lo había acercado iba produciendo ya una creciente separación.

—¿Lo dijiste a todo el mundo? —le pregunté.

—No, sólo a...

—Pero volvió a sacudir tristemente la cabeza—. No me acuerdo de los nombres.

—¿Eran muchos?

—No, unos cuantos. Los que me gustaban.

—¿Los que le gustaban? Me pareció estar flotando en algo más oscuro que la oscuridad y al cabo de un instante mi propia piedad me había despertado al espantoso temor de que quizás fuera inocente. Aquella idea me confundió y turbó, pues si él era inocente, ¿qué era yo entonces? Paralizada, mientras se prolongó, por el mero roce de la pregunta, dejé que se alejara un poco, de modo que, con un hondo suspiro, de nuevo me volvió la cara; y cuando le vi mirar la ventana con amargura, sufrí al pensar que ahora no había forma de apartarlo de allí.

—¿Y ellos repitieron lo que tú les dijiste? —proseguí al cabo de un momento.

En seguida estaba a cierta distancia de mí, respirando hondo y de nuevo con el aspecto, aunque sin rabia, de estar confinado contra su voluntad. Una vez más, lo mismo que había hecho antes, levantó los ojos hacia el día gris, como si de lo que le había sostenido hasta entonces no quedara más que una indecible ansiedad.

—Oh, sí —replicó sin embargo—, debieron repetirlo. A quienes les gustaban.

De cualquier modo, era mucho menos de lo que yo me esperaba; pero insistí:

—¿Y esas cosas llegaron a oídos de...?

—¿Los profesores? ¡Sí! —respondió con suma sencillez—. Pero yo no sabía que ellos lo contaban.

—¿Los profesores? No, nunca han dicho nada. Por eso mismo te estoy preguntando. Volvió hacia mí su hermosa carita enfebrecida.

—Sí, eran cosas demasiado malas.

—¿Demasiado malas?

—Las cosas que me imagino que dije algunas veces. ¡Para escribir a casa!

No sé cómo concretar el exquisito y contradictorio patetismo que semejante orador aportaba a semejante discurso; sólo sé que al instante siguiente me oí gritando:

—¡Niñerías y necedades!— Pero al otro debí resultar un poco más austera—. ¿Qué cosas eran ésas?

Toda mi dureza iba dirigida a su juez, a su verdugo; no obstante, le hizo apartarse de nuevo, y ese movimiento me hizo saltar tras él con un único brinco y un grito incontenible. Pues allí estaba de nuevo, contra el cristal, como si pretendiera emponzoñar la confesión y evitar su respuesta, allí estaba el pavoroso autor de nuestra aflicción, el lívido rostro de la condenación. Sentí un mareo al ver derrumbarse mi victoria y todo el provecho de mi batalla, de tal modo que la furia de mi auténtico salto sólo fue una especie de gran traición. En medio de mi acción, vi a Miles tratando de adivinar, y al darme cuenta de que, incluso ahora, sólo sospechaba y de que tenía la ventana delante de sus ojos, pero vacía, dejé que mi impulso creciera hasta convertir la crisis de su derrota en la misma prueba de su liberación.

—¡Basta, basta, basta! —grité al visitante, a la vez que estrujaba a Miles contra mí.

—¿Está ella aquí? —jadeó Miles al captar con sus ojos sellados el sentido de mis palabras. Luego, dado que su extraño «ella» me había desconcertado y yo repetía sus palabras, me respondió con repentina furia—: ¡La señorita Jessel, la señorita Jessel!

Estupefacta, comprendí su suposición, una especie de secuela de lo ocurrido con Flora, pero eso me dio ganas de demostrarle que era algo más.

—¡No es la señorita Jessel! Pero está en la ventana, exactamente frente a nosotros. ¡Ese desalmado está ahí por última vez!

Ante esto, al cabo de un segundo en el que su cabeza hizo los mismos movimientos que un perro rastreando una pista, seguidos de un frenético aspaviento en busca de aire y de luz, se colocó delante de mí, lívido de rabia, enfurecido, con la mirada perdida y en blanco, aunque ahora yo sentía que la enorme y sobrecogedora presencia llenaba el lugar como el aroma de un veneno.

—¿Es él?

Estaba tan decidida a llevar mi prueba hasta el final que me volví de hielo para desafiarlo.

—¿A quién te refieres?

—¡A Peter Quint, malvada!

—De nuevo recorrió con la vista toda la sala y pronunció una convulsiva súplica—: ¿Dónde? Todavía sigo oyendo su tributo a mi dedicación, su suprema rendición al pronunciar el nombre.

—¿Qué importa eso ahora, mi amor? ¿Qué va a importar nunca? Te tengo a ti —le espeté a la bestia—, pero él te ha perdido para siempre. —Luego, para coronar mi obra, le dije a Miles—. ¡Allí, allí!

Pero él se había dado la vuelta de golpe y miraba fijamente, congestionado de nuevo, sin ver otra cosa que el día apacible. Con la sorpresa de aquella ausencia, de la que tan orgullosa estaba yo, Miles dio un grito de criatura arrojada al abismo, y el manotazo con que lo recuperé bien pudo ser la forma de atraparlo a mitad de su caída. Lo cogí, sí, lo sujeté, es fácil imaginar con cuánta pasión; pero al cabo de un minuto empecé a percatarme de lo que realmente tenía entre mis brazos. Estábamos solos, el día era apacible y su pequeño corazón, desposeído, había dejado de latir.

EL ENGENDRO MALDITO por Ambrose Bierce

I
NO SIEMPRE SE COME LO QUE ESTÁ SOBRE LA MESA

A la luz de una vela de sebo colocada en un extremo de una rústica mesa, un hombre leía algo escrito en un libro. Era un viejo libro de cuentas muy usado y, al parecer, su escritura no era demasiado legible porque a veces el hombre acercaba el libro a la vela para ver mejor. En esos momentos la mitad de la habitación quedaba en sombra y sólo era posible entrever unos rostros borrosos, los de los ocho hombres que estaban con el lector. Siete de ellos se hallaban sentados, inmóviles y en silencio, junto a las paredes de troncos rugosos y, dada la pequeñez del cuarto, a corta distancia de la mesa. De haber extendido un brazo, cualquiera de ellos habría rozado al octavo hombre que, tendido boca arriba sobre la mesa, con los brazos pegados a los costados, estaba parcialmente cubierto con una sábana. Era un muerto.

El hombre del libro leía en voz baja. Salvo el cadáver todos parecían esperar que algo ocurriera. Una serie de extraños ruidos de desolación nocturna penetraba por la abertura que hacía de ventana: el largo aullido innombrable de un coyote lejano; la incesante vibración de los insectos en los árboles; los gritos extraños de las aves nocturnas, tan diferentes del canto de los pájaros durante el día; el zumbido de los grandes escarabajos que vuelan desordenadamente, y todo ese coro indescifrable de leves sonidos que, cuando de golpe se interrumpe, creemos haber escuchado sólo a medias, con la sospecha de haber sido indiscretos. Pero nada de esto era advertido en aquella reunión; sus miembros, según se apreciaba en sus rostros hoscos con aquella débil luz, no parecían muy partidarios de fijar la atención en cosas superfluas.

Sin duda alguna eran hombres de los contornos, granjeros y leñadores.

El que leía era un poco diferente; tenía algo de hombre de mundo, sagaz, aunque su indumentaria revelaba una cierta relación con los demás. Su ropa apenas habría resultado aceptable en San Francisco; su calzado no era el típico de la ciudad, y el sombrero que había en el suelo a su lado (era el único que no lo llevaba puesto) no podía ser considerado un adorno personal sin perder todo su sentido. Tenía un semblante agradable, aunque mostraba una cierta severidad aceptada y cuidada en función de su cargo. Era el juez, y como tal se hallaba en posesión del libro que había sido encontrado entre los efectos personales del muerto, en la misma cabaña en que se desarrollaba la investigación.

Cuando terminó su lectura se lo guardó en el bolsillo interior de la chaqueta. En ese instante la puerta se abrió y entró un joven. Se apreciaba claramente que no había nacido ni se había educado en la montaña: iba vestido como la gente de la ciudad. Su ropa, sin embargo, estaba llena de polvo, ya que había galopado mucho para asistir a aquella reunión.

Solamente el juez le hizo un breve saludo.

—Lo esperábamos —dijo—. Es necesario acabar con este asunto esta misma noche.

—Lamento haberlos hecho esperar —dijo el joven, sonriendo—. Me marché, no para eludir su citación, sino para enviar a mi periódico un relato de los hechos como el que supongo quiere usted oír de mí.

El juez sonrió.

—Ese relato tal vez difiera del que va a hacernos aquí bajo juramento.

—Como usted guste —replicó el joven enrojeciendo con vehemencia—. Aquí tengo una copia de la información que envié a mi periódico. No se trata de una crónica, que resultaría increíble, sino de una especie de cuento. Quisiera que formara parte de mi testimonio.

—Pero usted dice que es increíble.

—Eso no es asunto suyo, señor juez; si yo juro que es cierto.

El juez permaneció en silencio durante un rato, con la cabeza inclinada. El resto de los asistentes charlaba en voz baja sin apartar la mirada del rostro del cadáver. Al cabo de unos instantes el juez alzó la vista y dijo:

—Continuemos con la investigación.

Los hombres se quitaron los sombreros y el joven prestó juramento.

—¿Cuál es su nombre? —le preguntó el juez.

—William Harker.

—¿Edad?

—Veintisiete años.

—¿Conocía usted al difunto Hugh Morgan?

—Sí.

—¿Estaba usted con él cuando murió?'

—Sí, muy cerca.

—Y ¿cómo se explica…? su presencia, quiero decir.

—Había venido a visitarlo para ir a cazar y a pescar. Además, también quería estudiar su tipo de vida, tan extraña y solitaria. Parecía un buen modelo para un personaje de novela. A veces escribo cuentos.

—Y yo a veces los leo.

—Gracias.

—Cuentos en general, no me refería sólo a los suyos.

Algunos de los presentes se echaron a reír.

En un ambiente sombrío el humor se aprecia mejor. Los soldados ríen con facilidad en los intervalos de la batalla, y un chiste en la capilla mortuoria, sorprendentemente, suele hacernos reír.

—Cuéntenos las circunstancias de la muerte de este hombre —dijo el juez—. Puede utilizar todas las notas o apuntes que desee.

El joven comprendió. Sacó un manuscrito del bolsillo de su chaqueta y, tras acercarlo a la vela, pasó las páginas hasta encontrar el pasaje que buscaba. Entonces empezó a leer.

II
LO QUE PUEDE OCURRIR EN UN CAMPO DE AVENA SILVESTRE

"…apenas había amanecido cuando abandonamos la casa. Íbamos en busca de codornices, cada uno con su escopeta, y nos acompañaba un perro. Morgan dijo que la mejor zona estaba detrás de un cerro, que señaló, y que cruzamos por un sendero rodeado de arbustos. Al otro lado el terreno era bastante llano y espesamente cubierto de avena silvestre. Cuando salimos de la maleza Morgan iba unas cuantas yardas por delante de mí. De repente oímos, muy cerca, a nuestra derecha y también enfrente, el ruido de un animal que se revolvía con violencia entre unas matas.

"—Es un ciervo —dije—. Ojalá hubiéramos traído un rifle.

"Morgan, que se había parado a examinar los arbustos, no dijo nada, pero había cargado los dos cañones de su escopeta y se disponía a disparar. Parecía algo excitado y esto me sorprendió, pues era célebre por su sangre fría, incluso en momentos de súbito e inminente peligro.

"—Venga —dije—. No esperarás acabar con un ciervo a base de perdigones, ¿verdad?

"No contestó, pero cuando se volvió hacia mí vi su rostro y quedé impresionado por su expresión tensa. Comprendí entonces que algo serio ocurría, y lo primero que pensé fue que nos habíamos topado con un oso. Colgué mi escopeta y avancé hasta donde estaba Morgan.

"Los arbustos ya no se movían y el ruido había cesado, pero mi amigo observaba el lugar con la misma atención.

"—Pero ¿qué pasa? ¿Qué diablos es? —le pregunté.

"—¡Ese maldito engendro! —contestó sin volverse.

Su voz sonaba ronca y extraña. Estaba temblando.

"Iba a decir algo cuando vi que la avena que había en torno al lugar se movía de un modo inexplicable. No sé cómo describirlo. Era como si, empujada por una ráfaga de viento, no sólo se cimbreara sino que se tronchaba y no volvía a enderezarse; y aquel movimiento se acercaba lentamente hacia nosotros.

"Aunque no recuerdo haber pasado miedo, nada antes me había afectado de un modo tan extraño como aquel fenómeno insólito e inenarrable. Recuerdo —y lo sacó a colación porque me vino entonces a la memoria— que una vez, al mirar distraídamente por una ventana, confundí un cercano arbolito con otro de un grupo de árboles, mucho más grandes, que estaban más lejos. Parecía del mismo tamaño que éstos, pero al estar más clara y marcadamente definido en sus detalles, no armonizaba con el resto. Fue un simple error de perspectiva pero me sobresaltó y llegó incluso a aterrorizarme. Confiamos tanto en el buen funcionamiento de las leyes naturales que su suspensión aparente nos parece una amenaza para nuestra seguridad, un aviso de alguna calamidad inconcebible. Del mismo modo, aquel movimiento de la maleza, al parecer sin causa, y su aproximación lenta e inexorable resultaban inquietantes. Mi compañero estaba realmente asustado; apenas pude dar crédito a mis ojos cuando le vi arrimarse la escopeta al hombro y vaciar los dos cañones contra el cereal en movimiento. Antes de que el humo de la descarga hubiera desaparecido oí un grito feroz —un alarido como el de una bestia salvaje— y vi que Morgan tiraba su escopeta y, a todo correr, desaparecía de aquel lugar. En ese mismo instante fui arrojado al suelo por el impacto de algo que el humo ocultaba —una sustancia blanda y pesada que me embistió con gran fuerza.

"Cuando me puse de pie y recuperé mi escopeta, que me había sido arrebatada de las manos, oí a Morgan gritar como si agonizara. A sus gritos se unían aullidos feroces, como cuando dos perros luchan entre sí. Completamente aterrorizado, me incorporé con gran dificultad y dirigí la vista hacia el lugar por el que mi amigo había desaparecido. ¡Que Dios me libre de otro espectáculo como aquél! Morgan estaba a unas treinta yardas; tenía una rodilla en tierra, la cabeza, con su largo cabello revuelto, descoyuntada espantosamente hacia atrás, y era presa de unas convulsiones que zarandeaban todo su cuerpo. Su brazo derecho estaba levantado y, por lo que pude ver, había perdido la mano. Al menos yo no la veía. El otro brazo había desaparecido. A veces, tal como ahora recuerdo aquella escena extraordinaria, no podía distinguir más que una parte de su cuerpo; era como si hubiera sido parcialmente borrado (ya sé, es extraño, pero no sé expresarlo de otra forma) y al cambiar de posición volviera a apreciarse de nuevo en su totalidad.

"Debió de ocurrir todo en unos pocos segundos, durante los cuales Morgan adoptó todas las posturas posibles del obstinado luchador que es derrotado por un peso y una fuerza superiores. Yo sólo lo veía a él y no siempre con claridad. Durante el incidente soltaba gritos y profería maldiciones acompañadas de unos rugidos furiosos como nunca antes había oído salir de la garganta de un hombre o una bestia.

"Permanecí en pie por un momento sin saber qué hacer, hasta que decidí tirar la escopeta y correr en ayuda de mi amigo. Creí que estaba sufriendo un ataque o una especie de colapso. Antes de llegar a su lado, lo vi caer y quedar inerte. Los ruidos habían cesado pero volví a ver, con un sentimiento de terror como jamás había experimentado, el misterioso movimiento de la avena que se extendía desde la zona pisoteada en torno al cuerpo de Morgan hacia los límites del bosque. Sólo cuando hubo alcanzado los primeros árboles, aparté la vista de aquel insólito fenómeno y miré a mi compañero. Estaba muerto".

III
UN HOMBRE, AUNQUE ESTÉ DESNUDO, PUEDE ESTAR HECHO JIRONES

El juez se levantó y se acercó al muerto. Tiró de un extremo de la sábana y dejó el cuerpo al descubierto. Estaba desnudo y, a la luz de la vela, mostraba un color amarillento. Presentaba unos grandes hematomas de un azul oscuro, causados sin duda alguna por las contusiones, y parecía que lo habían golpeado en el pecho y los costados con un garrote. Había unas horribles heridas y tenía la piel desgarrada, hecha jirones.

El juez llegó hasta el extremo de la mesa y desató el nudo que sujetaba un pañuelo de seda por debajo de la barbilla hasta la parte superior de la cabeza. Al retirarlo vimos lo que tenía en la garganta. Los miembros del jurado que se habían levantado para ver mejor lamentaron su curiosidad y volvieron la cabeza. El joven Harker fue hacia la ventana abierta y se inclinó sobre el alféizar, a punto de vomitar. Después de cubrir de nuevo la garganta del muerto, el juez se dirigió a un rincón de la habitación en el que había un montón de prendas. Empezó a coger una por una y a examinarlas mientras las sostenía en alto.

Estaban destrozadas y rígidas por la sangre seca. El resto de los presentes prefirió no hacer un examen más exhaustivo. A decir verdad, ya habían visto este tipo de cosas antes. Lo único que les resultaba nuevo era el testimonio de Harker.

—Señores —dijo el juez—, estas son todas las pruebas que tenemos. Ya saben su cometido; si no tienen nada que preguntar, pueden salir a deliberar.

El presidente del jurado, un hombre de unos sesenta años, alto, con barba y toscamente vestido, se levantó y dijo:

—Quisiera hacer una pregunta, señor. ¿De qué manicomio se ha escapado este último testigo?

—Señor Harker —dijo el juez con tono grave y tranquilo—; ¿de qué manicomio se ha escapado usted?

Harker enrojeció de nuevo pero no contestó, y los siete individuos se levantaron y abandonaron solemnemente la cabaña uno tras otro.

—Si ha terminado ya de insultarme, señor —dijo Harker tan pronto como se quedó a solas con el juez—, supongo que puedo marcharme, ¿no es así?

—En efecto.

Harker avanzó hacia la puerta y se detuvo con la mano en el picaporte. Su sentido profesional era más fuerte que su amor propio. Se volvió y dijo:

—Ese libro que tiene ahí es el diario de Morgan, ¿verdad?. Debe de ser muy interesante porque mientras prestaba mi testimonio no dejaba de leerlo. ¿Puedo verlo? Al público le gustaría...

—Este libro tiene poco que añadir a nuestro asunto —contestó el juez mientras se lo guardaba—; todas las anotaciones son anteriores a la muerte de su autor.

Al salir Harker, el jurado volvió a entrar y permaneció en pie en torno a la mesa en la que el cadáver, cubierto de nuevo, se perfilaba claramente bajo la sábana. El presidente se sentó cerca de la vela, sacó del bolsillo lápiz y papel y redactó laboriosamente el siguiente veredicto, que fue firmado, con más o menos esfuerzo, por el resto:

—Nosotros, el jurado, consideramos que el difunto encontró la muerte al ser atacado por un puma, aunque alguno cree que sufrió un colapso.

IV
UNA EXPLICACIÓN DESDE LA TUMBA

En el diario del difunto Hugh Morgan hay ciertos apuntes interesantes que pueden tener valor científico. En la investigación que se desarrolló junto a su cuerpo el libro no fue citado como prueba porque el juez consideró que podría haber confundido a los miembros del jurado. La fecha del primero de los apuntes mencionados no puede apreciarse con claridad por estar rota la parte superior de la hoja correspondiente; el resto expone lo siguiente:

"…corría describiendo un semicírculo, con la cabeza vuelta hacia el centro, y de pronto se detenía y ladraba furiosamente. Al final echó a correr hacia el bosque a gran velocidad. En un principio pensé que se había vuelto loco, pero al volver a casa no encontré otro cambio en su conducta que no fuera el lógico del miedo al castigo".

"¿Puede un perro ver con la nariz? ¿Es que los olores impresionan algún centro cerebral con imágenes de las cosas que los producen?".

"2 sep. Anoche, mientras miraba las estrellas en lo alto del cerco que hay al este de la casa, vi cómo desaparecían sucesivamente, de izquierda a derecha. Se apagaban una a una por un instante, y en ocasiones unas pocas a la vez, pero todas las que estaban a un grado o dos por encima del cerco se eclipsaban totalmente. Fue como si algo se interpusiera entre ellas y yo, pero no conseguí verlo pues las estrellas no emitían suficiente luz para delimitar su contorno. ¡Uf! Esto no me gusta nada…".

Faltan tres hojas con los apuntes correspondientes a varias semanas.

"27 sep. Ha estado por aquí de nuevo. Todos los días encuentro pruebas de su presencia. Me he pasado la noche otra vez vigilando en el mismo puesto, con la escopeta cargada. Por la mañana sus huellas, aún frescas, estaban allí, como siempre. Podría jurar que no me quedé dormido ni un momento —en realidad apenas duermo. ¡Es terrible, insoportable! Si todas estas asombrosas experiencias son reales, me voy a volver loco; y si son pura imaginación, es que ya lo estoy".

"3 oct. No me iré, no me echará de aquí. Esta es mi casa y mi tierra. Dios aborrece a los cobardes…".

"5 oct. No puedo soportarlo más. He invitado a Harker a pasar unas semanas. Él tiene la cabeza en su sitio. Por su actitud podré juzgar si me cree loco".

"7 oct. Ya encontré la solución al misterio. Anoche la descubrí de repente, como por revelación. ¡Qué simple, qué horriblemente simple!".

"Hay sonidos que no podemos oír. A ambos extremos de la escala hay notas que no hacen vibrar ese instrumento imperfecto que es el oído humano. Son muy agudas o muy graves. He visto cómo una bandada de mirlos ocupan la copa de un árbol, de varios árboles, y cantan todos a la vez. De repente, y al mismo tiempo, todos se lanzan al aire y emprenden el vuelo. ¿Cómo pueden hacerlo si no se ven unos a otros? Es imposible que vean el movimiento de un jefe. Deben de tener una señal de aviso o una orden, de un tono superior al estrépito de sus trinos, que es inaudible para mí. He observado también el mismo vuelo simultáneo cuando todos estaban en silencio, no sólo entre mirlos, sino también entre otras aves como las perdices, cuando están muy distanciadas entre los matorrales, incluso en pendientes opuestas de una colina".

"Los marineros saben que un grupo de ballenas que se calienta al sol o juguetea sobre la superficie del océano, separadas por millas de distancia, se zambullen al mismo tiempo y desaparecen en un momento. La señal es emitida en un tono demasiado grave para el oído del marinero que está en el palo mayor o el de sus compañeros en cubierta, que sienten la vibración en el barco como las piedras de una catedral se conmueven con el bajo del órgano".

"Y lo que pasa con los sonidos, ocurre también con los colores. A cada extremo del espectro luminoso el químico detecta la presencia de los llamados rayos 'actínicos'. Representan colores —colores integrales en la composición de la luz— que somos incapaces de reconocer. El ojo humano también es un instrumento imperfecto y su alcance llega sólo a unas pocas octavas de la verdadera 'escala cromática'. No estoy loco; lo que ocurre es que hay colores que no podemos ver".

"Y, Dios me ampare, ¡el engendro maldito es de uno de esos colores!".

EL HUÉSPED DE DRÁCULA por Bram Stoker

Cuando iniciamos nuestro paseo, el sol brillaba intensamente sobre Múnich y el aire estaba repleto de la alegría propia de comienzos del verano. En el mismo momento en que íbamos a partir, Herr Delbrück (el maitre d'hôtel del Quatre Saisons, donde me alojaba) bajó hasta el carruaje sin detenerse a ponerse el sombrero y, tras desearme un placentero paseo, le dijo al cochero, sin apartar la mano de la manija de la puerta del coche:

—No olvide estar de regreso antes de la puesta del sol. El cielo parece claro, pero se nota un frescor en el viento del norte que me dice que puede haber una tormenta en cualquier momento. Pero estoy seguro de que no se retrasará —sonrió—, pues ya sabe qué noche es.

Johann le contestó con un enfático:

—Ja, mein Herr.

Y, llevándose la mano al sombrero, se dio prisa en partir.

Cuando hubimos salido de la ciudad le dije, tras indicarle que se detuviera:

—Dígame, Johann, ¿qué noche es hoy?

Se persignó al tiempo que contestaba lacónicamente:

—Walpurgis Nacht.

Y sacó su reloj, un grande y viejo instrumento alemán de plata, tan grande como un nabo, y lo contempló, con las cejas juntas y un pequeño e impaciente encogimiento de hombros. Me di cuenta de que aquella era su forma de protestar respetuosamente contra el innecesario retraso y me volví a recostar en el asiento, haciéndole señas de que prosiguiese. Reanudó una buena marcha, como si quisiera recuperar el tiempo perdido. De vez en cuando, los caballos parecían alzar sus cabezas y olisquear suspicazmente el aire. En tales ocasiones, yo miraba alrededor, alarmado. El camino era totalmente anodino, pues estábamos atravesando una especie de alta meseta barrida por el viento. Mientras viajábamos, vi un camino que parecía muy poco usado y que aparentemente se hundía en un pequeño y serpenteante valle. Parecía tan invitador que, aun arriesgándome a ofenderlo, le dije a Johann que se detuviera y, cuando lo hubo hecho, le expliqué que me gustaría que bajase por allí. Me dio toda clase de excusas, y se persignó con frecuencia mientras hablaba. Esto, de alguna forma, excitó mi curiosidad, así que le hice varias preguntas. Respondió evasivamente, sin dejar de mirar una y otra vez su reloj como protesta. Al final, le dije:

—Bueno, Johann, quiero bajar por ese camino. No le diré que venga si no lo desea, pero cuénteme por qué no quiere hacerlo, eso es todo lo que le pido.

Como respuesta, pareció zambullirse desde el pescante por lo rápidamente que llegó al suelo. Entonces extendió sus manos hacia mí en gesto de súplica y me imploró que no fuera. Mezclaba el suficiente inglés con su alemán como para que yo entendiese el hilo de sus palabras. Parecía estar siempre a punto de decirme algo, cuya sola idea era evidente que le aterrorizaba; pero cada vez se echaba atrás y decía mientras se persignaba:

—Walpurgis Nacht!

Traté de argumentar con él pero era difícil discutir con un hombre cuyo idioma no hablaba. Ciertamente, él tenía todas las ventajas, pues aunque comenzaba hablando en inglés, un inglés muy burdo y entrecortado, siempre se excitaba y acababa por revertir a su idioma natal…. y cada vez que lo hacía miraba su reloj. Entonces los caballos se mostraron inquietos y olisquearon el aire. Ante esto, palideció y, mirando a su alrededor de forma asustada, saltó de pronto hacia adelante, los aferró por las bridas y los hizo avanzar unos diez metros. Yo lo seguí y le pregunté por qué había hecho aquello. Como respuesta, se persignó, señaló al punto que había abandonado y apuntó con su látigo hacia el otro camino, indicando una cruz y diciendo, primero en alemán y luego en inglés:

—Enterrados…, estar enterrados los que matarse ellos mismos.

Recordé la vieja costumbre de enterrar a los suicidas en los cruces de los caminos.

—¡Ah! Ya veo, un suicida. ¡Qué interesante!

Pero a fe mía que no podía saber por qué estaban asustados los caballos.

Mientras hablábamos, escuchamos un sonido que era un cruce entre el aullido de un lobo y el ladrido de un perro. Se oía muy lejos, pero los caballos se mostraron muy inquietos, y le llevó bastante tiempo a Johann calmarlos. Estaba muy pálido y dijo:

—Suena como lobo…, pero no hay lobos aquí, ahora.

—¿No? —pregunté inquisitivamente—. ¿Hace ya mucho tiempo desde que los lobos estuvieron tan cerca de la ciudad?

—Mucho, mucho —contestó—. En primavera y verano, pero con la nieve los lobos no mucho lejos.

Mientras acariciaba los caballos y trataba de calmarlos, oscuras nubes comenzaron a pasar rápidas por el cielo. El sol desapareció, y una bocanada de aire frío sopló sobre nosotros. No obstante, tan sólo fue un soplo, y más parecía un aviso que una realidad, pues el sol volvió a salir brillante. Johann miró hacia el horizonte haciendo visera con su mano, y dijo:

—La tormenta de nieve venir dentro de mucho poco.

Luego miró de nuevo su reloj, y, manteniendo firmemente las riendas, pues los caballos seguían manoteando inquietos y agitando sus cabezas, subió al pescante como si hubiera llegado el momento de proseguir nuestro viaje.

Me sentía un tanto obstinado y no subí inmediatamente al carruaje.

—Hábleme del lugar al que lleva este camino —le dije, y señalé hacia abajo.

Se persignó de nuevo y murmuró una plegaria antes de responderme:

—Es maldito.

—¿Qué es lo que es maldito? —inquirí.

—El pueblo.

—Entonces, ¿hay un pueblo?

—No, no. Nadie vive allá desde cientos de años.

Me devoraba la curiosidad:

—Pero dijo que había un pueblo.

—Había.

—¿Y qué pasa ahora?

Como respuesta, se lanzó a desgranar una larga historia en alemán y en inglés, tan mezclados que casi no podía comprender lo que decía, pero a grandes rasgos logré entender que hacía muchos cientos de años habían muerto allí personas que habían sido enterradas; y se habían oído ruidos bajo la tierra, y cuando se abrieron las fosas se hallaron a los hombres y mujeres con el aspecto de vivos y las bocas rojas de sangre. Y por eso, buscando salvar sus vidas (¡ay, y sus almas!…. y aquí se persignó de nuevo), los que quedaron huyeron a otros lugares donde los vivos vivían y los muertos estaban muertos y no…. no otra cosa. Evidentemente tenía miedo de pronunciar las últimas palabras. Mientras avanzaba en su narración, se iba excitando más y más, parecía como si su imaginación se hubiera desbocado, y terminó en un verdadero paroxismo de terror: blanco el rostro, sudoroso, tembloroso y mirando a su alrededor, como si esperase que alguna horrible presencia se fuera a manifestar allí mismo, en la llanura abierta, bajo la luz del sol. Finalmente, en una agonía de desesperación, gritó: "Walpurgis Nacht!", e hizo una seña hacia el vehículo, indicándome que subiera. Mi sangre inglesa hirvió ante esto y, echándome hacia atrás, dije:

—Tiene usted miedo, Johann… tiene usted miedo. Regrese, yo volveré solo; un paseo a pie me sentará bien. —La puerta del carruaje estaba abierta. Tomé del asiento el bastón de roble que siempre llevo en mis excursiones y cerré la puerta. Señalé el camino de regreso a Múnich y repetí—: Regrese, Johann… La noche de Walpurgis no tiene nada que ver con los ingleses.

Los caballos estaban ahora más inquietos que nunca y Johann intentaba retenerlos mientras me imploraba excitadamente que no cometiera tal locura. Me daba pena el pobre hombre, parecía sincero; no obstante, no pude evitar el echarme a reír. Ya había perdido todo rastro de inglés en sus palabras. En su ansiedad, había olvidado que la única forma que tenía de hacerme comprender era hablar en mi idioma, así que chapurreó su alemán nativo. Comenzaba a ser algo tedioso. Tras señalar la dirección, exclamé: "¡Regrese!", y me di la vuelta para bajar por el camino lateral, hacia el valle.

Con un gesto de desesperación, Johann volvió sus caballos hacia Múnich. Me apoyé sobre mi bastón y lo contemplé alejarse. Marchó lentamente por un momento; luego, sobre la cima de una colina, apareció un hombre alto y delgado. No podía verlo muy bien a aquella distancia. Cuando se acercó a los caballos, éstos comenzaron a encabritarse y a patear, luego relincharon aterrorizados y echaron a correr locamente. Los contemplé perderse de vista y luego busqué al extraño pero me di cuenta de que también él había desaparecido.

Me volví con ánimo tranquilo hacia el camino lateral que bajaba hacia el profundo valle que tanto había preocupado a Johann. Por lo que podía ver, no había ni la más mínima razón para esta preocupación; y diría que caminé durante un par de horas sin pensar en el tiempo ni en la distancia, y ciertamente sin ver ni persona ni casa alguna. En lo que a aquel lugar se refería, era una verdadera desolación. Pero no me di cuenta de esta particularidad hasta que, al dar la vuelta a un recodo del camino, llegué hasta el disperso lindero de un bosque. Entonces me di cuenta de que, inconscientemente, había quedado impresionado por la desolación de los lugares por los que acababa de pasar.

Me senté para descansar y comencé a mirar a mi alrededor. Me fijé en que el aire era mucho más frío que cuando había iniciado mi camino: parecía rodearme un sonido susurrante, en el que se oía de vez en cuando, muy en lo alto, algo así como un rugido apagado. Miré hacia arriba y pude ver que grandes y densas nubes corrían rápidas por el cielo, de norte a sur, a una gran altura. Eran los signos de una tormenta que se aproximaba por algún lejano estrato de aire. Noté un poco de frío y, pensando que era por haberme sentado tras la caminata, reinicié mi paseo.

El terreno que cruzaba ahora era mucho más pintoresco. No había ningún punto especial digno de mención, pero en todo él se notaba cierto encanto y belleza. No pensé más en el tiempo, y fue sólo cuando empezó a hacerse notar el oscurecimiento del sol que comencé a preocuparme acerca de cómo hallar el camino de vuelta. Había desaparecido la brillantez del día. El aire era frío, y el vuelo de las nubes allá en lo alto mucho más evidente. Iban acompañadas por una especie de sonido ululante y lejano, por entre el que parecía escucharse a intervalos el misterioso grito que el cochero había dicho que era de un lobo. Dudé un momento, pero me había prometido ver el pueblo abandonado, así que proseguí, y de pronto llegué a una amplia extensión de terreno llano, cerrado por las colinas que lo rodeaban. Las laderas de éstas estaban cubiertas de árboles que descendían hasta la llanura, formando grupos en las suaves pendientes y depresiones visibles aquí y allá. Seguí con la vista el serpentear del camino y vi que trazaba una curva cerca de uno de los más densos grupos de árboles y luego se perdía tras él.

Mientras miraba noté un hálito helado en el aire, y comenzó a nevar. Pensé en los kilómetros y kilómetros de terreno desguarnecido por los que había pasado, y me apresuré a buscar cobijo en el bosque de enfrente. El cielo se fue volviendo cada vez más oscuro, y a mi alrededor se veía una brillante alfombra blanca cuyos extremos más lejanos se perdían en una nebulosa vaguedad. Aún se podía ver el camino, pero mal, y cuando corría por el llano no quedaban tan marcados sus límites como cuando seguía las hondonadas; y al poco me di cuenta de que debía haberme apartado del mismo, pues dejé de notar bajo mis pies la dura superficie y me hundí en tierra blanda. Entonces el viento se hizo más fuerte y sopló con creciente fuerza, hasta que casi me arrastró. El aire se volvió totalmente helado, y comencé a sufrir los efectos del frío a pesar del ejercicio. La nieve caía ahora tan densa y giraba a mi alrededor en tales remolinos que apenas podía mantener abiertos los ojos. De vez en cuando, el cielo era desgarrado por un centelleante relámpago, y a su luz sólo podía ver frente a mí una gran masa de árboles, principalmente cipreses y tejos completamente cubiertos de nieve.

Pronto me hallé al amparo de los mismos, y allí, en un relativo silencio, pude oír el soplar del viento, en lo alto. En aquel momento, la oscuridad de la tormenta se había fundido con la de la noche. Pero su furia parecía estar abatiéndose: tan solo regresaba en tremendos resoplidos o estallidos. En aquellos momentos el escalofriante aullido del lobo pareció despertar el eco de muchos sonidos similares a mi alrededor.

En ocasiones, a través de la oscura masa de las nubes, se veía un perdido rayo de luna que iluminaba el terreno y que me dejaba ver que estaba al borde de una densa masa de cipreses y tejos. Como había dejado de nevar, salí de mi refugio y comencé a investigar más a fondo los alrededores. Me parecía que entre tantos viejos cimientos como había pasado en mi camino, quizá hallase una casa aún en pie que, aunque estuviese en ruinas, me diese algo de cobijo. Mientras rodeaba el perímetro del bosquecillo, me di cuenta de que una pared baja lo cercaba y, siguiéndola, hallé una abertura. Allí los cipreses formaban un camino que llevaba hasta la cuadrada masa de algún tipo de edificio. No obstante, en el mismo momento en que la divisé, las errantes nubes oscurecieron la luna y atravesé el sendero en tinieblas. El viento debió de hacerse más frío, pues noté que me estremecía mientras caminaba; pero tenía esperanzas de hallar un refugio, así que proseguí mi camino a ciegas.

Me detuve, pues se produjo un repentino silencio. La tormenta había pasado y, quizá en simpatía con el silencio de la naturaleza, mi corazón pareció dejar de latir. Pero eso fue tan sólo momentáneo, pues repentinamente la luz de la luna se abrió paso por entre las nubes, mostrándome que me hallaba en un cementerio, y que el objeto cuadrado situado frente a mí era una enorme tumba de mármol, tan blanca como la nieve que lo cubría todo. Con la luz de la luna llegó un tremendo suspiro de la tormenta, que pareció reanudar su carrera con un largo y grave aullido, como el de muchos perros o lobos. Me sentía anonadado, y noté que el frío me calaba hondo hasta parecer aferrarme el corazón. Entonces mientras la oleada de luz lunar seguía cayendo sobre la tumba de mármol, la tormenta dio muestras de reiniciarse, como si quisiera volver atrás. Impulsado por alguna especie de fascinación, me aproximé a la sepultura para ver de quién era y por qué una construcción así se alzaba solitaria en semejante lugar. La rodeé y leí, sobre la puerta dórica, en alemán:

CONDESA DOLINGEN DE GRATZ
EN ESTIRIA
BUSCÓ Y HALLÓ LA MUERTE
EN 1801

En la parte alta del túmulo, y atravesando aparentemente el mármol, pues la estructura estaba formada por unos pocos bloques macizos, se veía una gran vigueta o estaca de hierro.

Me dirigí hacia la parte de atrás y leí, esculpida con grandes letras cirílicas:

Los muertos viajan de prisa

Había algo tan extraño y fuera de lo usual en todo aquello que me hizo sentir mal y casi desfallecí. Por primera vez empecé a desear haber seguido el consejo de Johann. Y en aquel momento me invadió un pensamiento que, en medio de aquellas misteriosas circunstancias, me produjo un terrible estremecimiento: ¡era la noche de Walpurgis!

La noche de Walpurgis en la que, según las creencias de millones de personas, el diablo andaba suelto; en la que se abrían las tumbas y los muertos salían a pasear; en la que todas las cosas maléficas de la tierra, el mar y el aire celebraban su reunión. Y estaba en el preciso lugar que el cochero había rehuido. Aquél era el pueblo abandonado hacía siglos. Allí era donde se encontraba la suicida; ¡y en ese lugar me encontraba yo ahora solo…, sin ayuda, temblando de frío en medio de una nevada y con una fuerte tormenta formándose a mi alrededor! Fue necesaria toda mi filosofía, toda la religión que me habían enseñado, todo mi coraje, para no derrumbarme en un paroxismo de terror.

Y entonces un verdadero tornado estalló a mi alrededor. El suelo se estremeció como si millares de caballos galopasen sobre él, y esta vez la tormenta llevaba en sus gélidas alas no nieve, sino un enorme granizo que cayó con tal violencia que parecía haber sido lanzado por lo míticos honderos baleáricos… Piedras de granizo que aplastaban hojas y ramas y que negaban la protección de los cipreses, como si en lugar de árboles hubieran sido espigas de cereal. Al primer momento corrí hasta el árbol más cercano, pero pronto me vi obligado a abandonarlo y buscar el único punto que parecía ofrecer refugio: la profunda puerta dórica de la tumba de mármol. Allí, acurrucado contra la enorme puerta de bronce, conseguí una cierta protección contra la caída del granizo, pues ahora sólo me golpeaba al rebotar contra el suelo y los costados de mármol.

Al apoyarme contra la puerta, ésta se movió ligeramente y se abrió un poco hacia adentro. Incluso el refugio de una tumba era bienvenido en medio de aquella despiadada tempestad, y estaba a punto de entrar en ella cuando se produjo el destello de un relámpago que iluminó toda la extensión del cielo. En aquel instante, lo juro por mi vida, vi, pues mis ojos estaban vueltos hacia la oscuridad del interior, a una bella mujer, de mejillas sonrosadas y rojos labios, aparentemente dormida sobre un féretro. Mientras el trueno estallaba en lo alto fui atrapado como por la mano de un gigante y lanzado hacia la tormenta. Todo aquello fue tan repentino que antes de que me llegara el impacto, tanto moral como físico, me encontré bajo la lluvia de piedras. Al mismo tiempo tuve la extraña y absorbente sensación de que no estaba solo. Miré hacia el túmulo. Y en aquel mismo momento se produjo otro cegador relámpago, que pareció golpear la estaca de hierro que dominaba el monumento y llegar por ella hasta el suelo, resquebrajando, desmenuzando el mármol como en un estallido de llamas. La mujer muerta se alzó en un momento de agonía, lamida por las llamas, y su amargo alarido de dolor fue ahogado por el trueno. La última cosa que oí fue esa horrible mezcla de sonidos, pues de nuevo fui aferrado por la gigantesca mano y arrastrado, mientras el granizo me golpeaba y el aire parecía reverberar con el aullido de los lobos. La última cosa que recuerdo fue una vaga y blanca masa movediza, como si las tumbas de mi alrededor hubieran dejado salir los amortajados fantasmas de sus muertos, y éstos me estuvieran rodeando en medio de la oscuridad de la tormenta de granizo.

Gradualmente, volvió a mí una especie de confuso inicio de consciencia; luego una sensación de cansancio aniquilador. Durante un momento no recordé nada; pero poco a poco volvieron mis sentidos. Los pies me dolían espantosamente y no podía moverlos. Parecían estar dormidos. Notaba una sensación gélida en mi nuca y a todo lo largo de mi espina dorsal, y mis orejas, como mis pies, estaban muertas y, sin embargo, me atormentaban; pero sobre mi pecho notaba una sensación de calor que, en comparación, resultaba deliciosa. Era como una pesadilla…, una pesadilla física, si es que uno puede usar tal expresión, pues un enorme peso sobre mi pecho me impedía respirar normalmente.

Ese período de semiletargo pareció durar largo rato, y mientras transcurría debí de dormir o delirar. Luego sentí una sensación de repugnancia, como en los primeros momentos de un mareo, y un imperioso deseo de librarme de algo, aunque no sabía de qué. Me rodeaba un descomunal silencio, como si todo el mundo estuviese dormido o muerto, roto tan sólo por el suave jadeo de algún animal cercano. Noté un cálido lametón en mi cuello, y entonces me llegó la consciencia de la terrible verdad, que me heló hasta los huesos e hizo que se congelara la sangre en mis venas. Había algún animal recostado sobre mí y ahora lamía mi garganta. No me atreví a agitarme, pues algún instinto de prudencia me obligaba a seguir inmóvil, pero la bestia pareció darse cuenta de que se había producido algún cambio en mí, pues levantó la cabeza. Por entre mis pestañas vi sobre mí los dos grandes ojos llameantes de un gigantesco lobo. Sus aguzados caninos brillaban en la abierta boca roja, y pude notar su acre respiración sobre mi boca.

Durante otro período de tiempo lo olvidé todo. Luego escuché un gruñido, seguido por un aullido, y luego por otro y otro. Después, aparentemente muy a lo lejos, escuché un "¡hey, hey!" como de muchas voces gritando al unísono. Alcé cautamente la cabeza y miré en la dirección de la que llegaba el sonido, pero el cementerio bloqueaba mi visión. El lobo seguía aullando de una extraña manera, y un resplandor rojizo comenzó a moverse por entre los cipreses, como siguiendo el sonido. Cuando las voces se acercaron, el lobo aulló más fuerte y más rápidamente. Yo temía hacer cualquier sonido o movimiento. El brillo rojo se acercó más, por encima de la alfombra blanca que se extendía en la oscuridad que me rodeaba. Y de pronto, de detrás de los árboles, surgió al trote una patrulla de jinetes llevando antorchas. El lobo se apartó de encima de mí y escapó por el cementerio. Vi cómo uno de los jinetes (soldados, según parecía por sus gorras y sus largas capas militares) alzaba su carabina y apuntaba. Un compañero golpeó su brazo hacia arriba, y escuché cómo la bala zumbaba sobre mi cabeza. Evidentemente me había tomado por el lobo. Otro divisó al animal mientras se alejaba, y se oyó un disparo. Luego, al galope, la patrulla avanzó, algunos hacia mí y otros siguiendo al lobo mientras éste desaparecía por entre los nevados cipreses.

Mientras se aproximaban, traté de moverme; no lo logré, aunque podía ver y oír todo lo que sucedía a mi alrededor. Dos o tres de los soldados saltaron de su monturas y se arrodillaron a mi lado. Uno de ellos alzó mi cabeza y colocó su mano sobre mi corazón.

—¡Buenas noticias, camaradas! —gritó—. ¡Su corazón todavía late!

Entonces vertieron algo de brandy entre mis labios; me dio vigor, y fui capaz de abrir del todo los ojos y mirar a mi alrededor. Por entre los árboles se movían luces y sombras, y oí cómo los hombres se llamaban los unos a los otros. Se agruparon, lanzando asustadas exclamaciones, y las luces centellearon cuando los otros entraron amontonados en el cementerio, como posesos. Cuando los primeros llegaron hasta nosotros, los que me rodeaban preguntaron ansiosos:

—¿Lo hallaron?

La respuesta fue apresurada:

—¡No! ¡No! ¡Vámonos…. pronto! ¡Éste no es un lugar para quedarse, y menos en esta noche!

—¿Qué era? —preguntaron en varios tonos de voz.

La respuesta llegó variada e indefinida, como si todos los hombres sintiesen un impulso común por hablar y, sin embargo, se vieran refrenados por algún miedo compartido que les impidiese airear sus pensamientos.

—¡Era… era… una cosa! —tartamudeó uno, cuyo ánimo, obviamente, se había derrumbado.

—¡Era un lobo…, sin embargo, no era un lobo! —dijo otro estremeciéndose.

—No vale la pena intentar matarlo sin tener una bala bendecida —indicó un tercero con voz más tranquila.

—¡Nos está bien merecido por salir en esta noche! ¡Desde luego que nos hemos ganado los mil marcos! —espetó un cuarto.

—Había sangre en el mármol derrumbado –dijo otro tras una pausa—. Y desde luego no la puso ahí el rayo. En cuanto a él… ¿está a salvo? ¡Miren su garganta. Vean, camaradas: el lobo estaba echado encima de él, dándole calor.

El oficial miró mi garganta y replicó:

—Está bien; la piel no ha sido perforada. ¿Qué significará todo esto? Nunca lo habríamos hallado de no haber sido por los aullidos del lobo.

—¿Qué es lo que ocurrió con ese lobo? —preguntó el hombre que sujetaba mi cabeza, que parecía ser el menos aterrorizado del grupo, pues sus manos estaban firmes, sin temblar. En su bocamanga se veían los galones de suboficial.

—Volvió a su cubil —contestó el hombre cuyo largo rostro estaba pálido y que temblaba visiblemente aterrorizado mientras miraba a su alrededor—. Aquí hay bastantes tumbas en las que puede haberse escondido. ¡Vámonos, camaradas, vámonos rápido! Abandonemos este lugar maldito.

El oficial me alzó hasta sentarme y lanzó una voz de mando; luego, entre varios hombres me colocaron sobre un caballo. Saltó a la silla tras de mí, me sujetó con los brazos y dio la orden de avanzar; dando la espalda a los cipreses, cabalgamos rápidamente en formación.

Mi lengua seguía rehusando cumplir con su función y me vi obligado a guardar silencio. Debí de quedarme dormido, pues lo siguiente que recuerdo es estar de pie, sostenido por un soldado a cada lado. Ya casi era de día, y hacia el norte se reflejaba una rojiza franja de luz solar, como un sendero de sangre, sobre la nieve. El oficial estaba ordenando a sus hombres que no contaran nada de lo que habían visto, excepto que habían hallado a un extranjero, un inglés, protegido por un gran perro.

—¡Un gran perro! Eso no era ningún perro —interrumpió el hombre que había mostrado tanto miedo—. Sé reconocer un lobo cuando lo veo.

El joven oficial le respondió con calma:

—Dije un perro.

—¡Perro! —reiteró irónicamente el otro. Resultaba evidente que su valor estaba ascendiendo con el sol y, señalándome, dijo—: Mírele la garganta. ¿Es eso obra de un perro, señor?

Instintivamente alcé una mano al cuello y, al tocármelo, grité de dolor. Los hombres se arremolinaron para mirar, algunos bajando de sus sillas, y de nuevo se oyó la calmada voz del joven oficial:

—Un perro, he dicho. Si contamos alguna otra cosa, se reirán de nosotros.

Entonces monté tras uno de los soldados y entramos en los suburbios de Múnich. Allí encontramos un carruaje al que me subieron y que me llevó al Quatre Saisons; el oficial me acompañó en el vehículo, mientras un soldado nos seguía llevando su caballo y los demás regresaban al cuartel.

Cuando llegamos, Herr Delbrück bajó tan rápidamente las escaleras para salir a mi encuentro que se hizo evidente que había estado mirando desde dentro. Me sujetó con ambas manos y me llevó solícito al interior. El oficial hizo un saludo y se dio la vuelta para alejarse, pero al darme cuenta insistí en que me acompañara a mis habitaciones. Mientras tomábamos un vaso de vino, le di las gracias efusivamente, a él y a sus camaradas, por haberme salvado. Él se limitó a responder que se sentía muy satisfecho, y que Herr Delbrück ya había dado los pasos necesarios para gratificar al grupo de rescate; ante esta ambigua explicación el maître d'hôtel sonrió, mientras el oficial se excusaba, alegando tener que cumplir con sus obligaciones, y se retiraba.

—Pero Herr Delbrück —interrogué—, ¿cómo y por qué me buscaron los soldados?

Se encogió de hombros, como no dándole importancia a lo que había hecho, y replicó:

—Tuve la buena suerte de que el comandante del regimiento en el que serví me autorizara a pedir voluntarios.

—Pero ¿cómo supo que estaba perdido? —le pregunté.

—El cochero regresó con los restos de su carruaje, que resultó destrozado cuando los caballos se desbocaron.

—¿Y por eso envió a un grupo de soldados en mi busca?

—¡Oh, no! —me respondió—. Pero, antes de que llegase el cochero, recibí este telegrama del boyardo de que es usted huésped —y sacó del bolsillo un telegrama, que me entregó y leí:

BISTRITZ

"Tenga cuidado con mi huésped: su seguridad me es preciosa. Si algo le ocurriera, o lo echasen a faltar, no ahorre medios para hallarle y garantizar su seguridad. Es inglés, y por consiguiente aventurero. A menudo hay peligro con la nieve y los lobos y la noche. No pierda un momento si teme que le haya ocurrido algo. Respaldaré su celo con mi fortuna. —Drácula".

Mientras sostenía el telegrama en mi mano, la habitación pareció girar a mi alrededor y, si el atento maître d'hôtel no me hubiera sostenido, creo que me hubiera desplomado. Había algo tan extraño en todo aquello, algo tan fuera de lo corriente e imposible de imaginar, que me pareció ser, en alguna manera, el juguete de enormes fuerzas…, y esta sola idea me paralizó. Ciertamente me hallaba bajo alguna clase de misteriosa protección; desde un lejano país había llegado, justo a tiempo, un mensaje que me había arrancado del peligro de la congelación y de las mandíbulas del lobo.

JUNTO A UN MUERTO por Guy de Maupassant

Se moría poco a poco, como se mueren los tísicos. Todos los días lo veía sentarse a eso de las dos, bajo las ventanas del hotel, frente al mar, tranquilo, en un banco del paseo.

Permanecía algún tiempo inmóvil bajo el calor del sol, contemplando con ojos sombríos el Mediterráneo.

A veces dirigía una mirada hacia la alta montaña de cumbres brumosas que cierra el Mentón; luego, con un movimiento muy lento, cruzaba sus largas piernas, tan enflaquecidas que parecían dos huesos alrededor de los cuales flotaba el paño del pantalón, y abría un libro, siempre el mismo.

Entonces, sin variar de postura, leía, leía con los ojos y con el pensamiento: parecía que todo su pobre cuerpo desfalleciente leía, que su alma penetraba, se perdía, desaparecía en aquel libro hasta la hora en que el aire fresco lo hacía toser un poco. Entonces, levantándose, penetraba en el hotel.

Era un alemán alto, de barba rubia, que almorzaba y comía en su cuarto y no hablaba con nadie.

Una vaga curiosidad me atrajo hacia él. Un día me senté a su lado, teniendo yo también en la mano, por el bien parecer, un volumen de poesías de Musset.

Me puse a hojear Rolla.

De pronto mi compañero me preguntó en un francés muy correcto:

—¿Sabe usted alemán, caballero?

—Ni una palabra.

—Lo siento; porque, ya que la casualidad nos ha reunido, le hubiera prestado, le hubiera hecho fijarse en una cosa inestimable: este libro que aquí tengo.

—¿Qué libro es ése?

—Es un ejemplar de mi maestro Schopenhauer, anotado por él. Todas las márgenes, como puede usted ver, están cubiertas con su letra.

Cogí con respeto aquel libro y contemplé aquellos garabatos incomprensibles para mí, pero que revelaban el inmortal pensamiento del mayor destructor de sueños que ha pasado por el mundo.

Entonces los versos de Musset estallaron en mi memoria:

VOLTAIRE:
¿Duermes contento, y tu sonrisa horrible
envuelve aún tu rostro de ironía indecible?

Y comparé involuntariamente el sarcasmo infantil, el sarcasmo religioso de Voltaire con la irresistible ironía del filósofo alemán, cuya influencia es, a pesar de todo, imborrable.

Aunque muchos protesten, se enfaden, se indignen o se exalten, no hay duda de que Schopenhauer ha marcado a la humanidad con el sello de su desdén y de su desencanto.

Filósofo desengañado, ha derribado las creencias, las esperanzas, las poesías, las quimeras; ha destruido las aspiraciones, ha asolado la confianza de las almas, ha matado el amor, abatiendo el culto ideal de las mujeres, ha destrozado las ilusiones del corazón; realizó la obra más gigantesca de escepticismo que pudo intentarse. Todo lo ha aplastado con su burla. Hoy mismo, los que lo abominan llevan indudablemente, muy a pesar suyo, en sus ideas, reflejos de su pensamiento.

—¿Ha conocido usted en la intimidad a Schopenhauer —pregunté al alemán.

—Hasta su muerte, caballero —contestó sonriendo con profundo aire de tristeza.

Me habló de él, refiriéndome la impresión casi sobrenatural que causaba aquel ser extraño a cuantos a él se acercaban.

Me contó la entrevista del "viejo demoledor" con un político francés, republicano, el cual, queriendo ver a aquel hombre, le encontró en una cervecería tumultuosa, sentado entre sus discípulos, seco, arrugado, riendo con una risa inolvidable, mordiendo y desgarrando las ideas y las creencias con una sola palabra, como un perro que de un mordisco deshace los tisúes con que está jugando, y me repitió la frase de aquel francés, que al irse, enloquecido y azorado, exclamaba: "He creído pasar una hora con el diablo".

Luego, añadió:

—En efecto, tenía una espantosa sonrisa que nos inspiró miedo hasta después de su muerte. Es una anécdota casi desconocida y que puedo contarle si le interesa.

Su voz cansada era interrumpida con frecuencia por los golpes de tos, mientras me refería lo siguiente:

—Schopenhauer acababa de morir, y convinimos que le velaríamos de dos en dos hasta la mañana siguiente.

"Estaba de cuerpo presente en una habitación, muy sencilla, amplia y sombría. Dos bujías ardían sobre la mesa de noche.

"El rostro no estaba desfigurado. Sonreía. Aquella arruga que conocíamos tan bien se marcaba en el extremo de sus labios; nos parecía que iba a abrir los ojos, a moverse, a hablar.

"Su pensamiento, o mejor dicho, sus pensamientos nos envolvían; nos sentíamos más que nunca en la atmósfera de su genio, invadidos, poseídos por él. Su dominio nos parecía más soberano a la hora de su muerte. Un misterio se mezclaba con el poder incomparable de aquel espíritu.

"El cuerpo de esos hombres desaparece, pero ellos quedan; y en la noche que sigue a la paralización de su corazón, le aseguro, caballero, que se ofrecen de un modo espantoso.

"Hablábamos bajo, siempre de él, recordando frases, fórmulas, aquellas sorprendentes máximas, semejantes a fulgores que iluminasen con algunas palabras las tinieblas de la vida ignorada.

"—Me parece que va a hablar —dijo mi camarada.

"Y miramos, con una inquietud rayana en miedo, aquel rostro inmóvil que no dejaba de sonreír.

"Poco a poco sentimos cierto malestar, opresión y aun desfallecimiento.

"—No sé lo que tengo, pero te aseguro que estoy malo —balbucí.

"Y entonces notamos que el cadáver olía mal.

"Mi compañero me propuso que nos trasladáramos al cuarto inmediato, dejando la puerta abierta; y yo acepté.

"Cogí una de las bujías que ardían en la mesa de noche, dejando allí la otra, y nos fuimos a sentar al otro extremo de la habitación de manera que pudiéramos ver desde nuestro sitio la cama y el muerto en plena luz.

"Pero nos obsesionaba de continuo; se hubiera dicho que su ser, inmaterial, libre, todopoderoso y dominante, rondaba en torno nuestro; y a veces, el infame olor del cuerpo descompuesto nos alcanzaba, nos penetraba, repugnante y vago.

"De pronto nos sentimos estremecidos hasta los huesos: un ruido, un leve ruido había salido del cuarto del muerto. Nuestras miradas se dirigieron hacia él y vimos, sí, señor, vimos perfectamente uno y otro una cosa blanca deslizándose por encima de la cama para caer en el suelo, sobre la alfombra, y desaparecer debajo de una butaca.

"De pronto nos pusimos de pie, sin saber que pensar, alocados por un terror estúpido, dispuestos a huir. Luego nos miramos el uno al otro. Estábamos horriblemente pálidos.

"El corazón nos latía con tal fuerza que se notaban sus latidos sobre nuestras levitas.

"Fui el primero en hablar.

"—¿Has visto?

"—Sí; he visto.

"—¿No está muerto?

"—Se halla en estado de putrefacción.

"—¿Qué vamos a hacer?

"Mi compañero, vacilante, dijo:

"—Hay que ir a verlo.

"Cogí nuestra bujía y entré delante, registrando con la mirada la extensa habitación de rincones oscuros. Nada se movía. Me acerqué a la cama. Pero permanecí sobrecogido de estupefacción, de espanto: ¡Schopenhauer ya no sonreía! Tenía un gesto horrible: la boca apretada, las mejillas profundamente hundidas.

"—¡No está muerto! —exclamé.

"Pero el olor espantoso que me llegaba a las narices me sofocaba. No me movía, mirándolo con fijeza, tan turbado como ante una aparición.

"Entonces mi compañero, cogiendo la otra bujía, se agachó. Luego me tocó en el brazo, sin decirme una palabra. Siguiendo su mirada, descubrí en el suelo, bajo la butaca, al lado de la cama, muy blanca, sobre la oscura alfombra, abierta como para morder, la dentadura postiza de Schopenhauer.

"El trabajo de la descomposición, que afloja las mandíbulas, la había hecho salirse de la boca.

"Aquel día tuve realmente miedo, caballero."

Y como el sol se acercaba al mar resplandeciente, el alemán tísico se levantó y, después de saludarme, entró en el hotel.

LA RESUCITADA por Emilia Pardo-Bazán

Ardían los cuatro blandones soltando gotazas de cera. Un murciélago, descolgándose de la bóveda, empezaba a describir torpes curvas en el aire. Una forma negruzca, breve, se deslizó al ras de las losas y trepó con sombría cautela por un pliegue del paño mortuorio. En el mismo instante abrió los ojos Dorotea de Guevara, yacente en el túmulo.

Bien sabía que no estaba muerta; pero un velo de plomo, un candado de bronce le impedían ver y hablar. Oía, eso sí, y percibía —como se percibe entre sueños— lo que con ella hicieron al lavarla y amortajarla. Escuchó los gemidos de su esposo, y sintió lágrimas de sus hijos en sus mejillas blancas y yertas. Y ahora, en la soledad de la iglesia cerrada, recobraba el sentido, y le sobrecogía mayor espanto. No era pesadilla, sino realidad. Allí el féretro, allí los cirios…, y ella misma envuelta en el blanco sudario, al pecho el escapulario de la Merced.

Incorporada ya, la alegría de existir se sobrepuso a todo. Vivía. ¡Qué bueno es vivir, revivir, no caer en el pozo oscuro! En vez de ser bajada al amanecer, en hombros de criados a la cripta, volvería a su dulce hogar, y oiría el clamoreo regocijado de los que la amaban y ahora la lloraban sin consuelo. La idea deliciosa de la dicha que iba a llevar a la casa hizo latir su corazón, todavía debilitado por el síncope. Sacó las piernas del ataúd, brincó al suelo, y con la rapidez suprema de los momentos críticos combinó su plan.

Llamar, pedir auxilio a tales horas sería inútil. Y de esperar el amanecer en la iglesia solitaria, no era capaz; en la penumbra de la nave creía que asomaban caras fisgonas de espectros y sonaban dolientes quejumbres de ánimas en pena… Tenía otro recurso: salir por la capilla del Cristo.

Era suya: pertenecía a su familia en patronato. Dorotea alumbraba perpetuamente, con rica lámpara de plata, a la santa imagen de Nuestro Señor de la Penitencia. Bajo la capilla se cobijaba la cripta, enterramiento de los Guevara Benavides. La alta reja se columbraba a la izquierda, afiligranada, tocada a trechos de oro rojizo, rancio. Dorotea elevó desde su alma una deprecación fervorosa al Cristo. ¡Señor! ¡Que encontrase puestas las llaves! Y las palpó: allí colgaban las tres, el manojo; la de la propia verja, la de la cripta, a la cual se descendía por un caracol dentro del muro, y la tercera llave, que abría la portezuela oculta entre las tallas del retablo y daba a estrecha calleja, donde erguía su fachada infanzona el caserón de Guevara, flanqueado de torreones. Por la puerta excusada entraban los Guevara a oír misa en su capilla, sin cruzar la nave. Dorotea abrió, empujó… Estaba fuera de la iglesia, estaba libre.

Diez pasos hasta su morada… El palacio se alzaba silencioso, grave, como un enigma. Dorotea cogió el aldabón trémula, cual si fuese una mendiga que pide hospitalidad en una hora de desamparo.

"¿Esta casa es mi casa, en efecto?", pensó, al secundar al aldabonazo firme… Al tercero, se oyó ruido dentro de la vivienda muda y solemne, envuelta en su recogimiento como en larga faldamenta de luto. Y resonó la voz de Pedralvar, el escudero, que refunfuñaba:

—¿Quién? ¿Quién llama a estas horas, que comido le vea yo de perros?

—Abre, Pedralvar, por tu vida… ¡Soy tu señora, soy doña Dorotea de Guevara!… ¡Abre presto!…

—Váyase enhoramala el borracho… ¡Si salgo, a fe que lo ensarto!…

—Soy doña Dorotea… Abre… ¿No me conoces en el habla?

Un reniego, enronquecido por el miedo, contestó nuevamente. En vez de abrir, Pedralvar subía la escalera otra vez. La resucitada pegó dos aldabonazos más. La austera casa pareció reanimarse; el terror del escudero corrió al través de ella como un escalofrío por un espinazo. Insistía el aldabón, y en el portal se escucharon taconazos, corridas y cuchicheos. Rechinó, al fin, el claveteado portón entreabriendo sus dos hojas, y un chillido agudo salió de la boca sonrosada de la doncella Lucigüela, que elevaba un candelabro de plata con vela encendida, y lo dejó caer de golpe; se había encarado con su señora, la difunta, arrastrando la mortaja y mirándola de hito en hito…

Pasado algún tiempo, recordaba Dorotea —ya vestida de acuchillado terciopelo genovés, trenzada la crencha con perlas y sentada en un sillón de almohadones, al pie del ventanal—, que también Enrique de Guevara, su esposo, chilló al reconocerla; chilló y retrocedió. No era de gozo el chillido, sino de espanto… De espanto, sí; la resucitada no lo podía dudar. Pues acaso sus hijos, doña Clara, de once años; don Félix de nueve, ¿no habían llorado de puro susto cuando vieron a su madre que retornaba de la sepultura?

Y con llanto más afligido, más congojoso que el derramado al punto en que se la llevaban… ¡Ella que creía ser recibida entre exclamaciones de intensa felicidad! Cierto que días después se celebró una función solemnísima en acción de gracias; cierto que se dio un fastuoso convite a los parientes y allegados; cierto, en suma, que los Guevaras hicieron cuanto cabe hacer para demostrar satisfacción por el singular e impensado suceso que les devolvía a la esposa y a la madre… Pero doña Dorotea, apoyado el codo en la repisa del ventanal y la mejilla en la mano, pensaba en otras cosas.

Desde su vuelta al palacio, disimuladamente, todos le huían. Dijérase que el soplo frío de la huesa, el hálito glacial de la cripta, flotaba alrededor de su cuerpo. Mientras comía, notaba que la mirada de los servidores, la de sus hijos, se desviaba oblicuamente de sus manos pálidas, y que cuando acercaba a sus labios secos la copa del vino, los muchachos se estremecían. ¿Acaso no les parecía natural que comiese y bebiese la gente del otro mundo?

Y doña Dorotea venía de ese país misterioso que los niños sospechan aunque no lo conozcan… Si las pálidas manos maternales intentaban jugar con los bucles rubios de don Félix, el chiquillo se desviaba, descolorido él a su vez, con el gesto del que evita un contacto que le cuaja la sangre. Y a la hora medrosa del anochecer, cuando parecen oscilar las largas figuras de las tapicerías, si Dorotea se cruzaba con doña Clara en el comedor del patio, la criatura, despavorida, huía al modo con que se huye de una maldita aparición…

Por su parte, el esposo —guardando a Dorotea tanto respeto y reverencia que ponía maravilla—, no había vuelto a rodearle el fuerte brazo a la cintura… En vano la resucitada tocaba de arrebol sus mejillas, mezclaba a sus trenzas cintas y aljófares y vertía sobre su corpiño pomitos de esencias de Oriente. Al trasluz del colorete se transparentaba la amarillez cérea; alrededor del rostro persistía la forma de la toca funeral, y entre los perfumes sobresalía el vaho húmedo de los panteones.

Hubo un momento en que la resucitada hizo a su esposo lícita caricia; quería saber si sería rechazada. Don Enrique se dejó abrazar pasivamente; pero en sus ojos, negros y dilatados por el horror que a pesar suyo se asomaba a las ventanas del espíritu; en aquellos ojos un tiempo galanes atrevidos y lujuriosos, leyó Dorotea una frase que zumbaba dentro de su cerebro, ya invadido por rachas de demencia.

—De donde tú has vuelto no se vuelve…

Y tomó bien sus precauciones. El propósito debía realizarse por tal manera, que nunca se supiese nada; secreto eterno. Se procuró el manojo de llaves de la capilla y mandó fabricar otras iguales a un mozo herrero que partía con el tercio a Flandes al día siguiente.

Ya en poder de Dorotea las llaves de su sepulcro, salió una tarde sin ser vista, cubierta con un manto; se entró en la iglesia por la portezuela, se escondió en la capilla de Cristo, y al retirarse el sacristán cerrando el templo, Dorotea bajó lentamente a la cripta, alumbrándose con un cirio prendido en la lámpara; abrió la mohosa puerta, cerró por dentro, y se tendió, apagando antes el cirio con el pie…

EL FANTASMA BLANCO por Froylán Turcios

I

Al anochecer de un dos de noviembre llegué a La Antigua... Un frío viento azotaba las calles obscuras; y las campanas de todas las iglesias, en un redoble monótono y tristísimo, gemían por los difuntos.

El aspecto fantástico de la ciudad en la sombra y el silencio; su vago olor a ciprés; las quejas de los bronces y de las brisas, aún más que sus extrañas leyendas, me impresionaron profundamente.

Penetré al hotel dominado por una fúnebre emoción. Al mirar sus anchos corredores, en que parpadeaban algunas luces amarillas, evoqué un viejo monasterio castellano que conocí, hace poco tiempo, en una de mis excursiones a Toledo. Mientras me conducían a mi cuarto, se agolparon en mi memoria imprecisos recuerdos de mi permanencia en España: sus catedrales, sus conventos, sus históricos palacios de piedra, sus castillos; toda la romántica tristeza de su pasado, en el que se destaca el enorme Escorial, maravilloso monumento de granito que asombra al viajero, y en cuyo interior se siente una indefinible impresión de asombro y de espanto, una aguda angustia de espíritu, un hálito mortuorio.

II

Vagué —durante quince día— sin rumbo fijo, embriagándome de aire y de luz, y de añoranzas entre las ruinas, que millares de curiosos de todos los países han profanado con sus frívolas sorpresas y con sus juicios mediocres. Uno que otro peregrino, de imaginación y de talento, miró estos escombros con los ojos del espíritu, y dio a cada pedrusco y a cada frase pretérita su arcano e inmutable valor. Sucede con esta clase de reliquias del Ayer lo que con las piedras preciosas: todas la admiran por su notorio mérito, pero conocen muy poco su secreto encanto.

Estas ruinas tienen un alma profunda y viven una vida misteriosa . Ráfagas y dolores de los siglos duermen en sus poros inmóviles, y todo en ellas hace soñar y sufrir. ¡Arcos pétreos que truncó el destino en una hora de catástrofes! ¡Rotas cúpulas por entre cuyas anchas grietas se mira el cielo azul! ¡Arabescos de los palacios, paredes obscuras de las celdas, bocas de sombra de las húmedas galerías subterráneas! ¡Tienen un espíritu ignoto! ¡Están poblados de fantasmas!

En las horas de silencio —cuando los antigüeños del presente reposan sin recordar el pasado—; en las tétricas noches sin luna surgen de los escombros voces y figuras que la Historia empieza a olvidar y se agitan por la dormida ciudad en una rápida existencia ilusoria. Van y vienen, como en los tiempos en que sufrieron y amaron, las damas y los caballeros; y las gentes del pueblo en los amplios suburbios. Las calles se llenan con las compactas multitudes del antaño. Hay fiestas alegres en los salones y pomposas ceremonias en las iglesias y toda la vieja metrópoli recobra su extraordinario esplendor. Pero sus cantos y sonoros estruendos y la voz de sus penas y pasiones no llegan a los oídos de los vivos que duermen sino como algún remoto rumor, que ellos juzgan murmullos de los vientos entre los cipresales.

Y cuando las estrellas palidecen en el sombrío cielo, todo vuelve a recobrar su natural aspecto de prosaico existir. Y el inofensivo y gordo ciudadano que ensilla su caballejo para ir en busca del diario alimento: que va a San Lorenzo el Cubo o a Santa Catarina Barahona a cobrar diez libras de café que dio al crédito; y la rica matrona que se estira en su lecho perezosamente antes de vestirse; y el mozalbete que rememora, entre dos largos bostezos, algún grato percance amoroso; ni vaga, ni de abstracta manera pueden imaginarse la intensa vida nocturna de la vieja ciudad y de sus viejos fantasmas.

III

En la agonía de un crepúsculo de diciembre —cuando el sol en el tramonto apagó su último resplandor—, obedeciendo a una voz secreta, entré al templo de La Merced. Una que otra lámpara clareaba la tiniebla con fulgores mortecinos. Me senté en un banco, cerca de un altar. Mujeres vestidas de negro penetraban por la puerta mayor, interrumpiendo con sus pasos el solemne silencio. Una forma blanca se hincó junto a mí. Abstraído en uno de esos mágicos sueños que alucinan mi espíritu cuando me hallo en el recinto de una iglesia, permanecía inmóvil mirando una estrella que brillaba en el fondo de una de las altas ventanas ovales. La noche cayó y la obscuridad se hizo más densa... Las devotas encendieron sus velas de cera.

Lentamente me volví hacia mi vecina. Y estuve a punto de lanzar un grito de sorpresa. En la radiación amarilla de la vela miré a una joven inolvidable. Un ligero traje blanco, de seda o de lino, modelaba sus formas adolescentes, casi infantiles. Pero... ¿en dónde podré encontrar una frase angélica para describir su rostro, de una blancura imponderable y de una belleza extraterrena? ¿Cómo definir, con las palabras comunes de un estilo normal, la divina expresión de aquellos ojos, impregnados de amor, de martirio y desesperanza? La boca de pálida rosa, las mórbidas manos de alabastro, ¿no me hicieron pensar en la Gioconda, que florece de gracia inmortal en la tela del armonioso Leonardo ?

Ella me miraba dulcemente; y el cerebro del hombre jamás podrá concebir el mundo de poesía y ternura que encerraban aquellas pupilas, cuyas miradas, deshaciéndose en mil tenues rayos, parecían penetrar por todos mis poros, besándome el alma y haciéndome languidecer con su caricia sobrehumana.

Me hallaba embriagado y muy lejos de las cosas de la tierra... ¿Cuánto duró aquel éxtasis profundo en que, sintiendo la gloria inefable de los dulcísimos ojos quiméricos, me consideré, al mismo tiempo, el más venturoso y el más infeliz de los mortales? ¿Un minuto? ¿Una hora? ¿Un siglo...? No lo sé. Caí desvanecido sobre el banco y al despertar la iglesia se hallaba solitaria. Un eclesiástico apagó las últimas luces. Recogí mi sombrero, caído sobre el pavimento, y, con paso de sonámbulo y las ideas en desorden, salí del templo.

Caminé automáticamente en dirección al hotel. Las calles desiertas, sumergidas en lúgubre silencio, me hicieron pensar en las necrópolis antiguas. Abrí mi cuarto, y sin fuerzas para la más leve acción, me arrojé vestido en el lecho. Durante toda la noche fui presa de las más extravagantes alucinaciones, de los más ardientes delirios, de los ensueños más puros, de las más siniestras pesadillas. Me despertaba estremecido de espanto, con el corazón saltando como un pájaro salvaje en una jaula de acero; o, después de un suavísimo sueño, abría lentamente los párpados con una deliciosa languidez... Pero ya despierto o dormido, ya febril o sereno, aquellos ojos me miraban desde un ámbito remoto. A veces sentía que se acercaban hasta rozar mi frente con sus largas pestañas, esparciendo en mi rostro un aroma sideral; y luego se perdían en ignotos espacios esfumados en la Eternidad. Pero desde los fantásticos infinitos llegaba a mí su luz en una tibia caricia, impregnando mi ser de celestes anhelos.

Penetraba el sol por la entreabierta ventana cuando me incorporé sobre los almohadones. Con la dolorida cabeza entre las manos me quedé mirando los volcanes de Fuego y de Agua, cuyas gigantescas moles resplandecían como hiperbólicas turquesas en la gloria matinal. Un plateado gorro de nieblas cubría una de las altas cumbres y el cielo radiaba con mágicas coloraciones de zafiro y lapislázuli. Un fresco soplo oreó mis sienes. Con gran esfuerzo me puse en pie. Me sentía débil, con inseguridades de convaleciente en las ideas y en los músculos, y no me sorprendí al mirar en el espejo mi palidez y mis ojeras.

Solamente después del baño recobré mis fuerzas. Y ya de nuevo en posesión de mis energías quise, con irresistible deseo, ver otra vez a la misteriosa criatura que tan violentas sensaciones había despertado en mí. Se me hicieron interminables las horas de aquel día. Subí al Cerro del Manchén, y, a la sombra de un ciprés, contemplé largamente la melancólica ciudad de ruinas y de recuerdos, propicia, como ninguna, para las mórbidas soñaciones, sobre todo para los espíritus que, como el mío, viven ávidos de quimeras y de imposibles.

Caía la tarde y el amplio valle se obscurecía tristemente. Grave pesadumbre flotaba sobre los derruidos palacios. Una claridad casi lunar se difundía del ocaso y una vasta quietud reinaba por doquier. Las copas de los árboles, sacudidas por los vientos errantes, se quejaban como si sufrieran. En las lejanías humos azulados se elevaban al cielo, en el que aparecían los primeros luceros de plata.

De súbito, en la honda tristeza del tramonto, en la agonía luminosa de la tarde, vibró una campana a lo lejos, violando el mortuorio silencio.

Me estremecí un segundo... Del templo de La Merced llamaban a los fieles a las oraciones vespertinas.

Comencé a descender por la falda arenosa con el alma vibrante de inquietudes y de ilusiones. Hacía apenas un día que admiré, por vez primera, a aquella grácil adolescente y ya la amaba con una desesperación inexpresable. Me imaginaba que fue mi novia en un mundo anterior y que volvía a encontrarla después de singulares evoluciones arcanas. ¿Cuál era su nombre? ¿De dónde venía? Extravagantes conjeturas me asediaban acerca de su carácter, de su espíritu, de su inteligencia; y diversos proyectos surgían en mi cabeza sobre nuestros destinos... Sí... ¿Por qué no? Me casaría con ella. La caduca metrópoli oiría nuestras risas; y cogidos del brazo vagaríamos por sus callejuelas, interrumpiendo con nuestra juvenil felicidad la tristeza del fúnebre ambiente. Recorreríamos, en pleno idilio, los pintorescos alrededores, en las tibias noches fulgurantes, persiguiendo las luciérnagas, y desafiando con nuestra sonora ventura a los difuntos que duermen por todos lados bajo las grandes cruces de piedra. Poblaríamos con las profundas músicas de nuestros corazones la calma solemne de los plenilunios... Pero, ¡Dios mío! ¿Será cierto que ella existe? ¿Difundirá en la tierra su leve gracia, o será, no más, una seráfica visión nocturna, un fugitivo ensueño de mis sueños?

Al hacerme estas preguntas, negras brumas apagaban mi luz interior, y una angustia sin nombre me cortaba el aliento. Todo me era entonces hostil y el mundo me parecía un vasto sarcófago, un antro de fríos huracanes y de horribles desolaciones.

IV

Ya en la iglesia, busqué mi sitio de la noche anterior. Ella se encontraba de rodillas en el suyo. Al acercarme se cruzaron nuestras miradas y sentí como un golpe eléctrico en el corazón, y después una especia de encanto delicioso.

Me hinqué a dos metros de su falda blanca. Hojeaba sin ruido su devocionario y observé temblando la tenue sombra de sus dedos sobre las páginas…

Ahora sus ojos me rehuían. Pero me buscaban ávidamente tan luego como dejaba de mirarla.

Yo recogía estremecido, en mis pupilas, su mágico perfil de leyendas, el óvalo angélico y la expresión de infantil candor de su semblante maravilloso; y en mis ojos resplandecía mi alma.

Terminaron los cánticos litúrgicos y el rumor de los rezos. Ella se levantó, y yo fui tras su pálida silueta; pero al llegar a una puerta lateral dejé de percibir su veste blanca. En vano la busqué en la negrura de la calle.

V

Así pasaron veinte días que se me figuraron veinte años. Mi existencia se resumía en aquel rápido instante vespertino en que su mirada me producía una felicidad sobrenatural.

Jamás una frase, una palabra, se cruzó entre nosotros. Ella no conocía mi voz. Yo no conocía su voz. Nunca pude seguirla hasta su casa. Ignoraba su nombre y no me atrevía a interrogar a nadie acerca de su persona, dominado por una secreta potencia que inútilmente había intentado vencer. Tomé, dos o tres veces, la resolución de aclarar aquel grave misterio; pero en el momento de hacer una pregunta sentía como si el corazón estallara en pedazos y como si fuera a morir... Por lo demás, me consideraba feliz con aquella situación de ventura y tormento; y mi única, verdadera y grande angustia consistía en el temor de no volver a encontrar a mi adorado fantasma.

VI

Mi permanencia en La Antigua se prolongaba, de esta manera, indefinidamente. Guardaba, sin contestar, las cartas y telegramas que me dirigían mis amigos, llamándome; y olvidé mi mesa de trabajo en la redacción de uno de los diarios de la capital. Estaba mortalmente enamorado, y hubiera acometido la más heroica empresa por oír mi nombre en los labios de aquella misteriosa beldad.

Pasaba el día inventando rimas imposibles en honor de sus manos o de sus ojos alucinadores: o procurando bosquejar, en el encaje de una prosa musical, su ligera forma obsesionante. Y en la noche, después de que ella huía de mi lado, erraba por la ciudad monologando como Hamlet, apostrofando amorosamente su recuerdo, llamándola con los más violentos ímpetus de mi corazón... Algún perro extraviado aullaba en las veredas; algún gallo cantaba en los viejos corrales; alguna lechuza lanzaba en los aires su grito agorero...

Ecos que se perdían en el espacio ennegrecido, y levantaban otros rumores y otros ecos en el seno de los vecinos boscajes.

VII

Cierta mañana, en un súbito arranque, fatigado de aquel vivir enfermizo, resolví normalizar mi situación y conocer mi destino.

Me vestí de negro, por un secreto impulso, asilándome, en la tarde, en el templo que tanto amaba mi alma. Admiré la hermosura de algunas imágenes y las severas decoraciones de los altares, y luego me entretuve en leer los epitafios grabados en granito y mármol en el piso y en las paredes.

Ignoro por qué atraen mi curiosidad, de manera más intensa, las inscripciones sepulcrales de los templos las de los cementerios. Quizá debido a que el lugar es aún más sagrado por la presencia de los símbolos religiosos y por la excepcional pompa de los ritos y de las fórmulas eclesiásticas.

Fui leyendo, con sincero respeto, nombres y fechas, y frases alegóricas, algunas antiquísimas, casi borradas en la incolora piedra. Un número, una letra —rotos bajo la implacable acción del tiempo— hacían, con frecuencia, indescifrables las líneas de los recuerdos. Apellidos tradicionales se mezclaban con signos anónimos. En varias tumbas sólo se veía una palabra. En la en que se hincaba mi pálida desconocida vi este único nombre:

CLEMENCIA.

Y tan fúnebre laconismo se notaba, generalmente, en los nichos de los muros. Había, también, sonoras estrofas sin poesía, formadas con absurdos adjetivos consonantes inoportunos.

Transcurrieron dos horas. Me senté en la grada de un confesonario, y me puse a repetir mentalmente lo que pensaba decirle a mi amor. Las frases encendidas de mundana pasión se atropellaban en mi cabeza con los vocablos más tiernamente humildes y respetuosos. Temblaba al pensar que podía faltarme el ánimo en el minuto supremo.

Vibró la campana en lo alto de la torre. Sonó y resonó a cortos intervalos y bajo la nave se perdían los ecos sordamente. Grupos de mujeres aparecieron en las tres grandes puertas, iluminadas por las postreras claridades solares.

Sentado en mi sitio, que nadie me disputaba, oía preludios de la música del coro y el murmullo de iniciales oraciones... y la joven no llegaba.

La iglesia se hallaba más obscura que costumbre. Una inquietud tremenda llenó de angustia mi ser... ¿No vendría esta noche..? Noté que encontraba solo en el lado izquierdo del templo, y que en el otro se agrupaban los fieles. Imaginando que aquello obedecía a alguna especial disposición eclesiástica, me disponía a cambiar de lugar, cuando la vi venir rodeada de silencio y más linda nunca.

En la penumbra semejaba, en verdad, una ilusión angélica, un lirio mágico errando en la noche

Oí un leve rumor de alas; y un aroma ignoto, sólo aspirado en los blancos sueños de la infancia, y una melodía recóndita, arrullaron mi alma.

Se hincó con los extremos del velo de encajes entre las dos manos unidas. Miré, una vez más, aquellas manos, y me parecieron dos pálidas camelias. Eran mórbidas, de una irreal blancura, de una pureza imponderable. Instintivamente, seducido por las dos flores milagrosas de inocencia, me fui acercando a la joven hasta casi tocarla con mi cabeza, sin que ella pareciera notarlo.

...Fue, entonces, cuando murmuré las trémulas frases de mi amor espiritual y profundo, en el que no cabía ninguna miseria terrena... Fue, entonces, cuando exalté mi pasión con palabras ideales que eran como albos pétalos de los nocturnos jardines del misterio.

¿En dónde hallé aquel lenguaje de los cielos, en que cada expresión tenía un sentido seráfico y en que mi esperanza se revestía de una divina castidad?

(Pero, para hablar a aquella virgen, ¿qué otra norma de estilo podía usarse? ¡Si toda ella parecía formada de una celeste carne y de un espíritu encendido por el soplo de las perfecciones eternas!)

...Se desbordó mi ser dulcemente; y todo lo que había en mí de ingenuo e infantil, y todo lo que ignoraba en mí de bueno y de grande, salió de mi boca en frases tenues, lentas y hondas, como largos suspiros que iban a morir a sus pies.

...De mis más recónditos interiores volaron mis sueños más puros en busca de su alma; y mis más radiantes visiones de poesía y de amor la acariciaron intensamente con sus perfumes y con sus músicas...

Hablé así durante mucho tiempo. Ella permanecía inmóvil, con la graciosa cabeza inclinada sobre el libro de oraciones.

Sólo cuando se extinguieron mis palabras... Pero, ¿había yo hablado, o únicamente mi espíritu se comunicó con su espíritu y las frases que yo creía decirle resonaban nada más que en mi interior, en mi alma y en su alma..? No lo sé... No lo sé... No lo sabré jamás.

Cuando se extinguieron mis palabras... volvió su rostro hacia mí, y un escalofrío me azotó un segundo. Un escalofrío de amor y de dolor, un estremecimiento de indecible admiración... ¡porque nada de lo que existe en este miserable planeta puede dar siquiera vaga idea del íntimo encanto y de la triunfal hermosura de aquel rostro!

Fijó en mis ojos sus grandes ojos semejantes a dos pálidas violetas o a dos resplandecientes amatistas, impregnados de una ternura suprema en que se resumían todas las profundas ternuras de la vida, y que buscaban mi alma aún más allá de la Vida... Después se llenaron de lágrimas, que cayeron lentamente, lentas y extrañas en el silencio, sobre sus dedos enlazados... Sentí un imperioso deseo de beber aquellas lágrimas, de estrechar sobre mi corazón las dos manos divinas, y me aproximé aún más... Ella se puso entonces de pie y se dirigió a la puerta mayor con paso tan leve que no resonaba sobre las baldosas.

La seguí por la obscura calle, guiado por su blanca veste. Pasamos bajo el Arco de Santa Catarina sin encontrar a nadie. El cielo parecía de negro terciopelo. Se paró en una esquina, frente a un Cristo iluminado por un pequeño farol de gas. Creí que me esperaba y mi corazón dio un salto. Pero luego continuó caminando. Triste y fatigado me detuve, comprendiendo que rehuía mi presencia. Pero ella también se detuvo. A una corta distancia uno de otro erramos durante algunos minutos. Atravesamos plazas y callejuelas por entre ruinas y solares solitarios. El viento aullaba sobre la ciudad y un frío glacial helaba mis venas.

Sonó un reloj en la distancia. ¿Qué hora sería? ¿Las doce? ¡Quién sabe! Ya no me daba cuenta ni del tiempo ni de la vida; ignorando qué hacía y en dónde me hallaba. ¿Iba tras una mujer o tras un sueño?

...¿Cuándo detendrá Ella su carrera ? ¡Quizá nunca!

Mas, he aquí que de pronto, cerca de la Cruz del Milagro, la fugitiva se introdujo en un viejo portón, cuya pesada hoja se cerró al punto. Pertenecía a una vieja casa de piedra. Empujé la gruesa madera inútilmente, pues apenas lanzó un agudo chirrido que se dilató como un lamento lúgubre en el callejón penumbroso.

Obstinado y febril, rondé por los alrededores, acariciando imposibles esperanzas.

Me recosté, privado de toda voluntad, moribundo de pena y desolación, sobre la ventana única de la misteriosa casa. Ni un ligero resplandor por las rendijas, ni el más leve ruido se percibían dentro. Nada. Solamente al retirarme, ya próximas las primeras luces del amanecer, me pareció oír, del fondo de las tenebrosas habitaciones, un suave sollozo... ¿Un sollozo...? Quizá fue el viento, que, como un gran perro fantástico, aullaba tristemente en el frío silencio de la noche.

VIII

Pasó un mes. La alteración de mis costumbres y la constante inquietud de mi pensamiento desequilibraron mi organismo. Grave atonía entorpeció mis músculos. Permanecí mucho tiempo casi inmóvil. Después, friolento y vagabundo, erraba por los amplios corredores del Manchén; o, recostado en una cómoda butaca de cuero, con los ojos fijos en el firmamento, seguía el viaje voluble de las nubes a través de los azules infinitos.

Dormía horas y horas sin moverme, con torpe sueño profundo. Me levantaba a las nueve, y, a pesar de mi absoluta indiferencia por todas las cosas, no podía menos que admirar aquellas mañanas únicas, de una deslumbrante claridad diamantina. Bajo el ábside celeste, la verdura de los montes despedía tornasoles reflejos metálicos. La atmósfera era de una transparencia de cristal y ni el más ligero vellón blanco alteraba el matiz uniforme de los resplandecientes horizontes. Una cálida delicia invadía mis miembros: y así, poco a poco, en aquel clima edénico, con matinales paseos y baños tónicos, recobré por completo la salud en breves días.

Pero un amargo tedio roía mi corazón. Mi dolencia moral tomó un carácter alarmante desde la negra noche en que miré, por la vez última, a mi blanco fantasma. Todas las tardes subsiguientes fui a La Merced, ávido de verla; mas la iglesia, impasible ante mi duelo, permaneció cerrada y silenciosa. Volví a rondar, obstinadamente, por la casa en que Ella desapareció. El viejo zaguán —que algún hidalgo español mandara revestir de espirales broncíneas y heráldicos rosetones— yacía en su inmovilidad secular. Varias veces moví desesperado el herrumbroso picaporte...: el ruido se perdía vanamente en las soledades interiores. El eco, en ciertas horas, me parecía rumor de pasos... ¡Esperanza fugaz, ilusorio imposible!

IX

¿Quién detiene la fuga del tiempo...? Las semanas pasaban y yo no podía abandonar La Antigua. ¿Cómo alejarme para siempre de la encantadora ciudad sin descifrar el misterio que transformó mis ideas y mis emociones?

¿Qué fue de mi ser en las extrañas noches en que un amor hecho de supremas angustias, de ilusiones y presentimientos, volaba más allá de la tierra, bañado en la luz del infinito? ¿Quién era aquella criatura sideral, en cuyos ojos mágicos vi la Eternidad, y cuya expresión de ternura inefable guardo en lo más hondo de mi espíritu como un inmortal tesoro?

...Aún en sueños, sus manos cándidas, como dos celestes flores, se posaban en mis cabellos o cerraban mis ojos; y su blanca forma iluminaba en la media noche la obscuridad de mi cuarto, dejando en él una estela perfumada...

...¡Ah, su aroma, que era, en verdad, como el alma de un aroma, tan suave, tan casto, tan sutil que sólo podía percibirlo mi espíritu! ¿A qué cosa tenue, de una levedad inverosímil, pudiera compararse aquel perfume que no existía y que evocaba un país risueño de milagroso encanto, haciéndome soñar en un amor sublime, jamás imaginado por el frívolo deseo de los hombres?

...Como un debilísimo hálito de los orbes angélicos llegaba hasta mí su íntima fragancia, cuya delicia irreal no puede explicarse con las incoloras palabras de nuestro efímero idioma. Necesitaría inventar voces musicales y profundas, hondos términos singulares, para describir aquella secreta y vaga poesía de un perfume. Baste saber a los raros espíritus que comprenden que los olores de las flores más delicadas y puras no darían, ni la más remota idea, de aquel recóndito olor de amor, que era como el aroma de una virgen divina, y que sólo yo podía sentir, porque era sólo para mí.

Mas, ¿cómo descubrir el secreto de aquella esfinge errante ?

No pensé nunca en interrogar a nadie, por varios graves motivos, entre los que no era el menor una especie de prejuicio invencible que me hacía ver como una profanación sin nombre el acto de vulgarizar mi ensueño; y, además, porque temía que se me tomara, con sobrada razón, por un neurasténico inventor de fábulas.

Pero amplié el círculo de mis relaciones sociales, con la lejana esperanza de que, de una manera indirecta, y sin que mi curiosidad tomara en ello parte, mis nuevos amigos edujeran mi sobrenatural episodio a las normales condiciones de la vida.

Me hice presentar en varias casas de honorables familias, en donde conocí algunas hermosas jóvenes, que disiparon un tanto, con su fresca gracia, mi tedio y mi melancolía.

Empleaba, ahora, el tiempo en recorrer los interesantes alrededores de la ciudad, a pie o montado, solo o en compañía de varios alegres camaradas, de quienes oía todo género de confidencias y que me relataban los históricos episodios de confidencias y que me relataban los históricos episodios y tradiciones locales. Pude, de tan fácil manera, fortalecer mi memoria sobre las leyendas de la vetusta metrópoli, que leí en mi infancia, y que ya había olvidado.

Realicé grandes caminatas por Ciudad Vieja, San Juan Gascón, San Luis de las Carretas, San Pedro de las Huertas y todas las otras poblaciones que rodean a La Antigua; y acaricié el proyecto de ascender los 3.752 metros del Volcán de Agua.

Almorzaba con frecuencia en algunas de las fincas vecinas después de bañarme en el Portal, en Pamputic o en San Cristóbal. O visitaba, por la décima vez, las ruinas de las iglesias, en donde cualquier vagabundo me contaba, con frases difíciles o absurdas, la tradición del Hermano Pablo o la dramática historia de Los cadáveres azules, entre otros mil cuentos o consejos refundidos o alterados lamentablemente por las míseras imaginaciones populares.

¡Cuánto soñé en aquellas inolvidables excursiones!

En una serena tarde de amaranto, recostado en el árbol que sombrea las ruinas del palacio de doña Beatriz dela Cueva, en Ciudad Vieja, evoqué los días sonoros de la Conquista, y toda la terrible epopeya lejana, y la brillante figura del siniestro y bello Tonatiuh, ebrio de oro y de sangre.

¡Qué de sombras heroicas o prestigiosas, impregnadas de la soñadora poesía de las edades pretéritas, encendidas con el cárdeno fulgor de las catástrofes, en la trágica apoteosis del amor y de la muerte, surgieron en mi cerebro, en medio de los imponentes escombros sagrados!

Se aglomeraban las remotas remembranzas en mi fantasía, en increíble desorden cronológico, saltando épocas y confundiendo los nombres y los acontecimientos. Escenas de la Colonia y anteriores a la Colonia, actos de nuestros próceres y episodios de la segunda mitad del siglo XIX, páginas del Popol—Vuh y de la Reseña de Milla, se revolvían en mi cabeza en esas horas de meditaciones y evocaciones.

...Oía, a lo lejos, el triste son de las chirimías y atabales; y recordé la pomposa procesión del 22 de noviembre en el Paseo de Santa Cecilia, formada por linajudos personajes y flamantes cuerpos militares. Veía los gallardos penachos y los paramentos de oro de los corceles montados por los gentiles dragones provinciales...; y el gráfico espectáculo de las corridas de toros, en que las bellas damas lucían sus mantillas blancas y sus claveles rojos.

...Lamentaba que la hija de la princesa Luisa, la encantadora doña Leonor —en cuya sangre se mezclaba la osadía del hispano con la fuerte gracia del indio— no tuviera el intenso encanto de fábula con que aparece en la novela de Salomé Jil; y que, en vez de llorar eternamente al hermoso y arrogante don Pedro de Portocarrero, se casara, como cualquiera rica hembra o humilde mozuela del suburbio, con el enteco don Francisco de la Cueva, Licenciado y mediocre.

...¿Eran de graciosa apostura doña Inés y doña Anica, medio—hermanas de doña Leonor, y que perecieron en la inundación de 1541? ¿A cuál de esas hijas amaba más el fiero Adelantado...? Y la bizarra figura del audaz aventurero, fulgurante como un Borgia, se alzaba sobre todos los episodios de la Conquista, con sus cabellos de oro, su temible espada, y sus ojos fríos y crueles.

Parado sobre un arco trunco de la antigua catedral, o en el campanario de San Francisco, o sobre los majestuosos escombros del templo de la Concepción, ¡cuántas veces mi fantasía, con el pavor del águila en la tormenta, no revoló hacia el remoto pasado, pleno de recuerdos caballerescos y de actos sangrientos y brutales! El horrible martirio de los indígenas; las tribus arrasadas por las implacables hordas castellanas; el flamear de las banderas y el ruido de los tambores; el volcán homicida arrojando de su seno sus líquidas trombas oceánicas entre pavorosos estruendos; las eternas intrigas de amor en la real corte de don Pedro; todo desfilaba ante mi espíritu, absorto en las grandiosas evocaciones del antaño.

¡Cuánta gloria! ¡Cuánta sangre...! Y ahora, todo yace en taciturnas ruinas... Pero en estas ruinas cuánta enseñanza y qué fastuoso tesoro para la Poesía y para la Historia!

XI

Ocupaba algunos días en la lectura. Volví meditar en el destino de las razas, recorriendo, una vez más, el libro sagrado de los quichés, el célebre Popol—Vuh, cuyas páginas seductoras encantaron muchas tardes azules de mi infancia. Luego devoré varios volúmenes mórbidos de Lorrain, D'Annunzio y Maeterlinck. Bosquejé un estudio comparativo entre el autor del maravilloso Tríptico y Eça de Queiroz, el admirable ironista de La Reliquia, entre los cuales hay la diferencia que existe entre una parisiense, esbelta y viciosa, llena de saber sádico, y una fragante moza de los campos, sencilla, robusta y sonriente... Leí muchos libros de ciencia; estudios de sociología y de psicología, y aun de medicina; hundiendo mi espíritu, ávido de trascendentales novedades, en la meditación de los últimos asombrosos fenómenos teosóficos, observados concienzudamente por sabios italianos y franceses.

Y entonces fue cuando, para no volver a caer en la peligrosa sugestión de mi adormecida quimera, abandoné la lectura nocturna, y dediqué mis horas, después de la cena, a visitar a mis amigas. Recorrí todas las noches, en agradable rotación, las casas en que se me demostraba mayor simpatía... La de la señora V* era, sin duda, la de mi predilección. Tres seductoras muchachas me daban extraordinario encanto. Pronto me acostumbré a llegar a ella diariamente, seducido por el afectuoso interés que me demostraban, sobre todo Bertha, la de la boca de clavel. Era la más simpática y la más joven. De modo que a ella me uní con mayor confianza, y en breve tiempo me entregó ingenuamente su corazón, que era como un pajarillo que jamás había volado. Pasábamos las veladas familiarmente. La señora leía, Julia y Luisa tocaban en el piano o dibujaban, mientras Bertha bordaba y yo a su lado permanecía silencioso. En ocasiones se generalizaban nuestras pláticas, girando sobre todo género de asuntos.

Una noche, al retirarme, me encontré un momento solo con Bertha. Se había levantado del sillón y nos hallamos uno frente al otro. Sin pensarlo apenas, nos abrazamos, impelidos por un movimiento unánime; y yo oprimí dulcemente con mis labios el rojo clavel de su boca. Pero al instante ella palideció, se estremeció como si fuera a morir, y sus ojos se encontraron con los míos... Retrocedí dos pasos, todo trémulo, lanzando un suspiro... Y en silencio tendí las manos a las otras jóvenes, que entraban de nuevo al salón para despedirse.

Ya acostado, libre de aquella súbita sorpresa, no pude menos que reírme de mi enfermiza sensibilidad, que me hiciera hallar una lejana semejanza entre la expresión de las pupilas de Bertha cuando desfallecía en mis brazos y la de los ojos de mi dulce imposible... ¡Ahora sólo recordaba el íntimo placer de aquel beso delicioso, el sabor de flor de aquella boca purísima que yo había violado! Pero, en verdad, ¿amaba yo a Bertha...? Al pensar en ella, soñando en la posesión de su cuerpo y de su alma, ¿sentía aquella esperanza de una vida más alta y trascendente, que ilusionaba mi espíritu evocando a la criatura misteriosa perdida para mí...?

No... ¡No! Bertha era encantadora. Y me amaba con toda su alma. Yo la quería... ¡ay de mí!... ¡cuánto me era posible quererla, amando a otra...! Nada más.

XII

Pasaron aún diez días. ¡Y en una mañana, de las últimas de febrero, decidí partir¡ Cómo lloró, la linda Bertha, cuando le comuniqué mi próximo viaje!

Me dirigía entonces a mi país; pero le ofrecí regresar en noviembre, con los primeros fríos vientos. Sin embargo, sus lágrimas continuaron corriendo, inconsolablemente.

Aquella postrera semana fue para mí tristísima. Parecía —enamorado como nunca de mi dulce Quimera— que al abandonar la vieja ciudad dejaba en ella sepultado mi propio corazón. También sufría por el dolor de Bertha, más bella aún con su aspecto taciturno, que la hacía parecerse a una pequeña madona de Botticelli.

XIII

La víspera de partir —después de las cinco— subí con mis amigas al Cerrito del Manchén.

Luisa y Julia iban adelante, cogidas del brazo. Bertha, en seguida, y yo a su lado —como en nuestras intensas noches— guardaba silencio. Así ascendimos la ligera falda de la colina coronada de eucaliptos y de cipreses. Cada diez metros ella se apoyaba en mi hombro. Yo retuve entre mis manos sus manos, frías y sin movimiento.

Jamás vieran mis ojos, en ningún clima, una tarde tan bella. Brisas perfumadas, como de mieles y vainillas, y campestres flores, movían los ramajes sobre nuestras cabezas. Me pareció que La Antigua se revestía de su luminosa forma de imperecedera hermosura para despedirme. Y, ciertamente, me hallaba absorto ante su espléndido panorama, una de las más estupendas maravillas de la tierra; y nunca, mientras latiera mi corazón, podría olvidar el melancólico y pesaroso y recóndito encanto de la divina ciudad de las leyendas adormecida en la tarde azulada.

—Adiós, vieja ciudad del Valle de Panchoy, que aduerme con su leve rumor el misterioso Pensativo... ¡Vieja ciudad en que amé un arcano imposible, y en que me creí un dios enamorado adorado y ángel! ¡Quizá ya nunca volveré a verte, quizá ya por un nunca...! ¡Y como en tu seno me amaron, ya nunca me volverán a amar!

Así monologaba mi espíritu. Estas palabras repetía mentalmente, con los ojos húmedos, a dos pasos de Bertha, que miraba un punto vago en el horizonte... Cambié con mis amigas algunas frases insignificantes... Y luego callamos, comprendiendo que, en ciertos momentos, el silencio es lo más grato a las almas que sufren. En tanto, un quimérico crepúsculo de Doré matizaba los vastos cielos de púrpuras y oros imponderables. Sedas fabulosas se alargaban fantásticamente en las ignotas lontananzas.

Gráciles nubes de ópalo y turquesa, y de pálidas amatistas, bogaban como bajeles de ensueño impelidos por el viento errabundo. Una impasible paz descendía de las celestes cumbres; y sobre la muerta metrópoli, llena hoy de escombros y de jardines, lentamente aleteaban grupos de pájaros que huían ante la noche.

Un obscuro dolor lacerante se desprendía de las cosas. A pesar de la extraordinaria magnificencia de la tarde y del singular paisaje de valles y volcanes y espacios abiertos hasta el horizonte, todo parecía gemir a nuestro alrededor. Nosotros no nos mirábamos, temerosos de descubrir nuestras lágrimas.

Rápidamente la tiniebla tiñó el ocaso; y descendimos por el sendero pedregoso.

—Adiós, vieja ciudad del Valle de Panchoy... ¡Nunca, jamás, volveré a verte—.

XIV

En la pequeña sala de la señora V*, en la última noche, yo procuraba, aturdiéndome con mis propias palabras, dominar la honda pena que me roía el alma. Tras un largo silencio, Julia dijo con la voz temblorosa:

—Querido amigo, quizá no hemos de volver a vernos... Y deseamos que usted sepa una cosa, que nosotros calláramos hasta hoy por pudor ridículo, por tontería... no sabemos por qué...

Se interrumpió con un brusco sobresalto. Y todos nos miramos anhelantes, como si de improviso notáramos la presencia de otra alma entre nuestras almas… Una violenta ráfaga abrió la ventana y apagó una de las lámparas.

Bertha se levantó, muy pálida, y cerró los cristales. Toda trémula, Julia continuó:

—Habríamos deseado hacerle esta íntima confidencia en nuestra antigua casa de la Cruz del Milagro, que abandonamos hace mucho tiempo. Pero no se pudo... Sepa usted, pues, que tuvimos otra hermana, la más pequeña... Era muy linda, muy blanca, muy triste, y nosotros la adorábamos: una criatura extraña, muy inteligente y de una sensibilidad inexpresable. Era toda corazón, y en sus ojos —los más inocentes y divinos ojos que usted pudiera imaginarse— se veían cosas profundas que no son de la tierra... Ella leyó sus libros, sus versos, sus cuentos fantásticos... y se enamoró de usted. Fue el único sentimiento mundano que empañó su espíritu de ángel. En un escritorio que está en la otra casa guardaba los periódicos en que aparecía su firma, su retrato que recortó de una revista... Y hasta creo que la pobrecilla le escribió algunas cartas, sin decir su nombre... Murió hace dos años... Se llamaba Clemencia, y fue enterrada en La Merced...

Para completar su fúnebre confesión, puso en mis manos una fotografía de gran tamaño.

Y en un estado de alma próximo a la locura o a la muerte, con el rostro húmedo de cálidas lágrimas, vi en el fondo del negro cartón a mi idolatrado fantasma blanco, a mi novia angélica, a mi divino imposible, cuyo espíritu ha de unirse un día con mi espíritu en la ignota región de la paz inefable, más allá de los mágicos orbes y de las maravillosas constelaciones.

EL CERDO por William Hope Hodgson

"Vi que una cosa se estaba materializando en medio de la defensa. Se iba elevando lenta y regularmente. Parecía lívida y enorme a través del anublado vórtice... Era un pálido y monstruoso hocico surgiendo de aquel abismo insondable. Cada vez se encontraba más alto. A través del tenue y brumoso velo, vi un diminuto ojo... Jamás podré volver a ver el ojo de un cerdo sin revivir de nuevo algo de lo que entonces sentí. Era el ojo de un cerdo, pero animado de una especie de nefanda inteligencia...".

I

Habíamos acabado de cenar. Carnacki ya se encontraba instalado en su gran sillón cerca del fuego y se disponía a encender su pipa. Jessop, Arkright, Taylor y yo ocupábamos ya nuestras posiciones favoritas, en espera de que comenzase a hablar.

—Lo que voy a contaros sucedió en la habitación contigua —dijo, después de demorarse unos instantes en encender su pipa—. Supuso una terrible experiencia. El doctor Witton fue el primero en comunicarme lo ocurrido. Todo comenzó en el Club, una noche en que estábamos charlando acerca de un artículo aparecido en Lancet, mientras nos fumábamos una pipa, y Witton me comentó que estaba tratando un caso semejante... El sujeto se llamaba Bains. Me mostré interesado. Era uno de esos casos de brecha o apertura en la barrera de protección, como yo los llamo: la imposibilidad de aislarse —espiritualmente hablando— de las monstruosidades del Exterior.

Por lo que sabía de Witton, comprendí que no conseguiría nada con su paciente. Todos le conocéis. Es un hombre honesto, nada sentimental, práctico, en absoluto dado a la ensoñación, perfecto en su trabajo cuando se trata de una pierna fracturada o de una clavícula rota... Por eso no tenía nada que hacer en el caso Bains. Durante unos instantes, Carnacki dio unas caladas a su pipa, mientras los demás esperábamos, impacientes, que prosiguiera con su narración. Le dije a Witton que me enviase a su paciente —continuó—, y fue a verme al sábado siguiente. Era un hombrecillo sensible. Me cayó simpático en cuanto le eché la vista encima.

Al poco tiempo ya había conseguido que me explicase lo que le preocupaba, preguntándole de paso por lo que el doctor Witton llamaba "sus sueños".

—Son más que sueños —dijo—. Son tan reales como si los viviese. Son sencillamente horribles. Y no hay nada definido en ellos que pueda contarle. Por lo general, vienen en cuanto me quedo dormido. En cuanto me duermo, me asalta en seguida la sensación de que tengo que bajar a algún lugar impreciso, y siento que me atenaza un horror inexplicable y espantoso. Jamás puedo llegar a comprender lo que es, pues nunca consigo verlo. Sólo recibo una especie de advertencia que me dice que tengo que bajar hasta algún lugar terrible..., una especie de infierno, si se le puede llamar así, donde no deseo ir; y esta advertencia siempre es insistente, incluso imperativa, y me ordena que huya, que huya de algún horror enorme que caerá sobre mí.

—¿No puede salir huyendo por sus propios medios? —le lancé la pregunta—. ¿No puede despertarse?

—No —me dijo—. Eso es justamente lo que intento, a pesar de todos mis esfuerzos. No puedo dejar de recorrer ese laberinto infernal, como yo lo llamo, mientras me dirijo hacia algún horror desconocido y espantoso. Y como la advertencia es repetida más veces, incluso con mayor insistencia, llego a pensar que una parte viva de mí, o la que se halla activa en mis momentos de vigilia, está despierta y vigilante. Algo parece avisarme una y otra vez de que despierte, a pesar de lo que esté haciendo en sueños, y entonces mi parte consciente cobra repentinamente vida, y sé que mi cuerpo está en la cama, pero mi esencia o espíritu todavía sigue en aquel infierno, dondequiera que esté, envuelta en un peligro, desconocido e indecible al mismo tiempo, pero tan enorme que mi alma entera parece enfermar de terror. Durante todo ese tiempo —prosiguió—, sigo diciéndome que debo despertar, pero es como si mi alma siguiera allí, mientras mi parte consciente sabe que estoy luchando contra algún Poder invisible. Sé que si no me despierto entonces, nunca lo haré y me hundiré cada vez más en algún tremendo horror, capaz de destruir mi alma. Por eso lucho. Mi cuerpo descansa en la cama y tira de mí hacia sí. Pero el Poder que hay en ese laberinto también tira hacia abajo, y se apodera de mí una sensación de desesperación como jamás había tenido. Sé que si cediese y dejase de luchar y no me despertase, acabaría precipitándome en aquel monstruoso Terror, que silenciosamente parece llamar a mi alma hacia su destrucción. Entonces hago un terrible esfuerzo final, y mi mente parece ocupar todo mi cuerpo, como si fuese una imagen fantasmal de mi alma. Incluso puedo abrir los ojos y ver con mi mente, o mi parte consciente, sin necesitar mis propios ojos. Puedo ver la ropa de la cama, aunque sepa con completa seguridad que estoy echado en ella; pero mi verdadero yo se encuentra en aquel infierno de tremendos peligros. ¿Me comprende?

—Perfectamente —le respondí.

—Entonces —prosiguió— sigo luchando. Allá abajo, en el fondo de aquel enorme pozo, mi alma parece gemir y retroceder, asustada, ante la llamada de algún horror agazapado, que cada vez más, y en silencio, la atrae hacia una esquina de aquel laberinto; y sé que, si llego a doblarla, jamás podré volver a este mundo. Así que lucho desesperadamente; la mente y la conciencia luchan juntas en mi ayuda. La agonía es tan grande que podría gritar, si no fuera porque el miedo que me atenaza en la cama me paraliza y me deja helado. Cuando parece que mis fuerzas están a punto de abandonarme, mi alma y mi cuerpo resultan victoriosos y se funden lentamente entre sí. Y entonces me vuelvo a encontrar en la cama, agotado por la terrible lucha. Pero aún sigo sintiendo a mi alrededor la presencia de un espantoso terror, como si alguna monstruosidad agazapada hubiese salido de aquel horrible lugar y me hubiera seguido, inmóvil, silenciosa e invisible, y me amenazase, a mí que estoy acostado. ¿Me comprende? Es como una Presencia monstruosa.

—Sí —dije—. Le sigo.

La frente del hombre estaba cubierta de un sudor tan copioso, que indudablemente debía de haber revivido los horrores que había experimentado. Tras una pausa, prosiguió su narración.

—Ahora viene la parte más curiosa del sueño o lo que sea. Mientras me encuentro echado en la cama, exhausto, siempre oigo un ruido. Y esto se produce mientras el dormitorio aún está lleno de esa especie de atmósfera impregnada de monstruosidad que parece acompañarme cuando salgo de aquel lugar. Oigo llegar un sonido que va subiendo desde aquel enorme abismo, y siempre es un ruido de cerdos..., de cerdos gruñendo, ya sabe. Es sencillamente espantoso. El sueño es siempre el mismo. En ocasiones lo sufro durante una semana seguida, a no ser que me esfuerce por mantenerme despierto; pero, como es lógico, alguna vez me quedo dormido. Creo que si esto dura mucho tiempo, acabaré volviéndome loco. ¿No opina lo mismo?

Asentí con la cabeza y miré su rostro de persona sensible. ¡Pobre hombre! Sin ninguna duda, debía de haber pasado por todo aquello.

—Cuénteme más cosas —dije—. ¿A qué le sonaban exactamente esos... gruñidos?

—Ya se lo he dicho, al sonido de unos cerdos gruñendo. Sólo que mucho más espantosos. Era una mezcla de gruñidos, chillidos y alaridos, como los que se oyen en una granja cuando les echan de comer. Supongo que habrá visto esas enormes granjas donde los crían a centenares. Todos los gruñidos, chillidos y alaridos se funden en un brutal caos de sonidos..., sólo que no es un caos porque se entremezclan de un modo extraño... Yo lo he oído, es una especie de estruendosa melodía porcina, compuesta de gruñidos, ronquidos y rugidos, mezclados con chillidos y gritos, y aderezados con una especie de aullidos porcinos. A veces he pensado que tiene un ritmo peculiar, pues, de vez en cuando, surge de ella un GRUÑIDO gargantuesco, que sobrepasa el rugido de un millón de puercos..., un tremendo GRUÑIDO que posee ritmo propio. ¿Puede comprenderme? Es capaz de aturdir a cualquiera..., es como una especie de «terremoto espiritual"».

El clamor porcino, que aúlla, que chilla, que gruñe, ascendiendo de aquel abismo, y el monstruoso GRUÑIDO elevándose sobre los demás, con un ritmo recurrente..., la voz de la monstruosa madre de todos los cerdos vibrando desde las profundidades, a través de ese coro de cerdos enloquecidos de ira... ¡Es imposible! No puedo describirlo. Nadie podría. ¡Es realmente terrible! Y me asusta que piense que voy por mal camino, o que me convendría un cambio de aires o un reconstituyente; o que, si no me recupero pronto, acabaré en una casa de locos. ¡Si pudiese siquiera comprenderlo! Creía que el doctor Witton me comprendía a medias; pero ahora veo que me ha hecho que venga a verle como última esperanza. Debe de pensar que estoy listo para el manicomio. Podría jurarlo.

—¡Tonterías! —exclamé—. Usted está tan cuerdo como yo. Su facilidad para pensar tan claramente lo que quiere contarme y transmitírmelo de una manera tan perfecta que consigue que pueda imaginarme lo que ha visto, habla a favor de su equilibrio mental. Voy a investigar su caso y, si es lo que sospecho, uno de los raros ejemplos de brecha o de apertura en su barrera protectora (lo que podríamos decir que le aísla de las Monstruosidades del Exterior), creo que podremos resolver todos sus problemas. Pero antes tenemos que entrar en el nudo de la cuestión, y eso siempre resulta peligroso.

—Me arriesgaré —replicó Bains—. No puedo resistir esto por más tiempo.

—Muy bien —dije—. Váyase y vuelva a las cinco en punto. Para entonces ya lo tendré dispuesto todo. Y no se preocupe por su salud. Usted se encuentra bien y verá como dentro de poco todo estará en orden. Así que anímese y no tenga pensamientos negativos.

II

Después de comer me puse a hacer los preparativos pertinentes al caso en la sala de experimentación, que se encuentra al otro lado del rellano. Cuando Bains volvió a las cinco en punto, estaba todo dispuesto, y le conduje inmediatamente hasta ella. Como no anochecía hasta eso de las seis y media, aún tenía tiempo para acabar mis preparativos antes de que estuviese oscuro. Siempre prefiero comenzar con luz del día. Bains me cogió del codo antes de entrar en la sala.

—Hay algo que debía haberle contado —dijo, adoptando un aire más bien tímido—. Creo que me da un poco de vergüenza decírselo.

—Adelante —le animé.

Dudó un momento y después lo soltó de un tirón.

—Le hablé del gruñido de los cerdos —dijo—. Bueno, pues yo también gruño. Sé que es algo horrible. Cuando estoy echado en la cama y oigo que esos sonidos van hacia mí, entonces me pongo a gruñir yo también, como si les contestase. Soy incapaz de contenerme. Lo hago y punto. O algo me obliga a hacerlo. Jamás se lo conté al doctor Witton. Me fue imposible. Estoy seguro de que usted ahora pensará que estoy loco.

Me miró al rostro, lleno de ansiedad y extrañamente avergonzado.

—No es más que la secuencia natural de una serie de acontecimientos anormales, y estoy contento de que me lo haya dicho —dije, dándole una palmada en la espalda—. Es una justa consecuencia de lo que me había contado. Ya he tenido dos casos que, en cierto modo, se parecían al suyo.

—¿Y qué ocurrió? —me preguntó—. ¿Se curaron?

—Uno vive y goza de buena salud, señor Bains —contesté—. El otro quedó muy afectado de los nervios y, afortunadamente para todos, murió.

Mientras hablaba, había cerrado la puerta con llave. Barnes miró a su alrededor, más bien alarmado, me imagino, al ver mis aparatos.

—¿Qué va a hacer? —preguntó—. ¿No será un experimento peligroso?

—Bastante peligroso —contesté—, si no sigue mis instrucciones al pie de la letra. Ambos corremos el riesgo de no salir jamás vivos de esta habitación. ¿Tengo su palabra de que puedo confiar en que me obedecerá pase lo que pase?

Echó un vistazo alrededor y después me miró.

—Sí —afirmó.

Y fíjense, estuve seguro de que cuando llegase el momento demostraría que estaba hecho de buena madera. Comencé a disponer las cosas para trabajar con ellas en cuanto anocheciese. Le dije a Bains que se quitase la americana y el calzado, y le vestí de pies a cabeza con un traje de caucho de una pieza, una especie de mono, al que añadí unos guantes y un casco con orejeras, todo del mismo material. Yo también me vestí de la misma manera. Entonces comencé el siguiente estadio de los preparativos para la noche. Ante todo, debo deciros que la habitación mide treinta y nueve por treinta y siete pies, y que posee un piso de parqué bastante grueso, cubierto por una espesa capa de caucho de media pulgada de espesor. Había vaciado enteramente la habitación, para dejar exactamente en su centro una mesa tapizada, con patas de cristal, un montón de tubos de vacío y de baterías, y las tres partes del aparato especial que requería mi experimento.

—Ahora, Bains —ordené—, acérquese y quédese cerca de esta mesa. No dé vueltas. Voy a levantar una "barrera" protectora a nuestro alrededor, que, una vez que esté construida, ninguno deberá cruzar, ni siquiera sacando fuera un pie o una mano.

Volvimos al centro de la habitación y él se quedó al lado de la mesa, mientras yo comenzaba a montar a nuestro alrededor los tubos de vacío. Intentaba utilizar la nueva "defensa de espectro" que había estado perfeccionando últimamente. Consiste en siete tubos de vacío que adoptan las formas de siete circunferencias concéntricas, de los siguientes colores, comenzando de fuera a dentro: rojo, naranja, amarillo, verde, azul, índigo y violeta. Aunque la habitación estaba bastante iluminada, la atmósfera ya presagiaba la caída de la tarde, por lo que me di prisa en acabar. Mientras conectaba los tubos entre sí, me sentí ligeramente nervioso. Al mirar a Bains, que seguía estando junto a la mesa, vi que me miraba fijamente. Parecía completamente absorto en recuerdos desagradables.

—Por amor de Dios, deje de pensar en esos horrores —le dije, alzando la voz—. Ya tendrá tiempo de dedicarse a ello más tarde. Pero en esta habitación especialmente construida lo mejor es no pensar en esas cosas hasta que se hayan conectado las barreras. Concentre su mente en cualquier cosa normal o superficial. El teatro servirá: piense en la última obra que vio en el Gaiety. Charlaremos de ello en un momento.

Veinte minutos después, la "barrera" que nos rodeaba había sido completada, y procedí a conectar las baterías. Hasta entonces, la habitación había catado sumida en la tonalidad gris del crepúsculo, de modo que los siete tubos de diferentes colores resplandecieron con un efecto sorprendente, generando una fría luminosidad.

—¡Por Júpiter! —exclamó Bains—. ¡Esto es maravilloso…, realmente maravilloso!

El otro aparato que estaba montando en aquellos momentos constaba de una cámara de diseño especial, de un fonógrafo modificado con auriculares en lugar del altavoz, y de un disco de vidrio, compuesto de innumerables tubos de vacío dispuestos de un modo peculiar. De él salían dos hilos metálicos que iban a dar a un electrodo construido de manera que pudiese ajustarse alrededor de la cabeza. Cuando terminé de conectar las tres partes, se había hecho prácticamente de noche. Bajo el inusual resplandor de los siete tubos de vacío, la habitación, virtualmente a oscuras, adquirió una apariencia de lo más extraña.

—Ahora, Bains —dije—, quiero que se eche en esta mesa. Ponga las manos a lo largo de los costados y quédese quieto y pensando. Sólo tiene que hacer dos cosas. La primera, seguir echado y concentrarse en los detalles del sueño que siempre se repite; y la otra, no moverse de la mesa a pesar de lo que pueda oír o suceder, si yo no le digo lo contrario. ¿Entendido?

—Sí —contestó—. Creo que puede confiar en mí, no me comportaré estúpidamente. Sin saber por qué, me siento extrañamente a salvo con usted.

—Me alegro —comenté—. Pero no minimice el posible peligro que corremos. Puede haber un gran peligro. Ahora permítame que le ponga esta banda en la cabeza —y le ajusté el electrodo.

Le di unas cuantas instrucciones más, diciéndole que sobre todo concentrase sus pensamientos en los sonidos que siempre oía al despertarse, y volví a advertirle nuevamente que no se quedase dormido.

—No hable —dije—, y no fije su atención en mí. Si ve que interrumpo su concentración, cierre los ojos.

Se echó encima de la mesa y yo cogí el plato de vidrio, colocando la cámara frente a él, de manera que el objetivo estuviese enfocando exactamente el centro del mismo. Apenas había acabado de hacer esta operación, una oscilación de luz verdosa recorrió los tubos de vacío del disco. Luego desapareció, y quizá durante un minuto reinó una total oscuridad; pero no tardó en repetirse..., vacilando, como si girase, y pasando de una tonalidad a otra, desde un verde oscuro a un repugnante glauco; y así una y otra vez. Cada medio segundo más o menos, un relámpago amarillo de una tonalidad horrible, tremendamente desagradable, atravesaba la colección de resplandores verdes; acto seguido, una gran onda de color rojo ladrillo, que moría tan rápidamente como había llegado, recorría el disco, dando paso a los cambiantes verdes que no tardaban en ser cruzados por la repugnante tonalidad amarilla. Aproximadamente cada siete segundos, el disco era recubierto por la enorme pulsación de color rojo ladrillo, que vencía al resto de colores. "Se está concentrando en los sonidos", me dije, sintiendo una extraña excitación mientras seguía trabajando con mis aparatos. Volví la cabeza para comentar algo a Bains.

—No se asuste de lo que ocurra. Todo va bien.

Entonces comencé a manipular la cámara. En lugar de película o placa llevaba un largo rollo de cinta de un papel especial. Al girar la manivela, el rollo pasaba a través de la máquina, dejando que la cinta se impresionase. Me llevó cinco minutos exponer el papel, y durante ese tiempo predominaron las luces verdes; pero el oscuro color rojo ladrillo jamás dejaba de expandirse, cada siete segundos, por los tubos de vacío del disco. Era como el contrapunto de alguna muda melodía, particularmente desapacible. Saqué de la cámara el rollo que había expuesto, colocándolo horizontalmente en los dos soportes que, a tal efecto, había dispuesto en el fonógrafo modificado. En los lugares donde el papel había recibido la heterogénea luz del disco, su superficie aparecía surcada por unas pequeñas e irregulares ondulaciones un tanto curiosas. Desenrollé cerca de un pie de cinta, introduciendo su extremo libre en la hendidura de una bobina vacía (en el lado opuesto de la cámara), que también recibía el movimiento del gramófono. Cogí el diafragma y lo coloqué delicadamente sobre la cinta. En lugar de la usual aguja, el diafragma estaba provisto de una escobilla de filamentos metálicos, de buena apariencia y de cerca de una pulgada de ancha, que abarcaba la anchura de la cinta. La fina y frágil escobilla descansaba sobre la superficie especial del papel. Cuando conecté el dispositivo, la cinta comenzó a pasar bajo la escobilla y, mientras lo hacía, las delicadas sedas de filamento metálico se adaptaron a las más mínimas alteraciones de su superficie, generadas por las irregulares excrecencias de tipo sinusoidal que en ella habían producido las luces.

Me coloqué los auriculares y al instante comprendí que había conseguido registrar lo que Bains había oído en sueños. De hecho, lo que yo escuchaba "mentalmente" lo generaba el esfuerzo por recordarlo que hacía su memoria. Oía algo que me recordaba los lejanos y débiles chillidos y gruñidos de innumerables cerdos. Era extraordinario y, al mismo tiempo, exquisitamente terrible e infame. Me asustó, pues me dio la sensación de haberme acercado a algo abyecto y terriblemente peligroso. Tan fuerte e imperiosa era aquella sensación que me quité violentamente los auriculares de los oídos, y me quedé sentado un momento, mirando a mi alrededor en aquella habitación, en espera de que mis sensaciones volviesen a ser normales. La estancia me pareció extraña e imprecisa bajo el apagado resplandor de los tubos circulares, y tuve la sensación de que el olor de algo monstruoso llenaba el aire que me rodeaba. Recordé que Bains me había hablado de la sensación que siempre tenía después de volver de "aquel lugar", de que algo terrible le había seguido, impregnando con su presencia su dormitorio. En aquellos momentos comprendía perfectamente lo que quería decir... tan bien que incluso acabo de utilizar ahora inconscientemente los mismos términos, o casi, que él para intentar explicaros lo que entonces sentí.

Al volverme para hablarle, vi que había algo insólito en el centro de la "defensa". Llegados a este punto, debo explicaros, amigos míos, que aquella nueva "defensa" tenía ciertas cualidades de lo que llamaré "focalización", una nueva teoría que estaba experimentando. El Manuscrito Sigsand ya había dicho algo al respecto: "Evita la diversidad del color; no permanezcas en el interior de la barrera de luces coloreadas, pues Satán se complace en el color. Dejará de estar contenido en el Abismo si te aventuras por él revestido de rojo púrpura. Así pues, sé prevenido. Y no olvides que en el azul, el color de los Cielos de Dios, hallarás la salvación". Como veis, de aquel pasaje del Manuscrito Sigsand había sacado la idea de la nueva "defensa". Mi intención había sido hacer una, pero con las mismas propiedades de "focalización" o de "atracción" de que hablaba el Ms. Sigsand. Había experimentado muchísimo, consiguiendo demostrar que los rojos púrpura —formados por los dos colores extremos del espectro visible, el rojo y el violeta—, son tremendamente peligrosos; hasta el punto de que son capaces de "atraer" o «focalizar» las fuerzas del Exterior.

Cualquier acción o "intervención" por parte del experimentador puede tener resultados terriblemente amplificados si la acción es realizada en el interior de barreras compuestas por estos colores, en determinadas proporciones y matices. Del mismo modo, por lo general el azul es una "buena defensa". El amarillo suele ser neutro y el verde supone una protección maravillosa dentro de ciertos límites. El naranja, por lo que puedo decir, es ligeramente atractivo, y el índigo es peligroso en sí mismo, de forma limitada, pero en ciertas combinaciones con los demás colores se convierte en una "defensa" poderosa. Ni siquiera he descubierto la décima parte de las posibilidades de mis tubos circulares de vacío. En cierta manera, forman como una especie de órgano de colores, sobre el que tengo la impresión de estar tocando una melodía de notas de colores que pueden generar resultados liberadores o infernales. No sé si sabréis que tengo un clavijero que me permite conectar a voluntad los diferentes tubos de color.

Bueno, amigos míos, creo que ahora comprenderéis lo que sentí cuando vi el aspecto tan singular que adquiría el piso, justo en medio de la "defensa". Parecía como si en él se encontrase una forma circular, pero no a nivel del suelo, sino a unas pulgadas por encima. Mientras la miraba, la sombra pareció hacerse más espesa y oscura en su interior. Se extendió desde el centro hacia el exterior y se oscureció al mismo tiempo. Yo seguía vigilando, por lo demás bastante intrigado, pues la combinación de luces que había preparado se correspondía con bastante exactitud a lo que pudiera llamarse "defensa general". Pero no tenía intenciones de crear una focalización hasta no conocer más de sus propiedades. De hecho, en aquella experiencia, la primera, había decidido no ir más allá de un mero intento destinado a hacerme una idea de aquello con lo que debía enfrentarme. Me arrodillé rápidamente y toqué el piso con la palma de la mano.

Me pareció perfectamente normal, lo cual me dio la seguridad de que no se había producido ninguna manifestación Saaitii; es uno de los peligros que pueden ocurrir al hacer uso de la "defensa", ya que estas manifestaciones son capaces de utilizar sus mismísimos materiales y materializarse en cualquier lugar, excepto en el fuego. Mientras seguía de rodillas, de repente me di cuenta de que las patas de cristal de la mesa sobre la que se había echado Bains aparecían parcialmente cubiertas de una oscuridad que se iba haciendo cada vez más espesa. Incluso mis manos perdían su contorno al aproximarlas al piso. Me puse en pie de un salto y retrocedí un par de pasos para observar el fenómeno desde un poco más lejos. Lo que me dejó atónito fue ver que la mesa parecía diferente. Era inexplicablemente más baja. "Será la sombra que tapa las patas —me dije—. Esto promete ser interesante; pero mejor será impedir que las cosas vayan más lejos". Así que le pedí a Bains que dejase de concentrarse en sus pensamientos.

—Deje de pensar durante unos instantes —dije, pero no me contestó, y de repente me di cuenta de que la mesa estaba aun más baja.

—¡Bains! —exclamé—. ¡Deje de pensar durante unos instantes!

Y entonces comprendí lo que estaba pasando.

—¡Despierte, hombre, despierte! —exclamé.

Se había quedado dormido..., justamente lo último que debía hacer, ya que así duplicaba el peligro. ¡No me extrañaba que hubiera conseguido tan buenos resultados! Aquel pobre hombre estaba agotado después de tantas noches sin dormir. No se movió, ni dijo nada, mientras corría hacia él.

—¡Despierte! —grité de nuevo, zarandeándole por los hombros.

Mi voz suscitó ecos desagradables en la habitación, tan grande y vacía; Bains seguía tan inmóvil como un muerto. Mientras le zarandeaba una vez más, descubrí que me hundía hasta las rodillas en la sombra circular. Parecía la boca de un pozo. A partir de las rodillas no me veía las piernas, aunque sintiese que el piso seguía siendo firme y sólido; pero, al mismo tiempo, tenía la sensación de que las cosas estaban un poco más lejos de lo que debieran. Por eso me dirigí rápidamente al panel de control y conecté la «defensa total». Al volver rápidamente a la mesa, sufrí una terrible impresión que me dio ganas de vomitar. La mesa había vuelto a hundirse. Su extremo superior estaba sólo a un par de pies por encima del piso, y sus patas tenían la apariencia recortada que observamos al mirar un bastón metido en el agua. Se veían vagas y en la penumbra, rodeadas por el peculiar círculo de oscuras sombras que tanto se parecía a la negra boca de un pozo. Sólo podía ver claramente el extremo superior de la mesa, con Bains echado, inmóvil, sobre ella... y mientras seguía mirando, se iba hundiendo lentamente en el círculo negro.

III

No había un instante que perder. Rápido como el rayo, pasé mis brazos por debajo del cuerpo y el cuello de Bains y le levanté de la mesa. Pero, mientras lo hacía, lanzó un gruñido, como el de un cerdo enorme, que me dejó sordo. Aquel sonido me espantó tanto que llegué a pensar que lo que llevaba en brazos era un cerdo y no una persona. Poco me faltó para dejar caer mi carga. Entonces, acerqué su rostro a la luz y lo examiné. Tenía los ojos medio abiertos y me miraba como si me estuviese viendo. Volvió a gruñir de nuevo. Y pude sentir que su diminuto cuerpo se agitaba ante aquel sonido. Le llamó.

—¡Bains! ¿Puede oírme?

Sus ojos seguían mirándome; y, mientras intercambiábamos nuestras miradas, volvió a gruñir como un cerdo. Soltando una mano, le sacudí una fuerte bofetada.

—¡Despierte, Bains! —exclamé—. ¡Despierte!

Pero lo mismo me hubiese dado abofetear a un cadáver. Siguió mirándome fijamente. Me acerqué aún más a él y escruté sus ojos más intensamente. Y vi un horror demente, petrificado y lúcido, como jamás había contemplado. ¿Comprendéis lo que quiero decir? Miré rápidamente hacia donde estaba la mesa. Había recobrado su altura normal, y se la veía como siempre. La curiosa sombra que me había sugerido la negra boca de un pozo había desaparecido. Me sentí aliviado y supuse que al conectar la "defensa total" había conseguido eliminar la posibilidad de que se cree un "foco parcial". Deposité a Bains en el piso y eché una mirada alrededor para ver que era lo mejor que se podía hacer. No me atreví a dar un paso fuera de las barreras, al menos no hasta que las "tensiones peligrosas" que pudiese haber en la habitación hubieran sido eliminadas. Además, no era prudente dejar que Bains volviera a dormirse y que sufriese nuevamente el tipo de sueño que le asaltaba, ni siquiera dentro de la "defensa total"; o, al menos, no hasta haber realizado ciertas operaciones que aún no había llevado a cabo. Puedo confesaros que estaba enormemente agitado. Volví a mirar a Bains y a sentirme anonadado, pues la peculiar sombra circular había vuelto a formarse alrededor de él, justo donde le había dejado en el suelo. Sus manos y rostro aparecían curiosamente imprecisos y distorsionados, como si estuvieran sumergidos bajo varias pulgadas de agua poco limpia. Pero sus ojos seguían siendo visibles en cierta modo. Me miraban fijamente, mudos y terribles, a través de aquella horrible y sombría penumbra.

Me detuve, y rápidamente, con un simple movimiento, levanté a Bains del suelo. Por tercera vez volvió a gruñir como un cerdo, mientras lo tenía en brazos. Fue algo abominable. Me paré en seco, siempre dentro de la barrera y con Bains en brazos, y eché una rápida mirada a toda la habitación y después al piso. La espesa sombra se había formado alrededor de mis pies, y tuve que irme rápidamente al otro lado de la mesa. Miré hacia donde había estado la sombra y vi que se había desvanecido; volví a mirar a mis pies y me asusté tremendamente, porque, aunque muy imprecisa, la sombra había vuelto a formarse alrededor de donde me encontraba. Di un paso y esperé a que se hiciese invisible; pero otra vez una especie de mancha comenzó a dibujarse alrededor de mis pies. Avancé otro paso y recorrí con la mirada la habitación, pensando en salir corriendo hacia la puerta.

Y en aquel instante vi que aquello sería ciertamente imposible, ya que había algo indefinido en la atmósfera de la habitación..., algo que se movía en círculos alrededor de la barrera?. Volví a mirarme los pies y nuevamente observé que la sombra se había hecho más espesa cerca de ellos. Di un paso hacia la derecha y, mientras desaparecía, volví a echar una mirada por todo lo largo y ancho de la gran habitación... Me pareció ver algo tremendamente grande y en absoluto familiar. Me pregunto si sabéis a qué me refiero. Mientras estaba mirando, volví a ver la indefinida silueta de algo que flotaba en el aire de la habitación. La observé detenidamente cerca de un minuto, que fue el tiempo que invirtió en dar dos vueltas alrededor de la barrera. Y súbitamente la vi con más detalle. Parecía una pequeña bocanada de humo negro.

En aquellos momentos tenía otras cosas en qué pensar, pues de repente me asaltó una extraña sensación de vértigo y la impresión de que caía... Era como un cuerpo cayendo en el vacío. Al mirar hacia abajo me sentí mareado, y en aquel momento vi que me había hundido hasta los muslos en lo que parecía ser la sombría e inconfundible boca de un pozo. ¿Os dais cuenta? Me estaba hundiendo dentro de esa cosa, con Bains en los brazos. Una furiosa sensación de cólera me invadió, y con el pie derecho di una violenta patada hacia abajo. Pero no encontré nada tangible, sino que atravesé limpiamente la masa de sombras y fui a dar un violento golpe contra el piso. Había pasado a través de algo que había hecho que se me pusiese carne de gallina..., algo invisible y vago que parecía desarrollar algún campo eléctrico. Y comprendí que, si hubiese sido más fuerte, no me habría resultado posible franquearlo. ¿Me explico con claridad? Me volví en redondo, pero la cosa bestial ya se había ido.

Sin embargo, mientras estaba junto a la mesa, la lenta forma gris de una sombra circular comenzó a formarse alrededor de mis pies. Me fui al otro lado de la mesa y me apoyé en ella durante un instante, pues estaba temblando de pies a cabeza a causa del indecible terror que se estaba apoderando de mí, diferente a cualquier otro que hubiera conocido. Era como si me encontrase cerca de algo a lo que ningún ser humano debe aproximarse, a riesgo de perder su alma. Y me pregunté si no habría sentido el mismo horror que Bains, continuamente en tensión, sufría en aquellos momentos, mientras seguía llevándole en brazos. En aquel momento, fuera de la barrera había varias de aquellas nubecillas oscuras, idénticas a pequeñas bocanadas de humo negro. Estuve mirándolas unos minutos y, mientras miraba, aumentaron en número; en todo ese tiempo no dejé de moverme de un lado para otro dentro de la «defensa», para impedir que la sombra se formase otra vez alrededor de mis pies.

Entonces observé que mi constante cambio de posición se había convertido en un lento caminar, más bien monótono, de aquí para allá, dentro de la "defensa", llevando continuamente el cuerpo anormalmente rígido del pobre Bains. Comenzaba a cansarme, pues aunque él era menudo, su rigidez resultaba terriblemente molesta y difícil de soportar, como podéis imaginar. Sin embargo, no se me ocurría otra cosa. Había desistido de zarandearle o de intentar que despertase, por la simple razón de que mentalmente estaba tan despierto como yo, aunque físicamente inanimado. Se trataba de una de esas disociaciones espirituales de carácter parcial, que siempre había intentado comprender. Ya había desconectado los tubos rojo, naranja, amarillo y verde, de manera que aún seguía funcionando la "defensa total", o sea la gama azul del espectro... Sabía que las vibraciones repulsivas de cada uno de los tres colores: azul, índigo y violeta eran lanzadas al espacio. Sin embargo, estaban demostrando que eran insuficientes, por lo que me veía en la disyuntiva de realizar alguna acción desesperada para estimular a Bains a realizar un mayor esfuerzo de voluntad del que me parecía que estaba haciendo, o arriesgarme a experimentar con las combinaciones de los colores defensivos.

Tal como estaban las cosas en aquel momento, el peligro iba cada vez más en aumento, pues, para decirlo rápidamente, lo que se veía en el aire de fuera de la barrera indicaba que se estaban generando tensiones muy peligrosas. Lo mismo pasaba dentro de ella, pues la tenaz recurrencia de la sombra, probaba que la "defensa" era insuficiente.

En resumen, tenía miedo de que Bains, debido a su peculiar condición, fuese literalmente una "puerta" abierta en la "defensa"; así pues, si no conseguía despertarle o encontrar las combinaciones de tubos correctas que me permitiesen suscitar vibraciones con la energía suficiente para repeler aquel particular peligro, la cosa se nos pondría bastante fea. Comprendí que había dado pruebas de una estupidez increíble al no haber previsto la posibilidad de que Bains se quedase dormido por el efecto, deliberadamente hipnótico, de recordar lo que le había sucedido durante el sueño. Si no lograba aumentar la energía repulsiva de las barreras o despertar a Bains, no me quedaría otra salida, por lo que estaba viendo, que elegir entre una carrera desesperada hacia la puerta —y lo que veía al otro lado de la barrera me mostraba que era prácticamente imposible—, y lanzarle a él fuera de la barrera, lo que tampoco parecía factible. Durante todo aquel tiempo no había dejado de moverme dentro de la barrera; de repente vi que el peligro que nos amenazaba adquiría una nueva forma. Exactamente en el centro de la «defensa», la sombra había formado un círculo de un pie de diámetro, de un intensísimo color negro. Aumentaba de tamaño según lo miraba. Era horrible verlo crecer. Pareció reptar hasta convertirse en un círculo bastante amplio de una yarda de diámetro.

Sin pérdida de tiempo, dejé a Bains en el suelo. Era evidente que alguna fuerza de "fuera" estaba realizando un tremendo esfuerzo por penetrar en la "defensa", lo que me obligaba a llevar a cabo un intento final para ayudar a Bains a que "despertase". Así que cogí una lanceta y levanté la manga izquierda de su traje aislante. Lo que iba a hacer comportaba un terrible riesgo, y lo sabía, pues es evidente que, de alguna manera, la sangre ejerce un extraordinario poder de atracción. El Manuscrito Sigsand menciona particularmente este hecho en un pasaje que dice, más o menos, así: "En la sangre reside la Voz que llama a través del espacio. Los Monstruos de la Profundidad lo oyen, y, al oírla, se les suscita el deseo. De manera análoga, también se demuestra eficaz para reclamar el alma que vaga alocadamente fuera del cuerpo en el que encuentra su natural morada. Pero, ¡ay de aquellos que malgastan su sangre en la hora fatal! Pues no faltarán Monstruos que oigan el Grito de su Sangre".

Aquel era el riesgo que tenía que correr. Sabía que la sangre atraería a las fuerzas de fuera, pero que llamaría aún con más fuerza a la porción de la "esencia" de Bains que se había desprendido de él al caer a las profundidades. Antes de herirle con la lanceta, miré hacia la sombra. Había crecido y su borde se encontraba a menos de dos pies del hombro derecho de Bains. Mientras la miraba, continuaba acercándose, como si reptase, con el mismo tipo de movimiento que hace el borde de un papel al quemarse y ennegrecerse. Aquella cosa ya tenía menos apariencia de sombra, no parecía tan espectral como antes. Se asemejaba, lisa y llanamente, a la negra boca de un pozo.

—Ahora, Bains —dije—, levántese, hombre. ¡Despierte!

Y al mismo tiempo que le hablaba, usé mi lanceta, rápida, aunque superficialmente. Observé cómo manaba la pequeña gota roja de sangre y le corría a lo largo del puño, para caer al suelo de la "defensa". Y ocurrió lo que había estado temiendo. En la habitación hubo un ruido, como una especie de trueno sordo, y unos extraños relámpagos de apariencia ominosa culebrearon desordenadamente en la parte del piso que se encontraba al otro lado de la barrera. Le interpelé una vez más, intentando hablarle con voz tranquila y firme, mientras veía que el horrible círculo de sombra había recubierto por completo cada pulgada cuadrada del centro de la «defensa», hasta tal punto que habría podido decirse que Bains y yo estábamos suspendidos sobre un vacío de negrura indecible..., el negro vacío que me contemplaba desde el fondo de aquel sombrío pozo. Y, sin embargo, durante todo el tiempo, mientras me arrodillaba junto a Bains y le cogía del puño, podía sentir la solidez del piso bajo mis rodillas.

—¡Bains! —insistí una vez más, intentando no gritar demasiado alto—.¡Bains, despierte! ¡Despierte, hombre! ¡Despierte!

Pero él seguía sin moverse, y me miraba fijamente con ojos llenos de silencioso horror, que parecían contemplarme desde las profundidades de alguna terrible eternidad.

IV

La sombra se había hecho más espesa y oscura a nuestro alrededor. Una vez más, sentí apoderarse de mí aquel extraño y terrible vértigo. Levantándome de un salto, cogí a Bains en brazos y franqueé el primero de los círculos protectores —el violeta—, para quedarme entre él y el de color índigo, manteniendo a Bains lo más cerca de mí que podía, para impedir que cualquier parte de su cuerpo inerte sobresaliese de los círculos índigo y azul. De la boca de tinieblas que en aquellos momentos llenaba totalmente el centro de la "defensa" llegó un débil sonido..., que parecía provenir de abismos desconocidos. Sonaba lejano y débil, muy débil, pero lo reconocí al momento y sin temor a confundirme: era el murmullo, infinitamente lejano, de un incontable número de cerdos. Y en ese mismo momento, como si contestase a aquel sonido, Bains, mientras lo llevaba en brazos, gruñó como uno de ellos. Permanecí entre los tubos de vacío de los círculos, mirando confuso a la izquierda, hacia la boca del pozo, cubierta de negras sombras, que parecía conducir directamente al Infierno. Los acontecimientos habían llegado mucho más lejos de lo que hubiera podido imaginar y, como se habían producido de manera cada vez más súbita y terrible, me encontraba por debajo de mis condiciones normales. Me sentía mentalmente paralizado, y no podía pensar en nada, excepto que a menos de veinte pies se encontraba la puerta que daba a un mundo totalmente natural, y que allí me las tendría que ver cara a cara con un peligro impensado sin saber qué hacer para escapar de él. Lo comprenderéis mejor si os digo que el resplandor azulado de los tres tubos me mostraba que en aquel momento había centenares de aquellas pequeñas nubecillas negras girando alrededor de la barrera, en continua e interminable procesión.

Y yo seguía llevando en brazos el cuerpo rígido de Bains, intentando no dar rienda suelta al disgusto que sentía cada vez que gruñía, cosa que hacía cada veinte o treinta segundos, como en respuesta a los sonidos que llegaban muy debilitados a mi oído. Aquello era peor que estar con un cadáver en brazos, ya que me balanceaba entre la muerte física y la destrucción de mi alma. De repente, del abismo que se encontraba tan cerca de mí que uno de mis hombros caía sobre él, llegó nuevamente un tenue y fantástico sonido de cerdos, tan débil que se hubiera dicho que era tan remoto como un eco perdido. Bains contestó con un chillido porcino que suscitó en cada una de mis fibras un humano sentimiento de protesta y me hizo padecer un sudor frío de pies a cabeza. Sacando fuerzas de flaqueza, intenté penetrar con la vista la sombría boca del abismo.

Por segunda vez, un trueno sordo retumbó en la habitación, haciendo que cada articulación de mi cuerpo me pareciese que se rompía y comenzara a arder. Al volverme hacia el pozo, había dejado inadvertidamente que un talón de Bains sobresaliera ligeramente, durante un momento, del círculo azul, con lo que una fracción de la «tensión» de fuera de la barrera se descargó a través de Bains y de mí. Si me hubiese encontrado en el corazón de la "defensa", en lugar de estar «aislado» por el círculo violeta, sin duda las consecuencias habrían sido mucho más serias. No obstante, había sentido, psíquicamente hablando, la espantosa sensación de sentirme sucio que todo ser humano experimenta siempre que se acerca demasiado a ciertas Monstruosidades del Exterior. ¿Recordáis, amigos míos, que tuve la misma sensación cuando la Mano se me acercó demasiado en "El caso de la Puerta"?

Los efectos físicos fueron lo suficientemente interesantes para que os los mencione: Bains tenía rota la bota del pie izquierdo y llevaba subida hasta la rodilla la correspondiente pernera de su mono, por lo que pude ver alrededor de la pierna gran número de marcas azuladas que formaban espirales irregulares. Seguí de pie, con Bains en brazos, temblando por todo mi cuerpo. Me dolía la cabeza y tenía todas las articulaciones curiosamente entumecidas; pero mis dolores físicos no eran nada comparados con mis padecimientos psíquicos. ¡Sentía que estábamos acabados! No tenía el suficiente espacio para darme la vuelta o moverme, ya que el comprendido entre la circunferencia violeta, que era la más interior, y la azul, la más exterior, era de treinta y una pulgadas, incluida la pulgada del grosor del tubo índigo. Así que, como veis, me veía obligado a permanecer tan tieso como una estatua, temiendo a cada momento recibir un nuevo susto, e incapaz de pensar lo que debía hacer.

Me atrevería a decir que pasé así cinco minutos. Bains no había gruñido desde que la "tensión" se descargara a través de él, lo que me daba una tremenda alegría, aunque al principio llegué a temer que estuviese muerto. Ningún nuevo sonido había salido de la oscura boca del pozo que se encontraba a mi izquierda, por lo que me sentí con el suficiente autocontrol para mirar lo que ocurría a mi alrededor y comenzar a reflexionar. Me incliné una vez más para poder observar directamente el fondo del sombrío pozo. El borde de la boca circular, que tenía una curiosa apariencia sólida, como si estuviese formada de alguna substancia similar a vidrio negro, estaba perfectamente definido. Dentro del pozo podía distinguir la misma apariencia de solidez hasta una profundidad considerable, aunque de forma un tanto fluctuante.

El centro de aquel extraordinario fenómeno estaba formado por una simple y absoluta negrura..., una completa negrura aterciopelada que parecía absorber toda la luz de la habitación. No podía ver más, y si algo salió de aquel abismo, además de un silencio absoluto, fue la atmósfera cargada de miedo que me iba afectando cada vez más a medida que pasaban los minutos.

Me di la vuelta, lenta y cuidadosamente, para no correr el riesgo de que ninguna parte del cuerpo de Bains o del mío propio sobresaliesen fuera de la circunferencia azul. Entonces vi que las cosas que se encontraban al otro lado del círculo azul se habían desarrollado considerablemente: las extrañas y oscuras bocanadas de humo, similares a nubes, habían crecido enormemente en número, de suerte que, al fundirse unas con otras, habían formado una gran muralla, sombría y circular, como de jirones de nube, que giraba, giraba y giraba sin cesar, ocultando el resto de la habitación de mi vista. Quizá pasó un minuto mientras estuve mirando aquello; y entonces, fijaos, la habitación tembló ligeramente. El temblor duró tres o cuatro segundos y se desvaneció; pero volvió al cabo de medio minuto y fue repitiéndose de vez en cuando.

En aquellos temblores había una leve oscilación que me hizo recordar lo ocurrido en "El caso del embrujamiento del Jarvee". ¿Os acordáis? La sacudida volvió a repetirse, acompañada por una especie de relámpago de luz espectral que pareció recorrer por fuera toda la barrera; súbitamente, un extraño gruñido inundó la habitación..., un aullido enormemente bestial, una tormenta de gruñidos de cerdo. De repente se hizo el silencio, y Bains, a quien seguía llevando en brazos, igual de rígido que siempre, gruñó dos veces, como respondiendo. Volvió la tormenta de ruidos porcinos, hasta convertirse en una avalancha gigantesca de sonidos bestiales que inundaron la habitación, silbando, chillando, gruñendo, y aullando. Después, al ir apaciguándose aquella algarabía, se oyó un único y gargantuesco gruñido que provenía de la espantosa garganta de alguna monstruosidad, y durante un instante el aplastante coro de millones de cerdos invisibles se elevó de nuevo, atronador y rabioso por toda la habitación.

En aquel sonido había algo más que caos..., un ritmo poderosamente diabólico. Al principio era un multitudinario susurro porcino, al que venía a sumarse el conjunto de los gruñidos poco ruidosos de impensables millones de cerdos; y, casi al momento, con un sonido ensordecedor, aquello se convertía en un único y enorme gruñido. Entonces, como si se sintiese animado por éste, el estruendo producido por tan gran número de animales sacudía la habitación; y cada siete segundos, como yo sabía perfectamente sin necesidad de consultar mi reloj de pulsera, llegaba el único y tempestuoso sonido del gran gruñido, que era emitido por la garganta de alguna monstruosidad desconocida..., mientras seguía llevando en brazos a Bains, el humano que gruñía al compás de la melodía porcina..., un monstruo de cuerpo rígido que gruñía en mis brazos. Estaba temblando de pies a cabeza y cubierto de sudor.

Creo que comencé a rezar, pero si lo hice no recuerdo el tipo de oraciones que empleé. Nunca hasta entonces había sentido ni sufrido aquello por lo que estaba pasando, mientras seguía de pie, confinado en un espacio de treinta y una pulgadas de ancho, con aquella cosa que gruñía en brazos y la infernal melodía subiendo del gran Abismo, asediado por las «tensiones» que se encontraban a mi derecha, capaces de reducirme a un montón informe de carne chamuscada si llegaba a saltar por encima de las barreras. Y entonces, con un efecto análogo al restallar de un trueno inesperado, la vasta tormenta de sonidos cesó; y la estancia quedó llena de silencio y de un inimaginable horror.

El silencio continuó. Sé que voy a decir algo que puede sonaros a una simpleza, pero la verdad es que el silencio parecía ir vertiéndose poco a poco en la habitación. No sé el motivo que me indujo a sentir eso, pero creo que mis palabras pueden dar una idea exacta de lo que creía sentir, mientras seguía llevando entre mis brazos el cuerpo de Bains, quien aún gruñía débilmente. La sombría y circular muralla formada por una continua nube negra que rodeaba la barrera con mayor opacidad que nunca, se movía a su alrededor una y otra vez, con un lento movimiento que parecía "eternizarse". Y, detrás de aquella negra y nubosa muralla que no dejaba de moverse en círculo, un silencio de muerte pareció derramarse por la habitación más allá de mi vista. ¿Comprendéis...? Aquello me indicaba muy claramente el estado en que se encontraba mi salud mental, rayana en la locura, y la tensión psíquica a la que estaba expuesto... La forma que mi cerebro tenía de insistir en afirmar que el silencio se derramaba alrededor de la habitación me interesó profundamente.

En efecto, me indicaba que o bien me encontraba en un estado que se acercaba a una fase de locura o que había alcanzado, psíquicamente hablando, un estado anormal de lucidez y sensibilidad, en donde el silencio dejaba de ser una cualidad abstracta para convertirse en un elemento definido y concreto, al menos para mí, de la misma manera (para emplear una comparación estúpidamente grosera) que la humedad invisible de la atmósfera se convertía en un elemento visible y concreto cuando se precipitaba como agua.

Me pregunto si esta idea os atrae tanto como a mí. Y entonces, fijaos, poco a poco fue creciendo en mí la sensación de que se me iba acercando un nuevo horror. Ese presentimiento o conocimiento, o como se lo quiera llamar, era tan fuerte que de repente sentí que me ahogaba... y creí que no podría resistirlo por más tiempo. Comprendí que, si ocurría algo, no tendría más remedio que sacar el revólver y pegarle a Bains un tiro en la cabeza, y después hacer otro tanto conmigo mismo, acabando de una vez aquel espantoso asunto. Sin embargo, aquella sensación opresiva pasó al poco tiempo, y me sentí con más fuerzas y ánimos para enfrentarme nuevamente con la situación. Además, por primera vez tenía una idea, aunque sin elaborar, de cómo conseguir que las cosas pudiesen mejorar; pero aún estaba demasiado aturdido para ver cómo podría ponerla en práctica.

Y entonces una queja casi inaudible y lejana sonó en la habitación, lo que me dio a entender que el peligro era inminente. Me incliné lentamente hacia mi izquierda, cuidando de que los pies de Bains no sobrepasasen los límites del círculo azul, y escruté la negrura del pozo, que justamente por debajo de mi codo izquierdo se hundía en lo Desconocido. Murió aquel lamento; pero muy lejos, en la negrura, había algo..., como una remota mancha luminosa. Permanecí en un ominoso silencio quizá durante diez largos minutos, mirando a la cosa. En todo ese tiempo estuvo aumentando continuamente de tamaño, de suerte que pude distinguirla mejor, aunque seguía estando muy lejos, dentro de aquel insondable y tremendo Abismo. Mientras seguía mirando, aquel sordo lamento subió nuevamente hasta mí, y Bains, que había estado todo el tiempo más tieso que un palo, le respondió con un quejido largo e inhumano, que suponía una nueva abominación más.

En aquel momento sucedió una cosa muy curiosa. Alrededor de la boca del pozo, que tenía la peculiar apariencia del vidrio oscuro, se produjo un súbito y brillante resplandor. Iba y venía de un modo extraño, ardiendo sin flama alrededor del borde, mientras giraba incesantemente en sentido contrario al de la muralla formada por la nube negra y compacta que rodeaba la barrera. Aquel peculiar resplandor acabó por desaparecer. Entonces algo comenzó a salir del tremendo Abismo, y de repente fui consciente de la nefanda cualidad o "atmósfera" de aquella monstruosidad. Si dijera que fue como una vaharada, creo que describiría fielmente su aspecto externo; pero sería incapaz de expresar la sensación del mal que causó en mi espíritu. Y algo me advirtió que aquello sería capaz de mancillar hasta lo más íntimo de mi yo, si no lo apartaba de mí con un gran esfuerzo de voluntad.

Así que me aparté rápidamente del pozo, inclinándome hacia la más externa de las circunferencias luminosas. Intentaba estar atento a que ninguna parte de mi cuerpo sobresaliese por encima del pozo, mientras aquella Potencia abominable subía desde profundidades desconocidas. Y al hacer aquello, al apartarme con tanta premura del centro de la "defensa", pude ver algo nuevo: que al otro lado de la muralla oscura que se movía incesantemente alrededor de la barrera había una cosa. No, más bien muchas cosas, me dije a mí mismo. Lo primero que observé fue una extraña deformación de la muralla de humo que seguía dando vueltas a nuestro alrededor. Aquella deformación estaba a menos de dieciocho pulgadas del piso, justo delante de mí. En la muralla de humo se estaba dando un curioso fenómeno de "pudelación", como si algo se incorporase a ella. El área que sufría aquella pequeña deformación no era más ancha que un pie y no se mantenía enfrente de mí, sino que seguía el movimiento circular de la muralla.

Al pasar a mi lado, observé que presentaba una ligera excrecencia y, al alejarse, vi que se formaba otra deformación similar, y después una tercera y una cuarta, todas en diferentes partes de la muralla negra, que seguía girando lentamente; las cinco deformaciones no estaban a más de dieciocho pulgadas del piso. Cuando la primera excrecencia estuvo a mi altura, observé que se había convertido en una clara protuberancia que apuntaba hacia mí. También alrededor de la móvil muralla aparecieron unas curiosas hinchazones. Comenzaron a alargarse y a ensancharse, siguiendo el movimiento de la nube que giraba. Una de ellas estalló, o se abrió, en su extremidad, permitiéndome ver el extremo de un pálido, aunque inconfundible, hocico. Sólo duró un instante, pero fue lo suficiente para verlo perfectamente. Un minuto después, vi surgir otro a mi derecha través de la pared, y desaparecer con la misma rapidez. Me resultaba imposible mirar a la base de aquella extraña, negra y móvil muralla que rodeaba la barrera sin ver aquí o allá un hocico porcino curioseando furtivamente. Observaba todo aquello en un estado mental ciertamente peculiar.

Era tan grande la opresión de las cosas anormales que me rodeaban delante y detrás, por todas partes, que en cierta medida actuaba como un antídoto contra el miedo, ¿comprendéis? El efecto que producía en mí era como una confusión pasajera, en donde las cosas y el horror que estas me hacían sentir iban disolviendo su realidad. Me quedaba mirándolas lo mismo que un niño, en un tren a toda velocidad, contempla arrobado el paisaje nocturno que desfila rápidamente ante sus ojos, iluminado anormalmente por los hornos de industrias que no conoce. Eso es lo que intento explicaros.

Seguía llevando en los brazos a Bains, tan silencioso y tieso como siempre. Los brazos y la espalda me dolían tanto que su tormento repercutía en todo mi cuerpo, aunque sólo me daba cuenta de ello cuando mi lucidez pasaba del plano psíquico al físico, o sea, cuando me movía para cambiarme a una posición o postura que resultase menos intolerable a mi espalda y brazos doloridos. Entonces ocurrió un hecho nuevo... Un único gruñido, sordo pero enorme, resonó, tremendo y brutal, en la habitación, que hizo estremecerse el cuerpo inerme de Bains y que este le respondiera tres veces, con la voz de un lechón. En la parte superior de la muralla que giraba alrededor de la barrera vi deshilacharse una parte de la nube oscura, y una pata de cerdo pasó a través de ella, hasta el corvejón, a unos nueve o diez pies sobre el piso. Mientras desaparecía gradualmente, oí un gruñido sordo al otro lado del velo de nubes, que fue creciendo en intensidad hasta convertirse en un estruendo bestial, formado por gruñidos, chillidos y aullidos de cerdo, armonizándose, si tal cosa puede decirse, en un sonido que constituía la melodía esencial del animal..., una mezcla de gruñido, chillido y aullido, que iba creciendo, fundiéndose por una parte los gruñidos, por otra los chillidos y por otra los aullidos, en un crescendo de horrores: los bestiales prolegómenos, anhelos, placeres y afanes que podrían oírse en cualquier gruta del Infierno...

Pero es inútil, no podría narrároslo. Así que callaré, ya que me resulta imposible hacer que mis palabras puedan comunicaros el efecto que aquella melodía de gruñidos, aullidos y gritos me producía. Debido a su monstruosidad y su abominación, en aquel tumulto había algo, situado por debajo del horizonte del alma, de manera tan inexplicable, que el simple y ordinario miedo a morir, con toda su secuela de agonía, dolores y terrores, se convertía en un pensamiento de serenidad y santidad infinitas al compararlo con el miedo a los elementos desconocidos que subyacían en aquella melodía de rugidos espantosos. Y, por si fuera poco, aquel sonido estaba junto a mí, dentro de la habitación..., sí, en aquella misma habitación, a mi lado. Sin embargo, no tenía la sensación de hallarme encerrado entre cuatro paredes, sino en medio de pasillos gargantuescos capaz de suscitar mil ecos. ¡Curioso! Esas fueron las dos palabras que acudieron a mi mente: pasillos gargantuescos.

Mientras el caos rampante de la melodía porcina repercutía en toda la habitación, llegó a través de él un único gruñido, el único y recurrente gruñido del CERDO; pues ya no tenía ninguna duda de que estaba oyendo los compases de una monstruosidad, los compases del CERDO. En el Manuscrito Sigsand, la cosa se describe en términos parecidos a estos: "Sobre el Cerdo sólo el Todopoderoso tiene poder. Si durante tu sueño o en la hora de peligro oyes la voz del Cerdo, deja lo que estés haciendo y huye. Pues el Cerdo forma parte de los Monstruos de Fuera, y ningún ser humano debe acercarse a él, ni proseguir sus quehaceres si ha oído su voz, pues, al principio de la vida del mundo, el Cerdo tenía poder y lo volverá a tener al final. Y como el Cerdo tuvo antaño poder sobre la Tierra, ansia tenerlo una vez más. Por tanto, terrible será el daño de tu alma si prosigues tu quehacer y dejas que la Bestia se te acerque. Y yo digo que si has atraído sobre ti este horrendo peligro, no te olvides de la Cruz, pues de todos los Signos es aquel por el que el Cerdo siente más horror".

El pasaje es bastante más largo, pero no consigo recordarlo ahora. De todos modos, esto resume lo esencial. Bueno, pues seguía con Bains en brazos, quien, durante todo aquel tiempo, había estado gruñendo como un cerdo. Y yo me preguntaba si no me iba a volver loco. Creo que el antídoto del aturdimiento que me producía aquella tensión constante me ayudó en todo momento. Un minuto después, o quizá fueron cinco, experimenté una nueva y súbita sensación, como si se tratase de una advertencia que despertase todos mis embotados sentidos. Volví la cabeza, pero no vi nada detrás de mí. Al inclinarme hacia mi izquierda eché un vistazo a las negras profundidades que se abrían bajo mi codo izquierdo. En aquel momento, el estruendo porcino cesó, y me pareció estar mirando a través de millas de éter negro hacia algo que flotaba a lo lejos..., un pálido rostro flotando en la remota lejanía..., la cara de un puerco gigantesco. Mientras miraba, atónito, aumentó de tamaño. Aparentemente sin moverse, la pálida cara del puerco se elevaba de las profundidades. Y entonces comprendí que estaba mirando al Cerdo.

V

Durante quizá un minuto entero me quedé mirando fijamente, a través de la negrura, a aquella cosa que se acercaba como un lejano planeta, pálido como la muerte, flotando en medio del vacío. Y entonces, sencillamente me desperté, como si dijéramos, a la plena posesión de mis facultades. Pues, lo mismo que cierto exceso en la tensión nerviosa a la que estuviera sometido había generado una especie de anestesia que tenía mucho de estupor y que me había resultado sumamente beneficiosa, aquel súbito y apabullante acto supremo de horror produjo la acción contraria, llevándome de la inercia a la acción. En un momento pasé de la apatía a una intensa actividad. Sabía que había penetrado accidentalmente más allá de las "fronteras" usualmente establecidas, que me encontraba en un lugar donde ningún alma humana tenía derecho a estar y que en unos pocos minutos del miserable tiempo terrestre podría estar muerto. No podría decir si Bains había pasado o no la línea de "no retorno". Le dejé cuidadosa, pero rápidamente, en el piso, entre las circunferencias interiores —o sea, entre los tubos violeta e índigo—, donde se quedó, gruñendo lentamente. Sintiendo que se acercaba el momento fatal, saqué mi revólver.

Me parecía mejor asegurar nuestro propio fin antes de que aquella cosa de las profundidades estuviese más cerca, ya que cuando Bains, en su condición actual, cayera dentro del campo de lo que pudiera llamarse "fuerzas inductivas" del monstruo, dejaría de ser humano. Podía pasarle lo mismo que a Aster, quien se había quedado fuera de los pentáculos en "El caso del Velo Negro", o sea, lo que sólo puede ser descrito con los términos de cambio patológico o espiritual... En otras palabras, destrucción del alma. Entonces me pareció que algo me decía que no disparase. Aquello me sonó un poco a superstición, pero en aquellos momentos estaba decidido a matar a Bains, y lo que me detuvo era un claro mensaje que me llegaba de fuera. Sentí un gran escalofrío, pero de esperanza, porque pensé que las fuerzas que hacen girar la Esfera Exterior estaban interviniendo. Pero el mismo hecho de la intervención me probaba de nuevo el enorme peligro espiritual al que estábamos expuestos, ya que aquella inescrutable Fuerza Protectora sólo interviene interponiéndose entre el alma humana y las Monstruosidades del más Allá.

Desde el momento en que recibí el mensaje, me erguí con la rapidez del relámpago y me volví hacia el pozo, franqueando el círculo violeta, y salté hacia la boca de la tiniebla. Debía correr el riesgo si quería alcanzar el cuadro de control que había quedado olvidado bajo la mesa, en el centro de la habitación. No podía quitarme de encima la espantosa idea de que me arriesgaba a caer al fondo de aquellas abominables tinieblas. El piso era sólido bajo mis pies, pero me parecía caminar sobre un vacío oscuro, como si lo hiciese sobre el cielo invertido, carente de estrellas, de una noche oscura, mientras la cara del Cerdo, que estaba cada vez más cerca, seguía subiendo de las lejanas profundidades hacia mis pies —una cosa silenciosa e increíble que surgía del abismo—, pálida, flotante, porcina, recortándose sobre la tremenda negrura. Con dos rápidas y nerviosas zancadas, llegué hasta la mesa, que seguía en medio de la habitación, y cuyas patas de cristal parecían no descansar sobre nada.

Agarré el tablero de mandos, haciendo deslizar la placa de vulcanita con que se ajustaba el control del tubo azul. La batería que lo alimentaba estaba a la derecha de una fila de siete, cada una marcada con la inicial del color correspondiente, de forma que en caso de emergencia se pudiesen localizar al instante. Mientras conectaba el interruptor marcado con la correspondiente inicial, la "A", tuve un siniestro presentimiento de los peligros desconocidos a los que me había expuesto aquel corto viaje de dos pasos, pues la horrible sensación de vértigo volvió rápidamente, y durante un momento terrible todo a mi alrededor pareció enturbiarse, como si me encontrase mirando a través del agua. Por debajo de mí, muy lejos, podía ver al Cerdo... De algún modo que no pude explicar, me pareció diferente..., más nítido, mucho más cercano, y sobre todo... enorme. Sentí que se me acercaba por momentos. De pronto tuve la impresión de que me estaba cayendo.

Sentí que una fuerza tremenda estaba siendo utilizada con la finalidad de obligarme a arrojarme al interior de aquella sima; entonces, sacando fuerzas de flaqueza, salté en medio de aquella especie de humo que parecía ocultarlo todo y llegué al círculo violeta, donde Bains yacía justo enfrente de mí. Me senté en cuclillas y, proyectando ambos brazos hacia delante, deslicé las uñas de los dedos índice bajo la base de vulcanita de la circunferencia azul, levantándola del piso con el cuidado suficiente para poder meter debajo de ella los extremos de los dedos. Estuve atento para no sobrepasar el borde interno del reluciente tubo que seguía apoyado en su soporte de vulcanita, de dos pulgadas de ancho. Me levanté muy lentamente, manteniendo el tubo azul de la manera indicada. Mis pies estaban entre las circunferencias índigo y violeta, y sólo la azul me separaba de una muerte instantánea: pues sabía que, si llegaba a partirse, debido al esfuerzo desacostumbrado que le estaba haciendo sufrir, al mantenerlo levantado de aquella manera, mis posibilidades de encontrarme en el otro mundo serían enormes.

Así pues, queridos amigos, imaginaos cómo me sentía. Era consciente de un ligero y desagradable picor que era más intenso en los extremos de los dedos y en los puños. El tubo azul parecía vibrar de manera extraña, como si se precipitase sobre él una lluvia de diminutas partículas, cayendo por millones. A lo largo de los tubos de cristal que estaban encendidos, y que distaban de mis manos un par de pies, una extraña bruma compuesta de minúsculas chispas que crepitaban y se retorcían formaba un halo de apariencia extraordinaria. Pasando por encima de la circunferencia índigo, empujé el tubo azul hacia la muralla de tinieblas en movimiento, que se desplazaba lentamente, lo que ocasionó que se suscitase una ondulación de minúsculos relámpagos que saltó hacia él. Los relámpagos corrieron a lo largo del tubo de vacío hasta que llegaron al lugar en donde éste se intersecaba con el índigo, desapareciendo en él con unos chasquidos claramente audibles.

Mientras avanzaba lenta y cuidadosamente, llevando el tubo azul, ocurrió algo extraordinario: la móvil muralla de tinieblas retrocedió ante él, formando una gran bolsa de sombras, y pareció disminuir de grosor. Bajando el borde del tubo hacia el piso, pasé por encima de Bains y me dirigí derecho hacia la boca del pozo, levantando el otro borde del tubo sobre la mesa. Dio un crujido, como si fuese a partirse en dos mientras lo levantaba, pero finalmente resistió.

Cuando volví a mirar de nuevo hacia las profundidades de la sombra, vi debajo de mí la cabeza terriblemente pálida del Cerdo, flotando en un nimbo de noche. Me extrañó el hecho de que pareciese brillar débilmente... con una vaga luminosidad. Y que estuviese muy cerca..., relativamente hablando, ya que en aquel vacío oscuro resultaba imposible apreciar las distancias. Cogiendo nuevamente el extremo del tubo azul, como había hecho antes, lo llevé por delante de mí, hasta que sobrepasó en su mitad la circunferencia índigo. Cogí a Bains y le conduje hasta la porción de piso que se hallaba guardado por la parte de la circunferencia azul que se encontraba fuera de la "defensa".

Acto seguido, volví a coger el tubo y lo moví hacia delante todo lo deprisa que podía, temblando cada vez que oía crujir sus juntas debido al esfuerzo a que le estaba sometiendo. Durante todo el tiempo, la móvil muralla hecha de jirones de nube retrocedía ante el borde del tubo azul, creando una concavidad sorprendente, como si recibiese el soplo de un viento inaudible. De cuando en cuando, el tubo azul era recorrido por pequeñas descargas luminosas, lo que motivó que comenzase a preguntarme si podría soportar la «tensión» hasta que le hubiera sacado de la "defensa". Una vez hecho, esperaba que el esfuerzo anormal que se ejercía sobre nosotros cesase, para concentrarse principalmente alrededor de la "defensa", respondiendo a las atracciones de la "tensión" negativa. Justo en aquel momento, oí un golpe seco a mi espalda, y el tubo azul, que se hallaba fuera de los de color violeta e índigo, vibró y cayó al suelo. En el mismo instante hubo como un lento estruendo de trueno y un extraño bramido. La negra muralla circular se hizo menos densa y la habitación volvió a ser la de siempre, aunque no pude ver en ella nada nuevo, excepto un peculiar resplandor azulado que pareció retorcerse sobre el piso.

Al volverme para mirar la "defensa" observé que estaba rodeada por la muralla circular de la nube negra que, vista desde fuera, tenía un aspecto sumamente extraño. En cierta forma parecía un embudo truncado de bruma negra que girase, llegando desde el techo hasta el piso, y en cuyo interior pudiesen verse, en ocasiones claramente, en otras no tanto, los tubos índigo y violeta. Mientras la estaba mirando, toda la habitación pareció llenarse súbitamente de una ominosa presencia que me oprimió con ese tipo de terror que siempre anuncia la auténtica esencia de la muerte del espíritu. Me arrodillé al lado de Bains, dentro del círculo azul, completamente confuso y sin saber qué iniciativa tomar; como si dijéramos, temporalmente paralizado. Era incapaz de pensar en ningún plan de escapatoria, y tampoco parecía que nada me importase en aquel momento. Comprendía que había escapado por muy poco de la destrucción inmediata y eso tenía como resultado que me encontrase en un sorprendente estado de indiferencia en lo concerniente a cualquier horror menor que pudiese sobrevenirme. Entre tanto, Bains había permanecido inmóvil tumbado sobre un costado.

Le puse boca arriba y miré su rostro. Dada su actual condición, tuve cuidado de no mirarle fijamente a los ojos, ya que en caso de haber franqueado la "línea de no retorno", podría ser peligroso. Quiero decir que, si la porción vagabunda de su esencia hubiera llegado a ser asimilada por el Cerdo, éste habría tenido acceso espiritual a Bains, quien ya podría no ser más que una forma exterior de hombre, cargada con las radiaciones del monstruoso yo del Cerdo, y por tanto capaz de ejercer lo que, a falta de un término más apropiado, podría definirse como "fuerza de contaminación psíquica"; en efecto, ese tipo de fuerzas se transmite más deprisa con la mirada que mediante cualquier otro medio y es capaz de producir desarreglos mentales de características extremadamente peligrosas.

Pero no me pareció apreciar en la mirada de Bains nada más que un cansancio extraordinario. No me refiero a lo que vi en sus pupilas, sino a lo que me fue comunicado por una acción refleja transmitida por el "ojo mental" al ojo físico, que confiere a éste el pensamiento en lugar de la vista. No sé si me comprendéis. Repentinamente, de todos los puntos de la habitación llegó el estruendo de innumerables pezuñas, como si el lugar resonase con los ecos suscitados por mil cerdos que, sin previo aviso, hubiesen pasado de la inmovilidad más absoluta a la más demencial de las carreras. Aquel tumulto de gritos bestiales parecía dirigirse como una ola hacia el extraño embudo formado por las oscuras nubes que giraban alrededor de los tubos violeta e índigo, yendo del piso hasta el techo. Cuando cesó aquel estruendo, vi que una cosa se estaba materializando en medio de la "defensa". Se iba elevando lenta y regularmente. Parecía lívida y enorme a través del anublado vórtice... Era un pálido y monstruoso hocico surgiendo de aquel abismo insondable. Cada vez se encontraba más alto. A través del tenue y brumoso velo, vi un diminuto ojo... Jamás podré volver a ver el ojo de un cerdo sin revivir de nuevo algo de lo que entonces sentí. Era el ojo de un cerdo, pero animado de una especie de nefanda inteligencia.

VI

Fui presa de un terror mortal, pues comenzaba a ver el comienzo del fin que había estado temiendo todo el tiempo... A través del lento movimiento giratorio de la cortina de nubes, vi que el tubo violeta había comenzado a levantarse del piso. Estaba siendo impulsado hacia arriba por el empuje del monstruoso hocico. Entornando los párpados para ver a través del embudo de nubes que giraban, observé que el tubo violeta había comenzado a fundirse y a convertirse en riachuelos de llamas de color violeta que resbalaban por las pálidas comisuras del hocico. Y mientras se fundía, la atmósfera de la habitación experimentó un cambio. El negro embudo comenzó a brillar con un resplandor rojo oscuro, y una vivida luminosidad roja llenó la habitación. El cambio era similar al que se observa cuando se está mirando, a través de un vidrio ahumado, algún objeto luminoso y de repente se quita el vidrio. Pero, además, había otro cambio que pude comprobar directamente. Era como si la horrible presencia que había en la habitación se hubiese acercado a mi alma. No sé si me explico claramente. Antes había experimentado un sentimiento de opresión espiritual muy parecido al que se siente cuando, en un día lúgubre y sombrío, uno se entera de la muerte de alguien. Pero en aquellos momentos estaba sufriendo una amenaza salvaje y tenía la sensación evidente de que una cosa nefanda estaba muy cerca de mí. Era horrible, sencillamente horrible.

Y entonces Bains se movió. Por primera vez desde que se quedó dormido dejaba de estar en tensión; de repente, poniéndose boca abajo, adoptó curiosamente una postura de animal y se lanzó a la carrera, intentando saltar por encima del tubo azul, hacia la cosa que estaba en la "defensa". Lancé un alarido y di un brinco para intentar atraparle; pero no fue mi voz la que lo detuvo, sino el tubo circular de color azul. Le hizo retroceder como si una mano invisible le hubiese empujado hacia atrás. Levantó la cabeza como un cerdo, chillando de la misma manera, y comenzó a dar vueltas en los confines interiores del tubo azul. No dejó de correr, intentando en dos ocasiones cruzarlo para ir al encuentro del horror que permanecía en el interior del remolinante embudo de tinieblas. En ambas ocasiones fue repelido hacia atrás, chillando como un cerdo de buen tamaño, mientras el sonido repercutía horriblemente en el interior de la habitación, como si proviniese de algún lugar en la lejanía.

Yo ya estaba completamente seguro de que Bains había franqueado la "línea de no retorno", lo que añadió un nuevo horror y una nueva desesperanza a mi pena, así como otro temor más que añadir al que ya me embargaba. Sabía que, si aquel pensamiento era cierto, entonces no era Bains quien se encontraba conmigo en el interior del círculo, sino un monstruo, y que, si quería tener una última posibilidad de salvación, tenía que arrojarle fuera de él. Ya había dejado de dar vueltas en vano y estaba echado de costado, gruñendo continua y débilmente, de una manera un tanto lúgubre. Como la cortina de nubes que seguían girando se había adelgazado un poco, podía ver con cierta nitidez aquella pálida cara. Seguía elevándose, pero lentamente, muy lentamente, lo que suscitó en mí la esperanza de que hubiera sido contenida por la "defensa". Entonces vi claramente que el horror estaba mirando a Bains. En aquel momento, salvé la vida y el alma al volver la cabeza hacia donde se encontraba Bains, ya que la cosa que estaba en el piso cerca de mí y que tenía su misma apariencia se disponía a cogerme de los tobillos.

Otro segundo más y habría sido arrojado fuera. ¿Se imaginan lo que eso habría significado?

No era momento de dudas, así que me limité a dar un salto y caer de rodillas encima de la espalda de Bains. Tras una breve lucha, se tranquilizó; pero me quité los tirantes y los utilicé para atarle las manos. Debo añadir que entonces me estremecí, como si estuviese tocando algo monstruoso. Para entonces, el resplandor rojizo de la habitación era considerablemente más oscuro y toda la habitación estaba menos iluminada. La destrucción del círculo violeta había reducido perceptiblemente la luz; pero las tinieblas a que me refiero se debían a algo más que a eso. Daba la impresión de que algo había venido a sumarse a la atmósfera de la habitación..., una especie de penumbra que, a pesar de la luz que emitían los círculos azul e índigo dentro del embudo de nubes, era fundamentalmente rojiza. Enfrente de mí, el imponente monstruo amortajado de nubes, que se encontraba en el interior del círculo índigo, parecía inmóvil.

Durante todo el tiempo podía ver su vaga silueta, pero sólo cuando el embudo de nubes disminuyó su espesor pude verlo claramente..., un hocico enorme, grande cómo un montículo, desprendiendo una débil luminosidad blancuzca, con uno de sus gargantuescos costados vuelto hacia mí y, cerca de la base de aquella enormidad, una minúscula rendija donde relucía un ojillo blanquecino. Al poco tiempo, a través de la delgada capa de vapores oscurorrojizos, vi algo que fulminó todas mis esperanzas y que me llenó de horrible desesperanza: el tubo índigo, la última barrera de la defensa, iba siendo empujado lentamente hacia arriba... El Cerdo había comenzado a levantarse. Podía ver su espantoso hocico sobresaliendo fuera de la nube. Despacio, muy despacio, se iba elevando hacia el techo, arrastrando consigo el tubo índigo. En el silencio de muerte de la habitación tuve la extraña sensación de que la eternidad estaba en suspenso y detenida, como si algunas Potencias estuviesen enteradas del horror que había llevado al mundo... Y sentí que estaba llegando algo..., algo que venía de lejos, de muy lejos.

Era como si una parte recóndita de mi cerebro lo supiese. ¿Comprenden? En algún lugar de las alturas del espacio, había una luz que se dirigía hacia mí. Me parecía oírla llegar. Podía ver el cuerpo de Bains en el suelo, encogido, informe e inerte. Dentro del oscilante velo de nubes, el monstruo aparecía como un vasto y pálido montículo, tenuemente luminoso, con una jeta enorme..., una infernal colina de monstruosidad, pálida y mortal bajo la luz rojiza que llenaba la atmósfera de la habitación.

Algo me decía que la abominación estaba realizando un esfuerzo final para acabar antes de que llegara la ayuda que estaba en camino. Observé que el tubo índigo ya estaba a algunas pulgadas por encima del suelo, y a partir de entonces esperé verlo explotar en cualquier momento y transformarse en un torrente de llamas de color índigo, derramándose sobre las pálidas comisuras de la jeta. Pude ver el tubo moviéndose hacia arriba a velocidad perceptible. El monstruo iba a vencer. Llegando de alguna región del espacio, retumbó el sonido bajo y continuo de un trueno. La cosa enorme se acercó rápidamente, pero no pudo llegar a tiempo. El trueno pasó de un sonido bajo, casi un murmullo, a otro muchísimo más profundo... Siguió creciendo en intensidad y entonces vi que el círculo índigo, que aún relucía a través de la neblina rojiza de la habitación, estaba a una altura de un pie sobre el piso.

Me pareció observar un ligero crepitar en su luz... El último tubo de la barrera había comenzado a fundirse. En aquel instante, el atronar de la cosa que venía volando del espacio, y que mi cerebro percibía con tanta claridad, se convirtió en un rugido ensordecedor por el efecto de la aplastante velocidad, haciendo que la habitación vibrase y se estremeciese por la inmensidad del estruendo. Un extraño relámpago de llamas azuladas hendió de arriba abajo en un instante el nuboso embudo y, durante una fracción de segundo, vi la monstruosidad del Cerdo, rígida, pálida y espantosa. Se cerraron los bordes del embudo, volviendo a ocultar de mi vista aquella cosa, mientras el oscuro vórtice era rápidamente contenido en un domo de intenso color azul... ¡El mismísimo color de Dios! De repente, me pareció que la nube había desaparecido, y desde el piso hasta el techo de la habitación, con una majestuosidad imponente, como si fuese una Presencia viviente, no hubo más que aquel domo de fuego azul, rodeado de tres anillos de fuego verde equidistantes entre sí. No hubo ningún sonido ni movimiento, ni incluso ninguna vacilación, ni yo pude ver nada en aquella luz; pues mirar en ella era como contemplar el frío azul del cielo. Pero yo estaba seguro de que lo que había venido en nuestra ayuda era una de aquellas inescrutables fuerzas que gobiernan la revolución de la Esfera Exterior, ya que el domo de luz azul, rodeado de los tres anillos verdes de silencioso fuego, era el signo externo o visible de una enorme fuerza, indudablemente de carácter defensivo.

Durante diez minutos de absoluto silencio permanecí en el interior del círculo azul, vigilando el fenómeno. Minuto a minuto, vi cómo realmente aquel repulsivo color rojo iba desapareciendo de la habitación, mientras la claridad iba aumentando de forma notable. Y según había más claridad, el cuerpo de Bains comenzó a destacarse del informe dominio de las sombras, detalle tras detalle, hasta que pude ver los tirantes con los que le había atado las muñecas. Y mientras le miraba, se movió ligeramente, y con voz débil, pero perfectamente cuerda, dijo:

—¡He vuelto a tenerlo! ¡Dios mío! ¡He vuelto a tener el sueño!

VII

Me arrodillé rápidamente a su lado y aflojé los tirantes de sus muñecas, ayudándole a darse la vuelta y a sentarse. Me cogió un brazo con ambas manos, un poco asustado.

—A pesar de todo, me quedé dormido —dijo—. Y otra vez he vuelto a estar allá abajo. ¡Dios mío! Por poco me coge esta vez. Estaba allá abajo, en aquel lugar odioso, y parecía estar justamente detrás de una esquina enorme, y yo no podía retroceder. Me parecía que llevaba siglos luchando. Sentía que me iba a volver loco, ¡loco! Por poco me quedo en el Infierno. Podía oír que usted me llamaba desde una altura espantosa. Podía oír su voz que despertaba ecos a lo largo de pasillos amarillos. Eran amarillos. Lo sé. Y aunque quería volver no podían.

—¿No me vio? —le pregunté, cuando dejó de hablar, ya sin resuello.

—No —contestó, apoyando la cabeza contra mi hombro—. Le diré que poco le faltó esta vez para cogerme. Jamás me atreveré a dormir mientras viva. ¿Por qué no me despertó?

—Lo intenté —le dije—. Le he llevado en brazos casi todo el tiempo. Usted me miraba a los ojos como si supiera perfectamente donde se encontraba.

—Lo sé —murmuró—. Ahora recuerdo; pero usted parecía estar en lo alto de algún pozo espantoso, millas y millas por encima de mí, mientras aquellos horrores gruñían, chillaban y aullaban, intentando atraparme e impedirme que volviera. Pero yo no podía ver nada..., sólo las paredes amarillas de aquellos pasillos. Y, durante todo el tiempo, sabía que había algo al otro lado del pasillo.

—En cualquier caso, ahora ya está a salvo —comenté—. Y le garantizo que lo estará en el futuro.

La habitación se encontraba a oscuras, excepto por la luz del círculo azul. El domo había desaparecido, el remolinante embudo de nube oscura se había desvanecido, el Cerdo se había marchado y el tubo índigo se había apagado. La atmósfera de la habitación había vuelto a ser la de siempre, como comprobé al mover el mando que estaba cerca de mí y disminuir la potencia defensiva del círculo azul para poder «sentir» la tensión exterior. Acto seguido me volví hacia Bains.

—Venga conmigo —le dije—. Antes de ir a descansar, tomemos algo.

Pero Bains se había quedado dormido, como un niño cansado, apoyando la cabeza sobre sus manos, como si fuesen una almohadas.

"¡Pobre diablo! —recuerdo haber dicho para mí, mientras le cogía en brazos— ¡Pobre Diablo!". Fui hasta el cuadro de control y corté la corriente, para interrumpir la pulsación protectora en «V» que llegaba hasta las cuatro paredes y la puerta; entonces saqué fuera de la habitación a Bains, para que encontrase de nuevo la dulce normalidad cotidiana. Era maravilloso salir de aquella cámara de horrores, y más maravilloso aún ver al otro lado del pasillo la puerta de mi dormitorio, abierta de par en par, con la cama tan confortable y con las sábanas tan blancas como de costumbre..., algo tan corriente y tan humano. ¿Lo comprenden, queridos amigos? Llevé a Bains a la habitación y le acosté en el diván; entonces fui consciente del estado en que me encontraba, pues, cuando quise servirme de beber, derramé la botella y tuve que ir a coger otra. Después de haber dado de beber a Bains, me fui a la cama.

—Ahora —dije—, míreme fijamente a los ojos. ¿Me oye? A partir de este momento va a dormir, tranquila y profundamente y, si algo le molesta, obedézcame y despiértese. Ahora... ¡duerma..., duerma..., duerma!

Hice unos pases sobre sus ojos media docena de veces y se quedó dormido como un niño. Sabía que, si el peligro volvía de nuevo, me obedecería y se despertaría. Había decidido curarle, en parte mediante sugestión hipnótica, y en parte aplicándole un determinado tratamiento eléctrico del que se encargaría el doctor Witton. Aquella noche dormí en el diván. Cuando, a la mañana siguiente, eché un vistazo a Bains, vi que aún dormía. No le desperté y me fui a la sala de experimentación para examinar los resultados de lo que nos había sucedido. Y lo que encontré me resultó sorprendente. Al entrar en la habitación tuve una extraña sensación, como pueden imaginarse. Era extraordinario encontrarse allí, bajo la luz azulada de las ventanas "tratadas", y ver el círculo azul que aún seguía luciendo, allí donde lo había dejado; y, más allá, la «defensa» formada por sus circunferencias concéntricas, todas apagadas; y en el centro, la mesa de patas de cristal, donde, pocas horas antes, me había visto desbordado por la terrible monstruosidad del Cerdo. Os diré que mientras me encontraba allí, mirando, todo aquello me parecía como un sueño salvaje y terrible. Antes de lo sucedido ya había realizado en aquella habitación algunos experimentos ciertamente curiosos, como sabéis, pero jamás había estado tan cerca de la catástrofe.

Dejé la puerta abierta, porque no me apetecía estar encerrado, y me dirigí a la "defensa". Tenía gran curiosidad por ver lo que había ocurrido, físicamente hablando, por efecto de una fuerza tan grande como la del

Cerdo. Encontré signos inconfundibles que probaban que aquella cosa había sido una manifestación Saaitii, pues la fusión del tubo violeta no había sido una ilusión psíquica ni física. Nada quedaba de él, excepto un anillo de manchas de vidrio fundido. La base de caucho se había fundido totalmente, pero el piso y todo lo demás estaba intacto. Como veis, con frecuencia las manifestaciones Saaitii pueden atacar y destruir el material defensivo, sirviéndose incluso de él para sus fines. Pasando por encima del círculo externo, observé de cerca el círculo índigo y vi que su vidrio se había fundido claramente en varios lugares. Un poco más y el Cerdo hubiese podido liberarse y expandirse en la atmósfera de la Tierra como una niebla invisible de horror y destrucción. Pero en el instante preciso, había llegado la salvación. Me pregunto si comprendéis los sentimientos que me asaltaban mientras seguía allí, mirando la «barrera» destruida. Carnacki comenzó a vaciar su pipa, lo que siempre era señal de que había terminado su narración y estaba listo para responder a las preguntas que quisiésemos hacerles.

Taylor fue el primero en hacer uso de la palabra.

—¿Por qué no utilizaste el pentáculo eléctrico además del nuevo, compuesto por círculos de colores?

—Porque el pentáculo es solamente defensivo, y por el hecho de que lo que yo quería era tener la posibilidad de operar una "focalización" durante la primera parte del experimento, y en el crítico momento cambiar las combinaciones de los colores para obtener una "defensa" contra lo que hubiese obtenido mediante la "focalización". Creo que me sigues. Verás —prosiguió, al ver que no habíamos captado lo que quería decir—, no puede realizarse una "focalización" en el interior de un pentáculo, ya que este sólo posee carácter "defensivo". Incluso si hubiese cortado la corriente del pentáculo eléctrico, habría tenido que contentarme con su peculiar e indudable poder "defensivo", que parece ser debido a su forma, y eso habría sido suficiente para "perturbar" la focalización . En las nuevas investigaciones que estoy llevando a cabo me veo obligado a operar una "focalización", lo que me impide recurrir al pentáculo. Pero no estoy muy seguro de todo esto. Estoy convencido de que mi nueva "defensa de espectro" se revelará absolutamente invulnerable, cuando haya aprendido a utilizarla, lo que me llevará algún tiempo.

Este último caso me ha enseñado algo. Jamás había pensado combinar el verde con el azul; pero los tres anillos verdes del domo azul me han dado qué pensar. ¡Si conociese las combinaciones correctas! Estas combinaciones de colores son lo que tengo que estudiar. Conocerán mejor su importancia si os recuerdo que el verde es, en cierto modo, más mortal que el mismísimo rojo..., que es el más peligroso de todos los colores.

—Carnacki —dije—, explícanos, si puedes, qué era el Cerdo. Me refiero a qué tipo de monstruosidad pertenecía. ¿De veras lo viste, o sólo fue una especie de sueño horrible y peligroso? ¿Cómo sabías que era uno de los Monstruos del Exterior? ¿Y cuál es la diferencia entre el peligro que representaba y la manifestación que observaste en "El caso de la Puerta del Monstruo"? ¿Y qué...?

—¡Calma! —exclamó Carnacki, con una sonrisa—. Cada cosa a su tiempo. Contestaré a todas tus preguntas, pero no creo que lo haga en el orden en que me las estás formulando. Así pues, si me preguntas que si he visto al Cerdo, te diré que, desde un punto de vista general, las cosas de naturaleza "espectral" no se ven con los ojos, sino a través del "ojo de la mente" que, como es de características psíquicas, no siempre se encuentra desarrollado hasta el estado deseado que nos permitiría utilizarlo para completar la información que al cerebro le llega mediante los ojos físicos. Comprende que, si vemos cosas "espectrales", se debe a que el ojo de la mente está trabajando en dos niveles: el primero informa al cerebro de lo que está viendo; el segundo, de lo que están viendo los ojos físicos. Estas dos visiones se mezclan de tal suerte que tenemos la impresión de ver a través de nuestros ojos físicos todo lo que está siendo revelado al cerebro. Y así nos parece que vemos tanto lo material como lo inmaterial de las situaciones , que cada parte recibe y revela al cerebro, gracias a los mecanismos apropiados, de forma que todo lo que vemos de esa manera parece tener una misma característica de realidad..., o sea, que se nos aparece igual de real. ¿Me siguen?

Todos asentimos, y Carnacki continuó.

—Del mismo modo, si algo amenaza a nuestro cuerpo psíquico, en general tendremos la impresión de que nuestro cuerpo físico se halla amenazado, por el hecho de que nuestras sensaciones e impresiones psíquicas se superponen a las físicas, de la misma manera que lo hacen las visiones psíquica y física. Nuestras sensaciones se mezclan de tal manera que resulta imposible distinguir lo que sentimos físicamente de lo que sentimos psíquicamente. Para explicarlo mejor, pondré el siguiente ejemplo: en el transcurso de una aventura «espectral», un hombre puede experimentar la sensación de que está cayendo. Es decir, en el sentido físico del término; quizá sea su entidad psíquica o ser (llamadlo como queráis) lo que esté cayendo. Pero lo que se presenta a su cerebro es la sensación de caída, y nada más, ¿comprendéis? Por cierto, tened la amabilidad de no olvidar que, aunque sea el cuerpo psíquico el que cae, el peligro no es menor. Me refiero a la sensación que tuve de caerme cuando me situé en la boca del pozo. Mi cuerpo físico podía caminar sobre él con completa libertad, sintiendo bajo los pies la solidez del piso; pero mi cuerpo psíquico estaba corriendo el auténtico peligro de caerse en él. Con toda seguridad puedo deciros que tiré hacia arriba de mi cuerpo psíquico, gracias a la fuerza que me proporcionó el instinto de conservación.

Pues para mi cuerpo psíquico, el pozo era tan real e inmediato como lo habría sido el pozo de una mina de carbón para mi cuerpo físico. Sólo el empujón de mi fuerza vital impidió a mi cuerpo psíquico separarse de mí, y caer como una pluma hacia las interminables profundidades, obedeciendo al gigantesco influjo del monstruo. Como recordaréis, el influjo del Cerdo era tan grande, comparado con mi instinto de conservación, que psíquicamente comencé a caer. Inmediatamente, mi cerebro registró una sensación idéntica a la que habría acusado de haber sido mi cuerpo físico el que caía. Me estaba arriesgando de manera temeraria, pero bien sabéis que no tenía otro remedio si quería llegar hasta el tablero de control y las baterías. Cuando tuve la sensación física de caída y me pareció ver a mi alrededor los sombríos y brumosos bordes del pozo, era mi ojo de la mente el que transmitía al cerebro lo que estaba viendo. En aquel momento, mi cuerpo psíquico había comenzado a caer y ya se encontraba por debajo del agujero del pozo, pero aún seguía en contacto conmigo. En otras palabras, mis "auras" físico—magnética y psíquica aún estaban entremezcladas.

Mi cuerpo físico seguía firmemente apoyado en el piso de la habitación, pero si no hubiese estado realizando durante todo el tiempo un esfuerzo de voluntad para mantenerlo cerca, mi cuerpo psíquico habría roto completamente el contacto conmigo, y se habría ido, como un meteorito espectral, obedeciendo el influjo del Cerdo.

La curiosa sensación que había tenido al abrirme camino a través de un obstáculo, no era en absoluto una sensación física, al menos en el sentido en que entendemos este término, sino más bien la sensación psíquica de que estaba obligando a mi yo a que volviese de aquella "discontinuidad" que ya se había abierto entre mi cuerpo psíquico, que estaba cayendo y que se encontraba por debajo del borde del pozo, y mi cuerpo físico, que seguía estando de pie en el piso de la habitación. Y aquella "discontinuidad" estaba ocupada por una energía que se esforzaba por impedir que mi cuerpo y mi alma volviesen a unirse. Fue una experiencia terrible. ¿Recuerdan cómo podía ver con mi cerebro a través de los ojos de mi cuerpo psíquico, que éste estaba cayendo por debajo de mí? ¡Eso sí que fue algo extraordinario para guardar en el recuerdo! Mas sigamos con el tema.

Todos los fenómenos "espectrales" resultan extremadamente difusos en estado normal. Sólo son activos, y muy peligrosos desde el punto de vista físico, cuando se hallan concentrados.

El mejor ejemplo que se me ocurre es el de la electricidad, que a todos nos resulta familiar (un fenómeno que, dicho sea de paso, todos nos sentimos propensos a comprender, por haberle dado un nombre y haberlo "domesticado", por utilizar una expresión coloquial), pero sin llegar a comprenderlo del todo, pues aún sigue siendo para nosotros un misterio total. Bueno, pues la electricidad, cuando se difunde, viene a ser "algo imaginado e indefinible", pero cuando se concentra puede matarle a uno. ¿Entendido? Considerad esta explicación como una ilustración muy, pero que muy, pedestre de lo que es el Cerdo. Es una de esas nubes de "nebulosidad", millones de millas de largas, que se encuentran en la Esfera Exterior. Este es el motivo por el que a esas nubes de fuerza les doy el nombre de Monstruos del Exterior.

Pero, ¿cuál es su naturaleza?... Bueno, ésta sí que es una pregunta difícil de responder. A veces me pregunto si Dodgson se da cuenta de lo imposible que resulta contestar a algunas de sus preguntas —y al decir aquello, Carnacki se rio—. Intentaré contestarle de manera rápida. Alrededor de este planeta, y, presumiblemente alrededor de otros, hay esferas de lo que podíamos llamar "emanaciones". Se trata de un gas extremadamente luminoso, al que llamaré éter. ¡Pobre éter, lo que trabajó en su época! Recuerden por un momento dus días de escolares, y retengan en la memoria que antaño la Tierra fue una esfera de gases extremadamente calientes. Estos gases se condensaron para formar materias "sólidas"; pero hubo algunos que no se solidificaron..., como, por ejemplo, el aire. Bien, pues ya tenemos la esfera terrestre, hecha de materia sólida sobre la que podemos dar una patada todo lo fuerte que queramos; y alrededor de esta esfera se encuentran otras más de gases cuyos componentes son, en gran parte, responsables de la vida tal como la conocemos..., o sea, el aire.

Pero no es esa la única esfera de gas que flota a nuestro alrededor. Me he visto en la necesidad de postular la existencia de otras esferas de gas, más amplias y sutiles, que forman capas superpuestas y que se encuentran alrededor de nosotros, pero a gran altitud. Forman lo que he llamado las "Esferas Interiores". A su vez se hallan rodeadas por una esfera o capa constituida por lo que, a falta de un término mejor, denominaré "emanaciones". Esta esfera que he denominado no puede encontrarse a menos de cien mil millas de la Tierra, y tiene un espesor que he estimado que ha de encontrarse comprendido entre los cinco y diez millones de millas. Creo, aunque no pueda probarlo, que gira en sentido opuesto al de la Tierra, ya que en ello se basa la teoría que ha permitido construir cierta máquina eléctrica.

Tengo razones para creer que la revolución de la Esfera Exterior se ve perturbada, de vez en cuando, por causas que me resultan completamente desconocidas, pero que considero que deben basarse en fenómenos físicos. Bien, pues esta Esfera Exterior es la Esfera Psíquica, que también lo es física. Para ilustrar lo que quiero decir, volveré al ejemplo de la electricidad: de la misma forma que se nos reveló como algo que era totalmente diferente de nuestras anteriores concepciones de la materia, la Esfera Exterior, o Psíquica, difiere de todo lo que habíamos pensado respecto a la materia. Sin embargo, no deja de ser de naturaleza física en sus orígenes; y en el sentido en que la electricidad es de carácter físico, la Esfera Exterior o Psíquica, está compuesta de elementos físicos. Físicamente y hablando en imágenes, es a la Esfera Interior lo que ésta es a las capas superiores del aire, y ese aire (que nos resulta familiar) es a las aguas lo que éstas al mundo sólido. ¿Captan el sentido de mi razonamiento?

Todos asentimos con la cabeza, y Carnacki prosiguió.

—Bueno, pues ahora apliquemos todo esto adonde quiero llegar. Sugiero que esas nubes de Monstruosidad de varios millones de millas de longitud, que flotan en la Esfera Psíquica o Exterior, han nacido de los elementos que la componían. Se trata de tremendas fuerzas psíquicas, engendradas por sus elementos, de la misma manera que un pulpo o un tiburón lo son por el mar, o un tigre o cualquier otra fuerza física nace de los elementos de su entorno terrestre o aéreo. Vayamos más lejos. El hombre físico está constituido en su totalidad por los elementos de la tierra y del aire, contando entre ellos la luz del sol, el agua y otros "condimentos". En otras palabras, sin tierra ni aire no podría EXISTIR. Pero, para formularlo de otra manera, la tierra y el aire engendran los materiales del cuerpo y del cerebro, y tal vez por ello la maquinaria de la inteligencias. Apliquemos ahora esta línea de pensamiento a la Esfera Psíquica o Exterior, la cual, aunque de una manera tan sutil que sólo podría compararla pedestremente a nuestra concepción del éter, contiene, no obstante, todos los elementos necesarios para la producción de algunas fases de la fuerza y de la inteligencia. Pero estos elementos se parecen tan poco a la materia como las emanaciones de una esencia aromática a la propia esencia.

Del mismo modo, la capacidad de la Esfera Exterior para producir fuerza e inteligencia se parece tan poco a la capacidad análoga que poseen la tierra y el aire, que los resultados de la actividad de la Esfera Exterior son parecidos a los generados por la tierra y el aire. No sé si les habrá quedado claro. Así pues, me parece que nos encontramos ante el concepto de un inmenso mundo psíquico, generado a partir del físico, situado muy lejos de él y rodeándolo completamente, a excepción de las puertas de las que espero hablaros otra tarde. Este enorme mundo psíquico de la Esfera Exterior "procrea", si se me permite la expresión, sus propias fuerzas psíquicas e inteligencias, monstruosas o no, exactamente igual que nuestro mundo produce sus propias fuerzas físicas e inteligencias..., seres, animales, insectos, etc., monstruosos o no.

Las monstruosidades de la Esfera Exterior son hostiles a todo lo que consideramos como deseable, de la misma manera que un tiburón o un tigre pueden ser considerados hostiles, desde el punto de vista físico, a todo lo que consideramos deseable. Son depredadoras..., lo mismo que cualquier fuerza positiva. Tienen deseos que proyectan sobre nosotros, mucho más terribles que los nuestros para una oveja inteligente que fuese capaz de comprender los móviles por los que ansiamos conseguir sus despojos. Saquean y destruyen para satisfacer sus deseos y apetitos, exactamente igual que otras formas de existencia saquean y destruyen para satisfacer los suyos. Y los apetitos de esos monstruos, fundamentalmente, si no siempre, se hallan dirigidos hacia la entidad psíquica de los seres humanos. Pero creo que esto es todo lo que puedo contaros esta noche. Algotra tarde intentaré hablaros del misterio tremendo que suponen las Puertas Psíquicas. Mientras tanto, ¿he conseguido aclararte algunas cosas, Dodgson?

—Sí y no —respondí—. Has hecho lo posible por conseguirlo, pero aún quedan mil cosas más que me gustaría conocer.

Carnacki se levantó.

—¡Fuera todo el mundo! —dijo, usando su fórmula, ya acuñada, en términos cariñosos—. ¡Fuera todo el mundo! Tengo ganas de dormir.

Le estrechamos la mano y nos fuimos caminando hacia el Embankment, que se encontraba en silencio.